GSAT 단기 합격을 위한
해커스 [추가] 학습자료

KB084723

 SAMSUNG 온라인 GSAT 대비 실전 연습!

GSAT 온라인 모의고사
무료 응시권

교재 수록 모의고사
전 회차 온라인 응시 서비스

* 본 서비스는 교재에 수록된 동일한 문제를 온라인 환경으로 풀이해볼 수 있는 서비스입니다.

이용방법

해커스잡 사이트(ejob.Hackers.com) 접속 후 로그인 ▶ 사이트 메인 우측 상단 [나의 정보] 클릭 ▶
[나의 쿠폰 - 쿠폰/수강권 등록]에 위 쿠폰번호 입력 ▶ [마이클래스]에서 모의고사 응시

* 본 쿠폰은 한 ID당 1회에 한해 등록 및 사용 가능합니다. / * 등록 후 30일간 응시 가능합니다.

김소원의 수리능력
3초 풀이법 무료 수강권

`6BD76927C2F5A000`

이용방법

해커스잡 사이트(ejob.Hackers.com) 접속 후 로그인 ▶
사이트 메인 우측 상단 [나의 정보] 클릭 ▶
[나의 쿠폰 - 쿠폰/수강권 등록]에 해당 쿠폰번호 입력 ▶
[마이클래스]에서 강의 수강

* 본 쿠폰은 한 ID당 1회에 한해 등록 및 사용 가능합니다. / * 등록 후 30일간 수강 가능합니다.

응용수리 기초이론
자료집 (PDF)

`7BD76847C2F5A000`

이용방법

해커스잡 사이트(ejob.Hackers.com) 접속 후 로그인 ▶
사이트 메인 상단 [교재정보 - 교재 무료자료] 클릭 ▶
교재 확인 후 이용하길 원하는 무료자료의 다운로드 버튼 클릭 ▶
해당 쿠폰번호 입력 후 다운로드

무료 바로 채점 및 성적 분석 서비스

해커스잡 사이트(ejob.Hackers.com) 접속 후 로그인 ▶
사이트 메인 상단 [교재정보 - 교재 채점 서비스] 클릭 ▶
교재 확인 후 채점하기 버튼 클릭

▲ 채점 서비스 바로가기

쿠폰 관련 문의 02-537-5000

삼성 합격의 모든 것, 해커스잡 **ejob.Hackers.com**

삼성 최종 합격 비결이 궁금하다면?
해커스잡

해커스
GSAT

삼성직무적성검사

한권완성

5급 고졸채용

최신기출유형+실전모의고사

Ⓗ 해커스잡

GSAT 어떻게 준비해야 하나요?

많은 수험생들이 입사하고 싶어하는 삼성,
그만큼 많은 수험생들이 삼성 입사의 필수 관문인 GSAT를 어떻게 준비해야 할지 걱정합니다.

그러한 수험생들의 걱정과 막막함을 알기에 해커스는 수많은 고민을 거듭한 끝에
『해커스 GSAT 5급 고졸채용 삼성직무적성검사 한권완성 최신기출유형＋실전모의고사』 개정판을 출간하게 되었습니다.

『해커스 GSAT 5급 고졸채용 삼성직무적성검사 한권완성 최신기출유형＋실전모의고사』 개정판은

01 최신 GSAT 출제 경향을 반영한 교재로 2024년 GSAT에 출제되는 문제 유형에 보다 철저하게 대비할 수 있습니다.

02 기출 유형 중 본인의 약점을 찾고 이를 극복하는 훈련을 통해 기출유형공략부터 실전모의고사 3회분으로 실전 마무리까지 3일 만에 완성할 수 있습니다.

03 인성검사와 면접 합격 가이드를 수록하여 적성검사뿐만 아니라 인성검사와 면접까지 대비할 수 있습니다.

04 실전처럼 연습 가능한 전 회차 온라인 GSAT 응시 서비스와 GSAT 온라인 모의고사를 무료로 제공합니다.

『해커스 GSAT 5급 고졸채용 삼성직무적성검사 한권완성 최신기출유형＋실전모의고사』라면
GSAT를 확실히 준비할 수 있습니다.

해커스와 함께 GSAT의 관문을 넘어 반드시 합격하실 "예비 삼성인" 여러분께 이 책을 드립니다.

해커스 취업교육연구소

목차

PART 4 GSAT 실전모의고사

[부록]
인성검사&면접

[책 속의 책]
약점 보완 해설집

[온라인 제공]
GSAT 온라인 모의고사

GSAT 합격을 위한 이 책의 활용법

1 최신 GSAT의 출제 경향을 파악하고 전략적으로 학습한다!

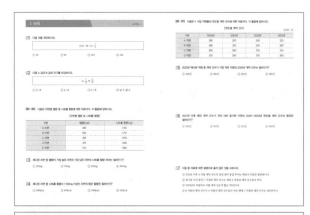

최신기출변형문제

최신 GSAT 유형별 출제 문제를 변형한 문제로 구성되어 있어 최신 출제 경향을 완벽하게 파악할 수 있다.

출제경향분석

최신 GSAT 각 영역의 출제 유형과 출제 비중, 신유형 출제 여부와 난이도, 유형별 학습 전략 등으로 구성되어 있어 영역별 최신 출제 경향을 쉽게 파악할 수 있다.

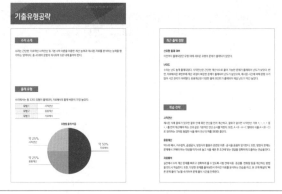

3일 완성 맞춤형 학습 플랜

본 교재에서 제공하는 '3일 완성 학습 플랜'에 따라 학습하면 혼자서도 단기간에 유형 공략부터 온라인 모의고사 서비스로 실전 마무리까지 GSAT를 완벽하게 대비할 수 있다.

2 기출유형공략부터 시험에 나올 문제까지 체계적으로 학습한다!

기출유형공략

GSAT 출제 유형 특징, 세부 출제 유형, 핵심 이론과 필수 암기 공식 등으로 구성되어 있어 GSAT 유형별 공략법을 완벽하게 익힐 수 있다. 또한, 예제와 확인 문제를 통해 세부 유형별 문제를 연습하며 전략적으로 학습할 수 있다.

유형공략문제

유형별 문제를 집중적으로 풀어보며 유형별 공략법을 문제에 적용하는 연습을 하고, 시간 단축 연습도 할 수 있다. 또한, 문제별 표시된 난이도를 통해 시간 관리 연습도 할 수 있다.

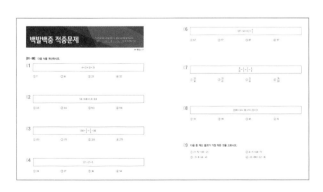

백발백중 적중문제

유형별 학습을 마무리한 후 백발백중 적중문제를 실제 시험과 동일한 제한시간에 맞춰 풀어봄으로써 시간 관리 연습을 하고, 본인이 취약한 유형이 무엇인지 파악할 수 있다.

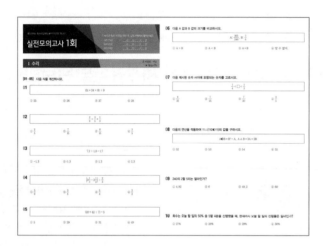

GSAT 실전모의고사

온라인 시험에 대비할 수 있는 GSAT 실전모의고사 3회분을 풀어봄으로써 완벽하게 실전을 대비할 수 있다.

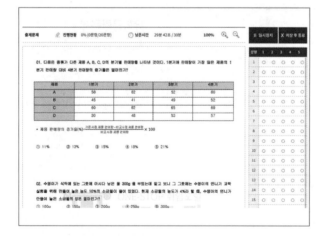

온라인 GSAT 응시 서비스

교재 내에 수록된 GSAT 실전모의고사를 온라인상으로 풀어봄으로써 온라인 환경에 완벽하게 적응하여 실전에 대비할 수 있다.

4 인성검사 및 면접 합격 가이드를 통해 실전에 철저히 대비한다!

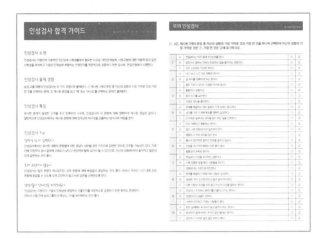

인성검사 합격 가이드

인성검사 특징 및 출제 경향을 파악한 후 모의 인성검사를 통해 적성검사뿐만 아니라 인성검사까지 철저히 대비할 수 있다.

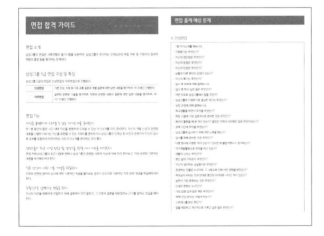

면접 합격 가이드

면접 구성 및 특징을 파악한 후 면접 출제 예상 문제를 통해 면접 전형까지 대비할 수 있다.

5 상세한 해설로 완벽하게 정리하고, 취약점은 반복 훈련으로 극복한다!

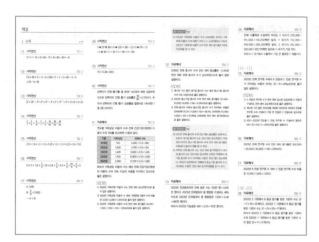

약점 보완 해설집

문제집과 해설집을 분리하여 보다 편리하게 학습할 수 있으며, 모든 문제에 대해 상세하고 이해하기 쉬운 해설을 수록하여 보다 체계적으로 학습할 수 있다. 특히 수리 해설의 '빠른 문제 풀이 Tip'을 통해 복잡한 수치 계산 문제를 빠르게 푸는 방법까지 익힐 수 있다.

취약 유형 분석표

유형별로 맞힌 개수, 틀린 문제 번호와 풀지 못한 문제 번호를 적고 나서 취약한 유형이 무엇인지 파악해 보세요.
취약한 유형은 '기출유형공략'을 다시 한번 확인하고, 관련 이론을 복습하세요.

	유형	맞힌 개수	틀린 문제 번호	풀지 못한 문제 번호
수리	사칙연산	/10		
	자료해석	/20		
	응용계산	/10		
	TOTAL	/40		

	유형	맞힌 개수	틀린 문제 번호	풀지 못한 문제 번호
추리	수·문자추리	/20		
	언어추리	/20		
	TOTAL	/40		

취약 유형 분석표

영역별로 취약한 유형을 파악하고 '기출유형공략'으로 복습한 후, 틀린 문제나 풀지 못한 문제를 반복하여 풀면서 약점을 극복할 수 있다.

6 동영상강의와 온라인 모의고사를 이용한다! (ejob.Hackers.com)

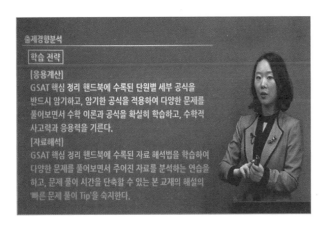

GSAT 인강

해커스잡 사이트(ejob.Hackers.com)에서 유료로 제공되는 본 교재의 동영상강의를 통해 교재 학습 효과를 극대화할 수 있다.

GSAT 온라인 모의고사

최근 시험과 동일한 유형 및 난이도로 구성된 온라인 모의고사를 통해 자신의 실력을 최종적으로 점검해볼 수 있다.

맞춤 학습 플랜

자신에게 맞는 일정의 학습 플랜을 선택하여 학습 플랜에 따라 매일 그날에 해당하는 학습 분량을 공부하고,
학습 완료 여부를 □에 체크해 보세요.

3일 완성 학습 플랜

이틀 동안 수리, 추리, 지각 세 영역의 유형별 문제와 이론을 학습한 후, 실전 감각을 익힐 수 있도록 GSAT 실전모의고사
1~3회를 정해진 시간 내에 풀어 마무리한다. 취약한 영역의 이론 및 개념은 '기출유형공략'을 통해 학습한다.

1일	2일	3일
GSAT 최신기출변형문제 □ Ⅰ 수리 □ Ⅱ 추리 □ Ⅲ 지각 수리 기출유형공략 □ 유형 1 사칙연산 □ 유형 2 응용계산 □ 유형 3 자료해석 □ 백발백중 적중문제	추리 기출유형공략 □ 유형 1 수·문자추리 □ 유형 2 언어추리 □ 백발백중 적중문제 지각 기출유형공략 □ 유형 1 사무지각 □ 유형 2 공간지각 □ 백발백중 적중문제	GSAT 실전모의고사 □ 1회 □ 1회 복습 □ 2회 □ 2회 복습 □ 3회(고난도) □ 3회 복습

* 실전 연습을 더 하고 싶다면, 해커스잡 사이트(ejob.Hackers.com)에서 무료로 제공되는 GSAT 온라인 모의고사를 응시하여 실전 감각을 높일 수 있다.
* 심화 학습을 원한다면, 해커스잡 사이트(ejob.Hackers.com)에서 유료로 제공되는 본 교재의 동영상강의를 수강하여 심화 학습을 할 수 있다.

6일 완성 학습 플랜

GSAT 최신기출변형문제로 최신 출제 경향을 파악하고, 하루에 한 영역씩 유형별 문제와 이론을 학습한 후, 실전 감각을 익힐 수 있도록 GSAT 실전모의고사 1~3회를 정해진 시간 내에 풀어 마무리한다. 취약한 영역의 이론 및 개념은 '기출유형공략'을 통해 학습한다.

1일	2일	3일	4일	5일	6일
GSAT 최신기출변형문제 □ I 수리 □ II 추리 □ III 지각	수리 기출유형공략 □ 유형 1 사칙연산 □ 유형 2 응용계산 □ 유형 3 자료해석 □ 백발백중 적중문제	추리 기출유형공략 □ 유형 1 수·문자추리 □ 유형 2 언어추리 □ 백발백중 적중문제	지각 기출유형공략 □ 유형 1 사무지각 □ 유형 2 공간지각 □ 백발백중 적중문제	GSAT 실전모의고사 □ 1회 □ 1회 복습 □ 2회 □ 2회 복습	GSAT 실전모의고사 □ 3회(고난도) □ 3회 복습

* 실전 연습을 더 하고 싶다면, 해커스잡 사이트(ejob.Hackers.com)에서 무료로 제공되는 GSAT 온라인 모의고사를 응시하여 실전 감각을 높일 수 있다.
* 심화 학습을 원한다면, 해커스잡 사이트(ejob.Hackers.com)에서 유료로 제공되는 본 교재의 동영상강의를 수강하여 심화 학습을 할 수 있다.

삼성그룹 합격 가이드

1 삼성그룹 알아보기

경영이념

인재와 기술을 바탕으로 최고의 제품과 서비스를 창출하여 인류사회에 공헌한다.

경영이념의 궁극적인 목표는 인류의 공동이익을 실현하여 인류사회에 공헌하는 것이다. 이러한 공헌을 실현하는 방안은 고객을 만족시키는 최고의 제품과 서비스를 제공하는 것이고, 이를 달성하기 위한 경영의 핵심요소가 바로 인재와 기술인 것이다. 즉, 경영이념은 삼성의 존재의 이유 및 사명이자 삼성이 추구하는 궁극적인 목표이다.

인재상

Passion 열정

We have an unyielding passion to be the best.
끊임없는 열정으로 미래에 도전하는 인재

Creativity 창의혁신

We pursue innovation through creative ideas for a better future.
창의와 혁신으로 세상을 변화시키는 인재

Integrity 인간미 · 도덕성

We act responsibly as a corporate citizen with honesty and fairness.
정직과 바른 행동으로 역할과 책임을 다하는 인재

▌ 삼성 계열사

전자

삼성전자	1969년에 설립되어 오늘날 전 세계 200개가 넘는 자회사를 거느린 글로벌 IT 기업으로, 사업 영역은 크게 CE 부문(영상디스플레이/디지털가전/건강 및 의료기기), IM 부문(이동 통신/네트워크), DS 부문(메모리/시스템 LSI/파운드리) 등으로 나뉨 • 비전: 인재와 기술을 바탕으로 최고의 제품과 서비스를 창출하여 인류사회에 공헌한다. • 핵심가치: 인재제일, 최고지향, 변화선도, 정도경영, 상생추구
삼성디스플레이	세계 최대의 디스플레이 생산업체로, 스마트폰, 노트북, 모니터, TV 등에 디스플레이 제품을 공급하고 있으며, 세계 최초로 플렉서블 OLED와 폴더블 디스플레이를 양산함 • 비전: 상상 속에서만 가능했던 디스플레이, 그 이상을 우리가 만듭니다. • 핵심가치: 경계를 낮추자, 새로운 시도를 추구하자, 격이 다른 플레이를 하자
삼성SDI	친환경 초일류 소재·에너지 토탈 솔루션 기업으로, 사업 분야에는 크게 소형배터리, 자동차배터리, 에너지저장장치(ESS), 전자재료 등이 있음 • 비전: 경제, 환경, 사회 영역에서 리더십을 가지고 지속가능한 발전을 통해 인류사회에 공헌한다. • 핵심가치: 최고(Excellence), 고객(Customer), 혁신(Innovation)
삼성전기	1973년에 설립되었으며 첨단 전자부품에서 기계부품까지 생산하는 글로벌 종합 전자부품 기업으로, 사업 부문은 크게 컴포넌트 사업부, 광학통신솔루션 사업부, 패키지솔루션 사업부 등으로 나뉨 • 비전: 나도 일하고 싶고, 누구나 함께 일하고 싶어하는 최고의 성장기업 • 핵심가치: 모두존중, 정도중심, 성장 마인드, 하모니, 기술중시, 도전
삼성SDS	1985년에 설립된 IT 솔루션/서비스 기업으로, 클라우드 서비스와 디지털 물류 서비스 등을 제공함 • 비전: Data-driven Digital Transformation Leader

중공업·건설

삼성중공업	1974년에 설립된 선박 및 해양플랜트 전문 기업으로, 사업 부문은 크게 조선 분야(LNG선, 부유식 재기화설비, 유조선, 쇄빙유조선, 컨테이너선, 초대형 에탄운반선, 여객선)와 해양 분야(FLNG, FPSO, 부유식 해양구조물, 고정식 해양플랫폼, 드릴십, 잭업리그, 해양개발선, 풍력발전기 설치선)로 나뉨 • 핵심가치: 인재제일, 최고지향, 변화선도, 정도경영, 상생추구
삼성엔지니어링	1970년에 설립된 플랜트 엔지니어링 전문 기업으로, 사업 영역은 오일&가스 프로세싱, 정유, 석유화학, 산업, 환경 등으로 나뉨 • 비전: 세계 1등의 기술경쟁력을 갖춘 EPC 회사 • 핵심가치: 확고한 기본, 기술의 축적, 존중과 협력, 끝없는 혁신
삼성물산(건설)	상사, 패션, 리조트 부문과 함께 삼성물산을 이루고 있는 삼성물산 건설 부문은 1977년에 설립되었으며, 사업 영역은 크게 건축사업, 토목사업, 플랜트사업, 주택사업 등으로 나뉨 • 비전: Creating FutureScape

삼성그룹 합격 가이드

금융

삼성생명	국내 시장점유율 1위의 생명보험사로, 사업 영역은 크게 보험, 대출, 퇴직연금, 펀드, 신탁 등으로 나뉨 • 비전: 보험을 넘어, 고객의 미래를 지키는 인생금융파트너
삼성화재	국내 1위 손해보험회사로 화재, 해상, 자동차, 상해, 배상책임, 장기손해보험, 개인연금 등 다양한 보험 상품과 종합 Risk Solution 서비스를 제공하고 있음 • 비전: 더 나은 삶을 위한 좋은 회사
삼성카드	1983년에 설립되어 1988년에 삼성그룹으로 편입된 여신전문 금융회사로, 사업 영역은 크게 결제서 비스, 금융서비스, 할부금융/리스, 생활편의서비스 등으로 나뉨 • 비전: 카드를 넘어 신뢰의 세상을 만든다.
삼성증권	대한민국 대표 종합 금융투자회사로, 증권중개 및 자산관리 등의 다양한 금융 서비스를 제공하고 있음 • 핵심가치: 고객중심, 변화선도, 전문성, 존중배려, 사회적 책임
삼성벤처투자	벤처기업 발굴 및 투자 전문 업체로, 신성장동력 발굴을 위한 사업을 영위하고 있음 • 핵심가치: 인재제일, 정도경영, 최고지향, 상생추구, 변화선도

서비스

삼성물산(상사)	삼성물산 상사 부문은 화학, 철강, 자원 등 산업소재 분야의 제품 트레이딩과 인프라, 신재생에너지, 발 전 등을 중심으로 오거나이징 사업을 영위하고 있음
삼성물산(패션)	삼성물산 패션 부문은 대한민국 패션의 역사를 주도하며 남성복과 캐주얼을 중심으로 성공 경험을 축 적하였으며, 액세서리, 아동복, 아웃도어 등 라인을 확장하고 여성복 브랜드와 SPA 브랜드로 포트폴 리오를 다각화해 국내 1위 패션기업으로 자리매김함
삼성물산(리조트)	삼성물산 리조트 부문은 에버랜드 리조트, 골프클럽, 조경 등의 사업을 영위하고 있음
호텔신라	1973년에 설립된 관광호텔 업체로, 사업 분야는 크게 TR 부문(면세 유통 사업)과 호텔&레저 부문(호 텔사업, 생활레저사업)으로 나뉨
제일기획	광고대행, 행사기획, 광고제작 등을 수행하는 글로벌 마케팅 솔루션 회사로, Strategy, Creative, Media, Digital, Experiential 등 통합적인 광고 서비스를 제공하고 있음
에스원	1977년에 설립된 국내 최초의 보안 전문 업체로, 주요 사업 분야는 시스템경비, 영상보안, 정보보안, 차량운행관리, 빌딩솔루션 등이 있음
삼성글로벌리서치	삼성그룹이 운영하는 민간 경제연구소로, 국내외 경제·경영, 공공 정책, 마케팅, 기술 등 다양한 분야 를 연구하고 경영 진단 등의 업무를 수행함
삼성바이오로직스	바이오의약품 생산전문 기업으로, 국내외 제약회사의 첨단 바이오의약품을 위탁 생산, 개발, 실험하 는 사업을 영위하고 있음
삼성웰스토리	식음서비스 전문 기업으로, 사업 영역은 푸드서비스, 식자재 유통, 해외사업 등으로 나뉨

〈출처: 삼성 채용 사이트 및 계열사별 사이트〉

2 삼성그룹 채용 알아보기

삼성그룹은 매년 고졸 신입사원을 모집하며, 계열사별로 수시채용을 진행한다. 전형 절차별 일정은 계열사에 따라 다를 수 있으므로 각 계열사의 채용공고를 확인해야 한다.

지원 자격

· 채용연도 기준 최종학력(고교 이상) 또는 졸업 예정자
· 회사가 지정하는 시기에 입사 가능자
· 해외 여행에 결격 사유가 없는 자
· 야간근무 및 교대근무, 라인근무 가능자

채용전형 절차

지원서 접수 ➡ 직무적합성 평가 ➡ 직무적성검사 ➡ 면접 건강검진 ➡ 입사

* 지원 자격 및 채용 절차는 2023년 고졸 채용 기준으로 계열사 및 모집 부문에 따라 상이할 수 있으므로 자세한 내용은 각 계열사 채용공고를 확인한다.

직무적성검사

· 삼성직무적성검사(GSAT)는 진취적이고 창의적인 인재를 선발할 수 있는 도구로서 총 3개의 영역(수리, 추리, 지각)으로 나누어 평가한다.

면접

· 면접은 인성면접(20분), 직무면접(10~15분) 2가지로 구성된다.
· 면접일에 인성검사를 실시한다.

GSAT 합격 가이드

1 최신 GSAT 출제 유형 알아보기

■ 시험 구성

삼성직무적성검사는 단편적인 지식보다는 주어진 상황을 유연하게 대처하고 해결할 수 있는 종합적인 능력을 평가하는 검사이다.

영역	문항 수	시간	평가요소
수리	40문항	15분	수치계산, 자료해석력
추리	40문항	20분	분석적 사고력, 논리력
지각	40문항	10분	직관적 사고력, 공간조작능력

※ 2023년 5급 GSAT 기준

■ 시험 특징

GSAT 온라인 시험 시행

GSAT는 2023년에도 온라인으로 진행되었다. 이에 따라 GSAT는 수리, 추리, 지각 3개 영역만 시행되었다.

기출 유형 반복 출제

2023년 GSAT 수리, 추리, 지각 영역에서는 새로운 유형의 문제가 출제되지 않았으며, 이전 시험과 동일한 유형의 문제들이 출제되었다.

시험 출제 유형

구분	문제 유형	유형 설명
수리 (총 40문항/15분)	사칙연산	덧셈, 뺄셈, 곱셈, 나눗셈을 이용하여 계산식의 값을 구하거나 분수, 소수 등 다양한 형태의 수의 크기를 비교하는 유형의 문제
	응용계산	문제에 제시된 조건과 숫자를 정리하여 식을 세우고 답을 도출하는 유형의 문제
	자료해석	제시된 자료에 있는 항목을 분석하거나 자료에 있는 항목을 이용하여 계산하는 유형의 문제
추리 (총 40문항/20분)	수·문자추리	일렬로 제시되거나 도형 안에 제시된 숫자 또는 문자의 배열 규칙을 찾아 빈칸에 들어갈 숫자 또는 문자를 고르는 유형의 문제
	언어추리	제시된 조건을 토대로 올바른 전제 또는 결론을 도출하거나 결론의 옳고 그름을 판단하는 유형의 문제
지각 (총 40문항/10분)	사무지각	제시된 배열 쌍 간의 동일 여부를 판단하거나 각 기준에 따른 범주를 주고 제시된 기호, 숫자, 문자가 어느 범주에 속하는지를 찾는 유형의 문제
	공간지각	블록을 쌓아 만든 입체도형에서 제시된 조건에 맞는 블록의 개수를 구하거나 다른 모양의 도형을 찾거나 제시된 도형과 같은 모양을 유추하고, 그림의 배열을 유추하는 유형의 문제

※ 2023년 5급 GSAT 기준

2 GSAT 필승 공략법

█ GSAT 대비 학습 전략

최신 GSAT에 출제된 문제 유형 위주로 학습한다.

최근 3년간 GSAT의 출제 경향을 살펴보면 일부 유형은 새로운 형태로 출제되거나 삭제되는 등 변동되기도 했지만, 대부분은 기존에 출제된 유형이 고정적으로 출제되고 있다. 따라서 반복적으로 출제되는 문제 유형을 중점적으로 학습하고, 유형 변동에 대비하여 이전 시험에 출제된 적이 있는 유형도 폭넓게 학습하는 것이 좋다.

논리적 사고력을 기른다.

GSAT는 자료를 빠르게 분석한 후 계산을 요구하는 문제와 논리력과 추리력을 요구하는 문제의 비중이 높다. 따라서 평소에 다양한 자료와 문제를 접하며 내용을 분석적으로 이해하고 논리적으로 사고하는 연습을 하는 것이 좋다.

수리, 추리, 지각 영역의 모든 유형을 골고루 학습한다.

GSAT는 어느 한 영역이라도 합격 기준에 미치지 못하면 불합격할 수 있다. 또한, 매 시험 영역 및 유형별로 난도가 달라지므로 GSAT에 출제되는 수리, 추리, 지각 영역의 어떤 유형도 소홀히 하지 말고 빠짐없이 학습해야 한다.

시간 관리 연습을 한다.

GSAT는 문항 수 대비 풀이 시간이 짧은 편이기 때문에 실제 시험에서 모든 문제를 풀어내기 위해서는 평소에도 실전과 동일한 제한 시간을 두고 문제 푸는 연습을 해야 한다. 또한, 취약한 유형이 있다면 반복 학습을 통해 자신만의 풀이법을 터득하여 문제 풀이 시간을 단축할 수 있도록 해야 한다.

GSAT 온라인 모의고사와 온라인 GSAT 응시 서비스로 실전에 대비한다.

온라인 시험 특성상 단순히 문제를 풀이하는 것 외에도 여러 가지 변수가 발생할 수 있기 때문에 온라인으로 모의고사를 푸는 연습을 하여 보다 철저히 시험에 대비하는 것이 좋다.

3 시험 당일 Tip

시험 진행 순서

시간	단계
~09:00	삼성직무적성검사 감독 프로그램 접속 및 응시 프로그램 로그인
09:00~10:00	온라인 직무적성검사 시험 준비
10:00~10:45	온라인 직무적성검사 실시(수리, 추리, 지각 영역을 측정)
10:45~11:15	답안 제출 여부 및 문제풀이 용지 확인 후 감독관 지시에 따라 퇴실
~12:00	문제풀이 용지를 4면 모두 카메라로 촬영한 후, 안내에 따라 제출

※ 2023년 5급 GSAT 오전 기준

시험 응시 당일 유의사항

· 책상 위에는 PC, 모니터, 필기구, 문제풀이 용지 외에 다른 물건은 비치가 불가능하다.
  * 시험 중 물/음료 취음 및 음식류 취식 불가(책상 위 비치도 불가)
  * 노트북 받침대, 마우스 패드는 사용 가능
· 필기구는 볼펜, 샤프, 연필과 수정테이프, 지우개를 사용할 수 있다.
· 동일 영역 내에서 문제 이동은 가능하지만, 영역을 이동해 문제를 푸는 것은 불가능하다.
· 책장 내에 꽂혀져 있는 책은 별도 조치가 불필요하다.
  * 시험 당일 감독관이 추가로 정리 요청 시에는 감독관의 지시에 따라야 함
· 응시 이후 검사가 종료될 때까지 응시 장소를 무단 벗어나는 행위는 불가능하다.
· 감독관의 지시 없이 스마트폰을 조작하는 행위는 금지되며, 귀마개 착용은 불가능하다.
· 응시/감독 프로그램에 이상이 있을 시, 즉시 손을 들고 감독관에게 문의한다.

합격을 위한 Tip

· 별도의 시간 안내 방송은 없다.
· 시험은 쉬는 시간 없이 제한된 시간이 끝나면 바로 다음 영역으로 넘어간다.
· 영역별 제한 시간을 숙지하고 시간 내에 자신이 잘 풀 수 있는 문제를 먼저 풀고 나서 잘 모르는 문제를 푸는 방식으로 가능한 한 많은 문제를 빠르고 정확하게 푼다.
· 오답 감점제가 있으므로 모르는 문제나 시간이 부족해 풀지 못한 문제는 찍지 않는 것이 좋다.

GLOBAL SAMSUNG APTITUDE TEST

해커스 **GSAT 5급 고졸채용 삼성직무적성검사 한권완성**

최신기출유형 + 실전모의고사

GSAT 최신기출변형문제

Ⅰ 수리

Ⅱ 추리

Ⅲ 지각

※ 본 문제는 최신 GSAT 5급 삼성직무적성검사 시험 후기를 바탕으로 한 기출변형문제로 구성되어 있습니다.

▶ 해설 p.3

01 다음 식을 계산하시오.

$$(250 - 90 \times 2) \div \frac{7}{5}$$

① 50　　　　　　② 98　　　　　　③ 202　　　　　　④ 448

02 다음 A 값과 B 값의 크기를 비교하시오.

$$A: \frac{7}{18}, \; B: \frac{13}{35}$$

① A > B　　　　　② A < B　　　　　③ A = B　　　　　④ 알 수 없다.

[03 - 04]　다음은 라면별 열량 및 나트륨 함량에 대한 자료이다. 각 물음에 답하시오.

[라면별 열량 및 나트륨 함량]

구분	열량(kcal)	나트륨 함량(mg)
A 라면	490	1,150
B 라면	500	1,710
C 라면	485	1,550
D 라면	475	1,690
E 라면	510	1,860

03 제시된 라면 중 열량이 가장 높은 라면과 가장 낮은 라면의 나트륨 함량 차이는 얼마인가?

① 150mg　　　　② 170mg　　　　③ 310mg　　　　④ 400mg

04 제시된 라면 중 나트륨 함량이 1,700mg 이상인 라면의 평균 열량은 얼마인가?

① 490kcal　　　　② 495kcal　　　　③ 500kcal　　　　④ 505kcal

[05 - 07] 다음은 K 기업 직원들의 연도별 계약 건수에 대한 자료이다. 각 물음에 답하시오.

[연도별 계약 건수]

(단위: 건)

구분	2020년	2021년	2022년	2023년
A 직원	280	300	350	320
B 직원	380	320	300	360
C 직원	260	280	270	310
D 직원	330	350	370	390

05 2023년 제시된 직원 중 계약 건수가 가장 적은 직원의 2020년 계약 건수는 얼마인가?

① 260건　　　　② 280건　　　　③ 330건　　　　④ 380건

06 2021년 이후 매년 계약 건수가 전년 대비 증가한 직원의 2020~2023년 연도별 계약 건수의 평균은 얼마인가?

① 340건　　　　② 350건　　　　③ 355건　　　　④ 360건

07 다음 중 자료에 대한 설명으로 옳지 않은 것을 고르시오.

① 2021년 이후 A 직원 계약 건수의 전년 대비 증감 추이는 매년 B 직원과 정반대이다.

② 제시된 기간 동안 C 직원의 계약 건수는 매년 A 직원의 계약 건수보다 적다.

③ 2020년 B 직원과 D 직원 계약 건수의 합은 710건이다.

④ B 직원의 계약 건수가 A 직원의 계약 건수보다 적은 해에 C 직원의 계약 건수는 280건이다.

08 진우의 나이는 형, 동생과 각각 2살씩 차이가 난다. 6년 전 형의 나이는 동생의 나이의 2배일 때, 현재 형과 동생 나이의 합은 얼마인가?

① 22살   ② 24살   ③ 26살   ④ 28살

09 22km/h 속력의 기차가 기차 길이의 10배 길이인 터널을 완전히 통과하기까지 총 3분이 걸렸을 때, 기차 길이는 얼마인가?

① 0.1km   ② 0.6km   ③ 1km   ④ 6km

10 요일별로 비가 올 확률이 각각 $\frac{1}{2}$일 때, 월요일, 화요일, 수요일 중 이틀만 비가 올 확률은 얼마인가?

① $\frac{1}{16}$ ② $\frac{1}{8}$ ③ $\frac{3}{8}$ ④ $\frac{3}{4}$

약점 보완 해설집 p.3

[01 - 02] 일정한 규칙으로 나열된 수를 통해 빈칸에 들어갈 알맞은 숫자를 고르시오.

01

| 6 7 21 22 66 (   ) |

① 67　　　　　② 77　　　　　③ 167　　　　　④ 198

02

| 18 22 30 42 58 (   ) |

① 78　　　　　② 82　　　　　③ 86　　　　　④ 90

[03 - 04] 일정한 규칙으로 나열된 문자를 통해 빈칸에 들어갈 알맞은 문자를 고르시오.

03

| B C F K (   ) A |

① P　　　　　② Q　　　　　③ R　　　　　④ S

04

| ㅑ ㅕ ㅓ ㅛ ㅗ (   ) |

① ㅠ　　　　　② ㅡ　　　　　③ ㅣ　　　　　④ ㅏ

05 다음은 일정한 규칙으로 나열된 숫자 또는 문자이다. 다음 중 적용된 규칙이 나머지 세 개와 다른 하나를 고르시오.

① ㅓㅗㅜㅡ　　　② ㄱㄷㅂㅊ　　　③ G I K M　　　④ 2 4 6 8

06 다음 제시된 명제가 참일 때 추론할 수 있는 것을 고르시오.

> • 김밥을 먹는 사람은 라면을 먹는다.
> • 떡볶이를 먹는 사람은 순대를 먹는다.
> • 라면을 먹는 사람은 순대를 먹지 않는다.

① 김밥을 먹는 사람은 떡볶이를 먹지 않는다.

② 라면을 먹는 사람은 떡볶이를 먹는다.

③ 순대를 먹는 사람은 김밥을 먹는다.

④ 라면을 먹지 않는 사람은 떡볶이를 먹는다.

07 다음 조건을 읽고 제시문의 진위를 판별하시오.

> [조건]
> • 지하철에는 칸마다 노약자석 10자리와 일반석 30자리가 있다.
> • 세 칸이 있는 지하철에 노약자는 총 25명이 있으며, 모두 노약자석에 앉아 있다.

> [제시문]
> • 지하철에 앉아 있는 사람이 총 110명일 때, 비어 있는 좌석은 노약자석 5자리와 일반석 10자리이다.

① 참   ② 거짓   ③ 알 수 없음

08 맛과 무게가 서로 다른 4개의 사탕이 있다. 다음 조건을 모두 고려하였을 때, 딸기 맛 사탕의 무게를 고르시오.

> • 4개의 사탕 무게는 모두 자연수이다.
> • 사과 맛 사탕의 무게는 딸기 맛 사탕의 무게와 메론 맛 사탕의 무게를 합친 무게이다.
> • 가장 무거운 사탕의 무게는 6g이고, 가장 가벼운 사탕의 무게는 2g이다.
> • 딸기 맛 사탕은 가장 가벼운 사탕이 아니다.
> • 포도 맛 사탕은 사과 맛 사탕보다 무겁다.

① 2g   ② 3g   ③ 5g   ④ 6g

[09 - 10] A, B, C의 전공은 토목과, 기계과, 미용과 중 하나이다. 다음 조건을 모두 고려하였을 때, 각 문제의 진위를 판별하시오.

- A, B, C의 전공은 서로 다르다.
- A의 전공은 기계과가 아니다.
- B의 전공은 토목과가 아니다.

09 C의 전공이 토목과라면 A의 전공은 미용과이다.

① 참　　　　　　　　　② 거짓　　　　　　　　　③ 알 수 없음

10 B의 전공이 기계과라면 C의 전공은 토목과이다.

① 참　　　　　　　　　② 거짓　　　　　　　　　③ 알 수 없음

약점 보완 해설집 p.4

01 다음 기호에 해당하는 번호를 참고하여 제시된 기호에 해당하는 번호를 고르시오.

번호	①	②	③	④
기호	♣	♠	♥	♡

♡

①   ②   ③   ④

02 다음 좌우 문자의 배열을 비교하여 서로 같으면 ①, 다르면 ②를 고르시오.

djwoejgjroa		djwoejgjroa

①   ②

03 다음 제시된 숫자의 배열과 같은 것을 고르시오.

551 – 84 – 3740

① 591 – 84 – 3740   ② 551 – 84 – 3940
③ 551 – 88 – 3740   ④ 551 – 84 – 3740

04 다음 중 좌우 문자의 배열이 서로 다른 것을 고르시오.
① 롤롤로롤로르 – 롤롤로롤로르   ② 하늬바람 – 하늬바람
③ 마바사아자 – 마바사아자   ④ 노사분쟁조정 – 노사분쟁주정

05 다음 규칙을 참고하여 제시된 숫자가 속하는 범주를 고르시오.

범주	①	②	③	④
기준	35240~55340	55341~62899	15320~35239	62900~81252

55440

① ② ③ ④

최신
기출변형문제

1
수리

2
추리

3
지각

4
실전모의고사

해커스 GSAT 5급 고졸채용 삼성직무적성검사 한권완성 최신기출유형＋실전모의고사

[06 - 07] 다음과 같이 모양과 크기가 같은 블록이 빈틈없이 쌓여 있을 때, 각 물음에 답하시오.

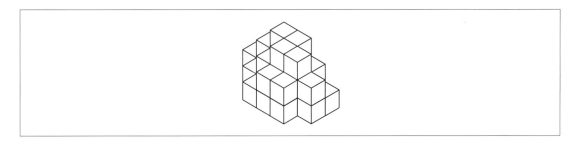

06 블록의 개수는 몇 개인가?

① 26개 ② 27개 ③ 28개 ④ 29개

07 어느 방향에서 보아도 보이지 않는 블록의 개수는 몇 개인가?

① 0개 ② 1개 ③ 2개 ④ 3개

08 다음에 제시된 네 가지 도형 중 다른 하나를 고르시오.

① 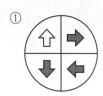　② 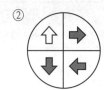　③ 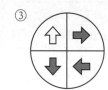　④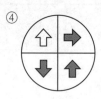

09 다음에 제시된 도형과 같은 것을 고르시오.

① 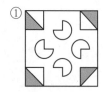　② 　③ 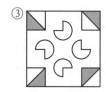　④

10 다음에 제시된 그림 조각들을 순서대로 알맞게 배열한 것을 고르시오.

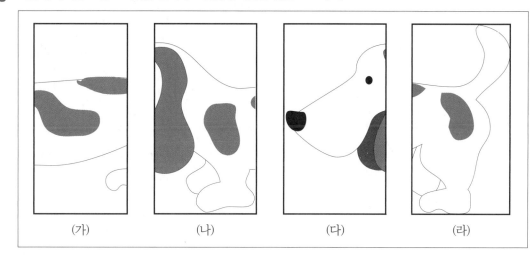

(가)　　　　　　(나)　　　　　　(다)　　　　　　(라)

① (나) - (다) - (가) - (라)　　　　② (다) - (가) - (나) - (라)
③ (다) - (나) - (가) - (라)　　　　④ (다) - (나) - (라) - (가)

약점 보완 해설집 p.6

해커스 **GSAT 5급** 고졸채용 삼성직무적성검사 한권완성
최신기출유형 + 실전모의고사

PART 1

수리

기출유형공략

백발백중 적중문제

기출유형공략

수리 소개

수리는 간단한 기초적인 사칙연산 및 기본 수학 이론을 이용한 계산 능력과 제시된 자료를 분석하는 능력을 평가하는 영역이다. 총 40개의 문항이 제시되며 15분 내에 풀어야 한다.

출제 유형

수리에서는 총 3가지 유형이 출제되며, 자료해석의 출제 비중이 가장 높았다.

유형 1	사칙연산
유형 2	응용계산
유형 3	자료해석

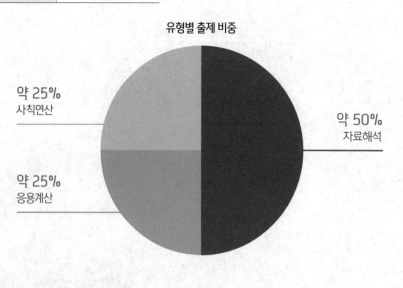

유형별 출제 비중

약 25%
사칙연산

약 50%
자료해석

약 25%
응용계산

최근 출제 경향

신유형 출제 여부

이전까지 출제되었던 유형 외에 새로운 유형의 문제가 출제되지 않았다.

난이도

수리는 난도 높게 출제되었다. 사칙연산은 간단한 계산식으로 풀이 가능한 문제가 출제되어 난도가 낮았다. 반면, 자료해석은 후반부에 계산 과정이 복잡한 문제가 출제되어 난도가 높았으며, 제시된 시간에 비해 문항 수가 많아 시간 관리가 어려웠다. 응용계산은 다양한 출제 포인트가 출제되어 체감 난도가 약간 높았다.

학습 전략

사칙연산

제시된 식에 괄호가 있으면 괄호 안에 묶인 연산을 먼저 계산하고, 괄호가 없으면 사칙연산 기호 $+$, $-$, $\times$, $\div$ 중 $\times$, $\div$를 먼저 계산해야 하는 것과 같은 기본적인 연산 순서를 익힌다. 또한, $A \times B - A \times C$ 형태의 식을 $A \times (B - C)$로 정리하는 것처럼 동일한 식을 묶어 연산 단계를 최대한 줄인다.

응용계산

약수와 배수, 지수법칙, 곱셈공식, 방정식의 활용과 관련된 이론·공식을 꼼꼼히 암기한다. 또한, 방정식 문제는 문제에서 구해야 하는 대상을 미지수로 놓고 식을 세운 후 조건에 맞는 정답을 정확하게 도출하는 연습을 한다.

자료해석

실전에서 수치 계산 문제를 빠르고 정확하게 풀 수 있도록 시험 전에 비중·증감률·변화량 등을 계산하는 방법을 반드시 학습한다. 또한, 다양한 문제를 풀어보면서 주어진 자료를 분석하는 연습을 하고, 본 교재 해설의 '빠른 문제 풀이 Tip'을 숙지하여 문제 풀이 시간을 단축한다.

유형 특징

· 덧셈, 뺄셈, 곱셈, 나눗셈을 이용하여 계산식의 값을 구하거나 분수, 소수 등 다양한 형태의 수의 크기를 비교하는 유형의 문제이다.

· 수리 총 40문항 중 약 10문항이 출제되며, 1문항당 약 10초 내에 풀어야 한다.

세부 출제 유형

· 식의 값을 도출하는 문제

· 두 수의 크기를 비교하는 문제

· 할푼리를 계산하는 문제

핵심 이론

· 괄호가 있는 식에서는 괄호 안의 연산을 가장 먼저 계산하고, 소괄호(), 중괄호{}, 대괄호[] 순으로 계산한다.

· 덧셈과 뺄셈만 혼합된 식의 연산은 왼쪽 항부터 차례로 계산한다.

· 곱셈과 나눗셈만 혼합된 식의 연산은 왼쪽 항부터 차례로 계산한다.

· 덧셈, 뺄셈, 곱셈, 나눗셈이 혼합된 식의 연산은 덧셈과 뺄셈보다 곱셈과 나눗셈을 먼저 계산한다.

· 거듭제곱을 먼저 계산한다.

· 분수의 나눗셈은 역수로 곱셈을 하는 것으로 변환하여 계산한다.

  예 $\frac{1}{2} \div \frac{1}{3} = \frac{1}{2} \times \frac{3}{1} = \frac{3}{2}$

· 비율을 소수로 나타낼 때 소수 첫째 자리를 '할', 소수 둘째 자리를 '푼', 소수 셋째 자리를 '리'라고 한다.

필수 암기 공식

· $a^m \times a^n = a^{m+n}$

  예 $2^3 \times 2^2 = 2^5 = 32$

· $a^m \div a^n = a^{m-n} \ (m>n)$

  예 $2^3 \div 2^2 = 2^1 = 2$

· $(a^m)^n = a^{mn}$

  예 $(2^3)^2 = 2^6 = 64$

· $(ab)^n = a^n b^n$

  예 $(2 \times 3)^2 = 2^2 \times 3^2 = 4 \times 9 = 36$

· $\sqrt{a} \times \sqrt{b} = \sqrt{ab}$

  예 $\sqrt{2} \times \sqrt{3} = \sqrt{6}$

· $\sqrt{a^2 b} = a\sqrt{b}$

  예 $\sqrt{2^2 3} = 2\sqrt{3}$

· $\sqrt{a} \div \sqrt{b} = \frac{\sqrt{a}}{\sqrt{b}} = \sqrt{\frac{a}{b}}$

  예 $\sqrt{2} \div \sqrt{3} = \frac{\sqrt{2}}{\sqrt{3}} = \sqrt{\frac{2}{3}}$

최신 기출유형문제

1 수리

2 추리

3 지각

4 실전모의고사

해커스 GSAT 5급 고졸채용 삼성직무적성검사 한권완성 최신기출유형+실전모의고사

예제 01 식의 값을 도출하는 문제

다음 식을 계산하시오.

$$40 + 4 \times 20 - 10 \div 5$$

① 22　　　　　② 118　　　　　③ 120　　　　　④ 174

|정답 및 해설| ②

제시된 식과 같이 덧셈, 뺄셈, 곱셈, 나눗셈이 혼합된 식의 경우 곱셈과 나눗셈을 먼저 앞에서부터 순차적으로 계산한 다음, 덧셈과 뺄셈을 앞에서부터 순차적으로 계산한다.

이에 따라 제시된 식을 계산하면 다음과 같다.

$40 + 4 \times 20 - 10 \div 5$
$= 40 + (4 \times 20) - (10 \div 5)$
$= 40 + 80 - 2$
$= 120 - 2$
$= 118$

┌ 확인 문제 ┐

01-1 다음 식을 계산하시오.

$$\{3 \times (14 + 12)\} - (25 - 3)$$

① 50　　　　　② 56　　　　　③ 62　　　　　④ 68

01-2 다음 식을 계산하시오.

$$2\sqrt{3} \times \sqrt{15} \div \sqrt{5}$$

① 6　　　　　② 18　　　　　③ 24　　　　　④ 36

약점 보완 해설집 p.8

두 수의 크기를 비교하는 문제

다음 A 값과 B 값의 크기를 비교하시오.

$$A: \frac{2}{5}, \ B: \frac{4}{11}$$

① A > B   ② A < B   ③ A = B   ④ 알 수 없다.

|정답 및 해설| ①

제시된 분수와 같이 분자의 수를 같게 만드는 것이 더 간단한 경우에는 분모를 통분하지 않고 분자를 맞추어 비교한다.

$A: \frac{2}{5} = \frac{4}{10}, \ B: \frac{4}{11}$

따라서 A와 B 중 분모가 더 작은 A가 B보다 크다. (A > B)

(확인 문제)

02-1 다음 A 값과 B 값의 크기를 비교하시오.

$$A: \frac{5}{8}, \ B: \frac{9}{14}$$

① A > B   ② A < B   ③ A = B   ④ 알 수 없다.

02-2 다음 A 값과 B 값의 크기를 비교하시오.

$$A: \frac{5}{11}, \ B: \frac{7}{12}$$

① A > B   ② A < B   ③ A = B   ④ 알 수 없다.

약점 보완 해설집 p.8

할푼리를 계산하는 문제

300의 2할 7푼 5리는 얼마인가?

① 82.5   ② 83.5   ③ 825   ④ 835

|정답 및 해설| ①

비율을 소수로 나타낼 때 소수 첫째 자리는 '할', 소수 둘째 자리는 '푼', 소수 셋째 자리는 '리'임을 적용하여 구한다.

2할 7푼 5리는 0.275이므로

300의 2할 7푼 5리는 300 × 0.275＝82.50이다.

(확인 문제)

03-1 60m의 5푼 2리는 얼마인가?

     ① 30.2cm   ② 31.2cm   ③ 302cm   ④ 312cm

03-2 주연이가 인터넷 강의 총 40강 중 34강을 이수했을 때, 주연이의 인터넷 강의 이수율을 할푼리로 나타내면 얼마인가?

     ① 7할 5리   ② 7할 5푼   ③ 8할 5리   ④ 8할 5푼

약점 보완 해설집 p.8

[01 - 06] 다음 식을 계산하시오.

난이도 ★☆☆

01

$$216 + 810 \div 9 + 81$$

① 195   ② 218   ③ 317   ④ 387

난이도 ★☆☆

02

$$327 \times 2 + 211 \times 2$$

① 1,076   ② 1,086   ③ 1,096   ④ 1,106

난이도 ★★☆

03

$$(48 + 12 \times 6) - 26 \div 2$$

① 47   ② 107   ③ 167   ④ 347

난이도 ★★☆

04

$$15.785 - 5.973 + 15.1$$

① 22.912   ② 23.912   ③ 24.912   ④ 25.912

난이도 ★☆☆

05

$$7 + 97 + 997 + 9{,}997$$

① 11,088   ② 11,098   ③ 11,108   ④ 11,198

06 난이도 ★★★

$$\frac{1}{4} \times (121^2 - 49^2) \div 18$$

① 152　　　　　② 170　　　　　③ 182　　　　　④ 198

07 난이도 ★★☆

다음 중 계산 결과가 가장 작은 것을 고르시오.

① 193 + 421 - 247　　② 827 - 142 - 312　　③ 623 - 337 + 101　　④ 102 + 127 + 153

08 난이도 ★★☆

다음 중 계산 결과가 가장 큰 것을 고르시오.

① $62 - 54 \times \frac{5}{18}$　　② $173 - 56 \times \frac{8}{7}$　　③ $138 - 68 \times \frac{9}{17}$　　④ $191 - 85 \times \frac{10}{17}$

09 난이도 ★★☆

다음 중 계산 결과가 다른 하나를 고르시오.

① $4.2 \times \frac{3}{4} + 1$

② $11 - 8 \div 5 - 5.25$

③ $(12.3 \div 2) - (3 \div 2) - 0.5$

④ $22.3 \times 4 - 90$

10 난이도 ★★★

다음 식의 계산 결과와 같은 것을 고르시오.

$$6.8 - 1.9 \times 2.5$$

① $2.3 - 0.25 \times 0.4$

② $2.2 \times 0.65 + 0.62$

③ $3.8 \div 3 + 2.9$

④ $0.1 \times (5.7 + 2.6)$

난이도 ★☆☆

11

A: $\frac{1}{4}$, B: $\frac{2}{7}$

① A > B   ② A < B   ③ A = B   ④ 알 수 없다.

난이도 ★☆☆

12

A: $\frac{6}{13}$, B: $\frac{42}{91}$

① A > B   ② A < B   ③ A = B   ④ 알 수 없다.

난이도 ★★☆

13

A: $-\frac{3}{5}$, B: $-\frac{5}{7}$

① A > B   ② A < B   ③ A = B   ④ 알 수 없다.

난이도 ★★☆

14

A: 3^9, B: 9^3

① A > B   ② A < B   ③ A = B   ④ 알 수 없다.

난이도 ★★☆

15

A: $3\frac{1}{6}$, B: $2\frac{3}{2}$

① A > B   ② A < B   ③ A = B   ④ 알 수 없다.

16 난이도 ★☆☆

470의 3할 8푼은 얼마인가?

① 0.1786   ② 1.786   ③ 17.86   ④ 178.6

17 난이도 ★☆☆

430의 40%는 얼마인가?

① 16.2   ② 17.2   ③ 162   ④ 172

18 난이도 ★★☆

3km의 7리는 얼마인가?

① 2.1m   ② 21m   ③ 210m   ④ 2,100m

19 난이도 ★★☆

30L의 3할 4리는 얼마인가?

① 912mL   ② 1,020mL   ③ 9,120mL   ④ 10,200mL

20 난이도 ★★★

A 제품을 200원에서 150원으로 할인하여 판매할 때, A 제품의 할인율을 할푼리로 나타내면 얼마인가?

① 2푼 5리   ② 2할   ③ 2할 5리   ④ 2할 5푼

약점 보완 해설집 p.9

유형 특징

· 문제에 제시된 조건과 숫자를 정리하여 식을 세우고 답을 도출하는 유형의 문제이다.
· 수리 총 40문항 중 약 10문항이 출제되며, 1문항당 약 20초 내에 풀어야 한다.

세부 출제 유형

· 거리·속력·시간 문제
· 원가·정가 문제
· 소금물의 농도 문제
· 방정식 활용 문제
· 수와 식 문제
· 경우의 수·확률 문제

핵심 이론

· 최대공약수는 각 자연수를 소인수분해한 후, 공통 인수만을 곱하여 구한다.
  예 $18(=2 \times 3^2)$과 $60(=2^2 \times 3 \times 5)$의 최대공약수: $2 \times 3 = 6$

· 최소공배수는 각 자연수를 소인수분해한 후, 적어도 어느 한 자연수에 포함된 인수를 모두 곱하여 구한다.
  예 $18(=2 \times 3^2)$과 $60(=2^2 \times 3 \times 5)$의 최소공배수: $2^2 \times 3^2 \times 5 = 180$

필수 암기 공식

· 거리＝속력×시간

· 속력＝$\frac{거리}{시간}$

· 시간＝$\frac{거리}{속력}$

· 정가＝원가×(1+이익률)＝원가+이익

· 할인가＝정가×(1-할인율)

· 할인율(%)＝$\frac{정가-할인가}{정가}$×100

· 소금물의 농도＝$\frac{소금의 양}{소금물의 양}$×100

· 작업량＝시간당 작업량×시간

· n명을 한 줄로 세우는 경우의 수: n!

· 순열의 수: $_nP_r = \frac{n!}{(n-r)!}$
  예 5명의 학생 중 2명을 뽑아 한 줄로 세우는 경우의 수: $_5P_2 = \frac{5!}{3!} =$
  $5 \times 4 = 20$가지

· 같은 것이 있는 순열의 수: $\frac{n!}{p!q!r!}$ (단, p+q+r=n)

· 조합의 수: $_nC_r = \frac{n!}{r!(n-r)!}$
  예 5명의 학생 중 2명을 선출하는 경우의 수: $_5C_2 = \frac{5!}{2!3!} = 10$가지

· 어떤 사건 A가 일어날 확률: $\frac{사건 A가 일어날 경우의 수}{모든 경우의 수}$

예제 01 거리·속력·시간 문제

500m 길이의 기차가 30km/h의 속력으로 2km 길이의 터널을 완전히 통과하는 데 걸리는 시간은 얼마인가?

① 4분   ② 5분   ③ 12분   ④ 15분

|정답 및 해설| ②

시간=$\dfrac{거리}{속력}$임을 적용하여 구한다.

기차가 터널을 완전히 통과하는 데 걸리는 시간을 x시간이라고 하면

기차가 터널을 완전히 통과하는 데 이동한 거리=터널의 길이+기차의 길이이므로

$x=\dfrac{2+0.5}{30} \rightarrow x=\dfrac{2.5}{30} \rightarrow x=\dfrac{5}{60}$

이때 $\dfrac{1}{60}$시간=1분이므로 $\dfrac{5}{60}$시간=5분이다.

따라서 기차가 터널을 완전히 통과하는 데 걸리는 시간은 5분이다.

(확인 문제)

01-1 100m 길이의 기차가 36km/h의 속력으로 5분 만에 터널을 완전히 통과했을 때, 터널의 길이는 얼마인가?

① 2.8km   ② 2.9km   ③ 3.0km   ④ 3.1km

01-2 정상까지 두 개의 등산로가 있다. 거리가 2.4km인 A 코스를 3km/h의 속력으로 올라갈 때 걸린 시간은 B 코스를 6km/h의 속력으로 올라갈 때 걸린 시간과 같을 때, B 코스의 거리는 얼마인가?

① 2.4km   ② 3.6km   ③ 4.2km   ④ 4.8km

약점 보완 해설집 p.11

정가가 15,000원인 티셔츠를 12,000원으로 할인하여 판매할 때, 할인율은 얼마인가?

① 15%　　　　　　　② 20%　　　　　　　③ 25%　　　　　　　④ 30%

|정답 및 해설| ②

할인율(%)$=\dfrac{정가-할인가}{정가}\times100$임을 적용하여 구한다.

티셔츠의 정가는 15,000원이고, 할인가는 12,000원이므로 할인율은 $\dfrac{15,000-12,000}{15,000}\times100=\dfrac{1}{5}\times100=20\%$이다.

확인 문제

02-1 원가가 15,000원인 귀걸이를 판매하여 원가의 36%만큼 이익을 얻으려고 할 때, 귀걸이의 정가는 얼마인가?

① 19,200원　　　　② 19,800원　　　　③ 20,400원　　　　④ 21,000원

02-2 원가의 50% 이익이 발생하도록 정가를 산정한 연필의 정가는 300원이고, 연필을 판매하여 총 100,000원의 이익을 얻었을 때, 판매한 연필의 개수는 얼마인가?

① 500개　　　　　② 1,000개　　　　③ 1,500개　　　　④ 2,000개

약점 보완 해설집 p.11

예제 03 소금물의 농도 문제

물 280g에 소금 40g을 넣어 소금물을 만들었을 때, 소금물의 농도는 얼마인가?

① 12.5%   ② 14.5%   ③ 22.0%   ④ 25.0%

|정답 및 해설| ①

소금물의 농도(%)=$\dfrac{\text{소금의 양}}{\text{소금물의 양}}\times 100$임을 적용하여 구한다.

소금물의 양=물의 양+소금의 양이므로

소금물의 농도는 $\dfrac{40}{280+40}\times 100 = \dfrac{40}{320}\times 100 = 12.5\%$이다.

┌ 확인 문제 ┐

03-1 8%의 소금물 100g에 물을 추가하였더니 소금물의 농도는 5%가 되었다. 추가한 물의 양은 얼마인가?

① 30g   ② 60g   ③ 80g   ④ 90g

03-2 10%의 소금물 500g에 소금 100g을 추가했을 때, 소금물의 농도는 얼마인가?

① 10%   ② 15%   ③ 20%   ④ 25%

약점 보완 해설집 p.11

500명의 학생에게 빵을 나누어 주려고 한다. 남학생에게 3개씩 주고 여학생에게 2개씩 준다면 총 1,280개의 빵이 필요할 때, 여학생은 총 몇 명인가?

① 160명   ② 200명   ③ 220명   ④ 280명

|정답 및 해설| ③

남학생의 수를 x, 여학생의 수를 y라고 하면

학생수는 500명이므로

$x+y=500$ ⋯ ⓐ

빵을 남학생에게 3개씩, 여학생에게 2개씩 준다면 1,280개의 빵이 필요하므로

$3x+2y=1,280$ ⋯ ⓑ

3ⓐ−ⓑ에서 $y=220$

따라서 여학생은 총 220명이다.

┌─ 확인 문제 ─┐

04-1 갑과 을이 함께 일하면 1시간이 소요되는 일이 있다. 이 일을 갑이 혼자 하면 1시간 30분이 소요될 때, 이 일을 을이 혼자 하면 걸리는 시간은 얼마인가?

① 30분   ② 1시간   ③ 2시간   ④ 3시간

04-2 현재 수지의 나이는 지유의 나이보다 10살 더 많고, 10년 전 수지의 나이는 지유의 나이의 3배일 때, 현재 지유의 나이는 얼마인가?

① 10살   ② 15살   ③ 20살   ④ 25살

약점 보완 해설집 p.12

예제 05 수와 식 문제

200m 길이의 원형 트랙에서 A와 B가 일정한 속력으로 걷고 있다. A와 B가 동시에 출발선에서 같은 방향으로 출발하여 A는 1분 동안 20m를 걷고, B는 1분 동안 50m를 걸을 때, A와 B가 처음으로 다시 출발선에서 만나기까지 걸리는 시간은 얼마인가?

① 4분   ② 10분   ③ 15분   ④ 20분

|정답 및 해설| ④

일정한 속력으로 걷고 있는 A와 B가 200m 길이의 원형 트랙 출발선에서 동시에 출발했을 때, 처음으로 다시 출발선에서 만나기까지 걸리는 시간은 A와 B가 각각 출발선에 도착하는 주기의 최소공배수임을 적용하여 구한다.

A가 출발선에 다시 도착하는 주기는 200 / 20 = 10분,

B가 출발선에 다시 도착하는 주기는 200 / 50 = 4분이다.

10을 소인수분해하면 2 × 5이고, 4를 소인수분해하면 2^2이다.

최소공배수는 적어도 한 숫자에 포함된 인수의 곱이므로 두 수의 최소공배수는 2^2 × 5 = 20이다.

이에 따라 A와 B가 처음으로 다시 출발선에서 만나는 데에 걸리는 시간은 20분이다.

(확인 문제)

05-1 20m 길이의 직선 도로에 5m 간격으로 가로등을 설치할 때 필요한 가로등 개수와 20m 길이의 원형 산책로에 2m 간격으로 가로등을 설치할 때 필요한 가로등 개수의 차이는 얼마인가? (단, 직선 도로의 경우 도로의 양 끝부터 가로등을 설치한다.)

① 4개   ② 5개   ③ 6개   ④ 7개

05-2 A 고등학교의 총 학생 수는 400명이고, 남학생과 여학생의 비율은 3:1, 남학생 중 문과와 이과의 비율은 4:6일 때, 이과인 남학생은 총 몇 명인가?

① 160명   ② 180명   ③ 200명   ④ 220명

약점 보완 해설집 p.12

1부터 6까지 적힌 주사위 2개를 굴렸을 때 나온 각 숫자의 합이 10 이상일 확률은 얼마인가?

① $\frac{1}{18}$ ② $\frac{1}{9}$ ③ $\frac{1}{6}$ ④ $\frac{2}{9}$

|정답 및 해설| ③

어떤 사건 A가 일어날 확률= $\frac{\text{사건 A가 일어날 경우의 수}}{\text{모든 경우의 수}}$ 임을 적용하여 구한다.

제시된 문제와 같이 경우의 수를 구해야 하는 사건이 서로에게 영향을 끼치지 않는 독립적인 사건일 경우에는 곱의 법칙을 사용하여 구한다. 1부터 6까지 적힌 주사위 2개 중 첫 번째 주사위를 굴렸을 때 나올 수 있는 경우의 수는 1부터 6까지 총 6가지이고, 두 번째 주사위를 굴렸을 때 나올 수 있는 경우의 수도 첫 번째 주사위에서 나온 수와 상관없이 1부터 6까지 총 6가지이므로, 주사위 2개를 굴렸을 때 나올 수 있는 모든 경우의 수는 곱의 법칙에 의해 6×6=36가지이다. 또한. 주사위 2개를 굴렸을 때 나온 각 숫자의 합이 10 이상인 경우의 수는 (4, 6), (5, 5), (5, 6), (6, 4), (6, 5), (6, 6)으로 총 6가지이다.

따라서 주사위 2개를 굴렸을 때 나온 각 숫자의 합이 10 이상일 확률은 $\frac{6}{36}=\frac{1}{6}$ 이다.

┌─ 확인 문제 ─┐

06-1 회원이 8명인 어느 동호회에서 3명의 임원을 선출하는 경우의 수는 몇 가지인가?

① 56가지   ② 58가지   ③ 60가지   ④ 62가지

06-2 하나의 주사위를 연속하여 세 번 던졌을 경우 서로 다른 세 수가 나오는 확률은 얼마인가?

① $\frac{1}{9}$ ② $\frac{2}{9}$ ③ $\frac{4}{9}$ ④ $\frac{5}{9}$

약점 보완 해설집 p.12

01 난이도 ★★☆

3년 전 A, B, C 나이의 총합은 61살이었고, 현재 A의 나이와 B의 나이의 합은 C의 나이와 같다. 지금으로부터 5년 후 C의 나이는 A의 나이의 2배일 때, 현재 B의 나이는 얼마인가?

① 10살　　　　　② 15살　　　　　③ 20살　　　　　④ 25살

02 난이도 ★☆☆

민형이는 초콜릿과 사탕을 총 24개 구매하여 63,000원이 나왔다. 초콜릿은 한 개에 3,000원, 사탕은 한 개에 2,000원일 때 민형이가 구매한 사탕은 몇 개인가?

① 9개　　　　　② 10개　　　　　③ 11개　　　　　④ 12개

03 난이도 ★★☆

A, B, C가 일정한 속도로 운동장을 돌 때, A는 2바퀴에 4분, B는 5바퀴에 25분, C는 3바퀴에 9분이 걸린다. 세 사람이 같은 지점에서 출발하여 출발 지점에서 다시 만나려면 B는 최소한 몇 바퀴를 돌아야 하는가?

① 6바퀴　　　　　② 7바퀴　　　　　③ 8바퀴　　　　　④ 9바퀴

04 난이도 ★★☆

수진이는 집에서 학교까지 2km/h의 속력으로 걸어가면 18분이 걸린다. 동일한 경로를 따라 수진이가 집에서 학교까지 5km/h의 속력으로 자전거를 타고 갈 때 걸리는 시간은 얼마인가?

① 0.12분　　　　　② 0.72분　　　　　③ 1.2분　　　　　④ 7.2분

05 형과 동생이 함께 화단에 꽃을 심는다면 2시간 동안 120송이를 심을 수 있고, 형이 혼자서 꽃을 심으면 1시간 30분 동안 75송이를 심을 수 있다. 동생이 혼자서 500송이의 꽃을 심을 때, 걸리는 시간은 얼마인가?

① 40시간   ② 45시간   ③ 50시간   ④ 55시간

06 A와 B가 400m 거리의 원형 산책로 입구에서 서로 반대 방향으로 걷기로 했다. 1분 동안 50m를 걷는 A가 B를 다시 만나는 데 5분이 걸렸다면, B가 3분 동안 이동한 거리는 몇 m인가?

① 50m   ② 60m   ③ 90m   ④ 100m

07 X 회사 직원의 남녀비율은 8:5이고, 남자 직원 중 기숙사에 사는 직원은 25%, 여자 직원 중 기숙사에 사는 직원은 20%이다. X 회사의 직원 중 기숙사에 사는 직원은 총 60명일 때, X 회사의 전체 직원 수는 얼마인가?

① 260명   ② 290명   ③ 360명   ④ 390명

08 300L 용량의 빈 수조에 A 호스로 1분에 2L씩 물을 채우고 있다. 수조의 절반을 채웠을 때부터 수조에 금이 가서 1분에 1L씩 물이 샐 때, A 호스로 수조를 가득 채우는 데에 걸리는 시간은 총 얼마인가?

① 200분   ② 225분   ③ 250분   ④ 275분

09 현재 영호의 통장에는 1,000만 원이 있다. 다음 달부터 통장에서 식비로 매달 50만 원씩 꺼내 쓴다고 할 때, 통장의 잔고가 누적 식비의 3배가 되는 시점은 몇 개월 후인가? (단, 영호의 통장에는 식비를 제외한 입출금 내역이 없다.)

① 3개월 후 ② 5개월 후 ③ 7개월 후 ④ 10개월 후

10 농도가 15%인 소금물 200g과 농도가 20%인 소금물 300g을 섞었을 때, 소금물의 농도는 얼마인가?

① 16% ② 17% ③ 18% ④ 19%

11 민지는 원가가 500원인 머리핀에 30%의 이익을 붙여 150개를 팔고, 정가의 20%를 할인하여 100개를 팔았을 때, 민지가 얻은 판매 이익은 총 얼마인가?

① 22,000원 ② 24,500원 ③ 27,000원 ④ 29,500원

12 가족 동호회 회원 27명이 수목원에서 입장료 45,000원을 냈다. 성인 입장료는 3,000원이고 청소년 입장료는 1,000원일 때, 수목원에 간 청소년은 몇 명인가?

① 10명 ② 14명 ③ 18명 ④ 22명

13

지혜와 지아가 구슬을 나누어 가지려고 한다. 지혜가 전체 구슬의 $\frac{2}{5}$만큼을 먼저 가져가고, 지아가 남은 구슬의 $\frac{2}{3}$만큼을 가져갔다. 마지막에 남은 구슬이 5개였다면 나누어 갖기 전의 구슬은 몇 개인가?

① 21개　　　　　② 23개　　　　　③ 25개　　　　　④ 27개

14

농도가 20%인 소금물 200g에 소금 90g과 물 210g을 첨가했을 때, 소금물의 농도는 얼마인가?

① 15%　　　　　② 19%　　　　　③ 23%　　　　　④ 26%

15

정가가 600원인 빵을 25% 할인하여 판매할 때, 할인가는 얼마인가?

① 150원　　　　　② 250원　　　　　③ 350원　　　　　④ 450원

16

A 채널은 광고를 40분마다 송출하고, B 채널은 광고를 15분마다 송출한다. 오전 10시에 A, B 채널에서 모두 광고가 송출되었을 때, 15시 이후에 두 채널에서 처음으로 동시에 광고가 송출되는 시각은 언제인가?

① 15시　　　　　② 15시 20분　　　　　③ 15시 40분　　　　　④ 16시

17 난이도 ★★☆

두 사람 A, B가 세 번의 가위바위보를 통해 첫 번째는 A가 이기고, 두 번째는 B가 이기고, 세 번째는 서로 비겨서 승자를 가리지 못할 확률은 얼마인가?

① $\frac{1}{27}$ ② $\frac{1}{9}$ ③ $\frac{2}{9}$ ④ $\frac{1}{3}$

18 난이도 ★☆☆

6명의 학생 중 추첨을 통해 3명의 당첨자를 뽑아 1등에게는 상품권을, 2등에게는 공책을, 3등에게는 과자를 주려고 한다. 당첨자를 뽑는 경우의 수는 몇 가지인가?

① 20가지   ② 60가지   ③ 120가지   ④ 216가지

19 난이도 ★☆☆

주사위를 한 번 던져서 홀수의 눈이 나오거나 4의 배수의 눈이 나오는 경우는 몇 가지인가?

① 2가지   ② 3가지   ③ 4가지   ④ 5가지

20 난이도 ★☆☆

4가지 음식이 적힌 돌림판을 돌려 점심과 저녁 메뉴를 정할 때, 점심과 저녁에 같은 음식이 나올 확률은 얼마인가? (단, 4가지 음식은 돌림판을 돌려 나올 확률이 서로 동일하다.)

① $\frac{1}{16}$ ② $\frac{1}{8}$ ③ $\frac{1}{4}$ ④ $\frac{1}{2}$

약점 보완 해설집 p.13

유형 특징

· 제시된 자료에 있는 항목을 분석하거나 자료에 있는 항목을 이용하여 계산하는 유형의 문제이다.

· 수리 총 40문항 중 약 20문항이 출제되며, 1문항당 약 30초 내에 풀어야 한다.

세부 출제 유형

· 자료의 특정한 값을 추론하는 문제

· 자료의 내용과 일치/불일치하는 설명을 고르는 문제

필수 암기 공식

· 기준연도 대비 비교연도 A의 변화량 = 비교연도 A − 기준연도 A

　예 2021년 판매 건수는 400건이고, 2022년 판매 건수는 500건일 때, 2021년 대비 2022년 판매 건수의 변화량: 500 − 400 = 100건

· 기준연도 대비 비교연도 A의 증감률(%) = {(비교연도 A − 기준연도 A) / 기준연도 A} × 100

　예 2021년 판매 건수는 400건이고, 2022년 판매 건수는 500건일 때, 2021년 대비 2022년 판매 건수의 증감률: {(500 − 400) / 400} × 100 = 25%

· 전체에서 A가 차지하는 비중(%) = (A / 전체) × 100

　예 2022년 A 지점 판매 건수는 100건, 전체 판매 건수는 500건일 때, 전체 판매 건수에서 A 지점의 판매 건수가 차지하는 비중: (100 / 500) × 100 = 20%

· 산술평균 = 변량의 총합 / 변량의 개수

　예 2022년 A 지점 판매 건수는 100건, B 지점 판매 건수는 200건일 때, 두 지점 판매 건수의 평균: (100 + 200) / 2 = 150건

자료의 특정한 값을 추론하는 문제

다음은 A~D 병원의 연도별 입원 환자수를 나타낸 자료이다. 2023년 A~D 병원 중 입원 환자수가 가장 많은 병원의 2021~2023년 연도별 입원 환자수의 평균은 얼마인가?

[연도별 입원 환자수]

(단위: 백 명)

구분	A 병원	B 병원	C 병원	D 병원
2021년	550	620	490	510
2022년	630	690	540	570
2023년	740	760	620	630

① 550백 명　　　② 570백 명　　　③ 640백 명　　　④ 690백 명

|정답 및 해설| ④

2023년 A~D 병원 중 입원 환자수가 가장 많은 병원은 입원 환자수가 760백 명인 B 병원이다.

따라서 B 병원의 2021~2023년 연도별 입원 환자수의 평균은 (620+690+760)/3=2,070/3=690백 명이다.

확인 문제

다음은 치킨 프랜차이즈의 지점별 평수 및 월별 순이익을 나타낸 자료이다. 각 물음에 답하시오.

[지점별 평수 및 월별 순이익]

구분	평수(평)	순이익(만 원)		
		1월	2월	3월
A 지점	30	2,660	2,750	2,610
B 지점	20	1,520	1,330	1,400
C 지점	15	980	1,040	1,020
D 지점	25	1,980	2,080	2,150

01-1 A~D 지점 중 2월 순이익이 다른 지점 대비 가장 큰 지점과 가장 작은 지점을 순서대로 고르시오.

① A 지점, C 지점　　② A 지점, B 지점　　③ C 지점, A 지점　　④ D 지점, C 지점

01-2 제시된 기간 동안 순이익이 꾸준히 증가한 지점의 평당 3월 순이익은 얼마인가?

① 68만 원　　② 70만 원　　③ 86만 원　　④ 87만 원

약점 보완 해설집 p.16

다음은 X 농장의 연도별 작물 수확량 및 판매량을 나타낸 자료이다. 다음 중 자료에 대한 설명으로 옳은 것을 고르시오.

[연도별 작물 수확량 및 판매량]

(단위: kg)

구분		2019년	2020년	2021년	2022년	2023년
A 작물	수확량	1,000	1,100	1,200	1,800	1,900
	판매량	900	1,000	1,100	1,600	1,800
B 작물	수확량	500	700	800	900	900
	판매량	300	500	600	600	700
C 작물	수확량	1,200	1,300	1,000	900	1,100
	판매량	1,000	900	800	900	1,000

① 제시된 기간 동안 B 작물은 매년 판매량이 수확량보다 200kg 더 적다.

② 2020년 A~C 작물 중 수확량이 가장 많은 작물이 판매량도 가장 많다.

③ 2022년 A~C 작물 중 수확량 대비 판매량 비율이 가장 큰 작물은 C 작물이다.

④ 2020년 이후 B 작물의 판매량은 매년 전년 대비 증가하였다.

|정답 및 해설| ③

2022년 수확량 대비 판매량 비율은 A 작물이 1,600/1,800 ≒ 0.89, B 작물이 600/900 ≒ 0.67, C 작물이 900/900=1로 C 작물이 가장 크므로 옳은 설명이다.

① 2022년 B 작물의 판매량은 600kg, 수확량은 900kg으로 판매량이 수확량보다 900-600=300kg 더 적으므로 옳지 않은 설명이다.

② 2020년 A~C 작물 중 수확량이 가장 많은 작물은 C 작물, 판매량이 가장 많은 작물은 A 작물이므로 옳지 않은 설명이다.

④ 2022년 B 작물의 판매량은 전년과 동일하므로 옳지 않은 설명이다.

02-1 다음은 A 지역의 과일별 생산면적 및 생산량을 나타낸 자료이다. 다음 중 자료에 대한 설명으로 옳지 않은 것을 고르시오.

[과일별 생산면적 및 생산량]

(단위: ha, 톤)

구분	2020년		2021년	
	생산면적	생산량	생산면적	생산량
딸기	5,500	200,000	6,000	250,000
수박	12,000	500,000	11,500	450,000
참외	3,800	150,000	3,500	105,000

① 2021년 딸기의 생산량은 전년 대비 50,000톤 증가하였다.

② 제시된 과일 중 2021년 생산면적의 전년 대비 변화량이 가장 작은 과일은 수박이다.

③ 2020년과 2021년 생산면적이 넓은 순서에 따른 과일 순위는 동일하다.

④ 2021년 참외의 생산면적 1ha당 생산량은 30톤이다.

02-2 다음은 연도별 P 산업 생산실적에 대한 자료이다. 다음 중 자료에 대한 설명으로 옳은 것을 고르시오.

[연도별 P 산업 생산실적]

구분	2017년	2018년	2019년	2020년	2021년
업체 수(개소)	40	45	50	54	50
품목 수(개)	5,000	6,200	6,000	8,000	8,400
총 생산 금액(억 원)	4,200	5,000	5,200	6,000	7,500

① 2018년 이후 품목 수는 매년 전년 대비 증가하였다.

② 2021년 업체 1개소당 평균 생산 금액은 200억 원 이상이다.

③ 2018년 업체 수의 전년 대비 증가율은 10% 이상이다.

④ 2018년 이후 총 생산 금액의 전년 대비 변화량이 가장 큰 해는 2018년이다.

약점 보완 해설집 p.16

[01 - 02] 다음은 2021년 지역별 국민기초생활급여에 대한 자료이다. 각 물음에 답하시오.

[지역별 국민기초생활급여]

구분	국비 (백만 원)	지방비 (백만 원)	기초생활급여 수급자 (가구)	일반 수급자 (천 명)	시설 수급자 (천 명)
A 지역	400,000	250,000	120,000	200	10
B 지역	150,000	20,000	40,000	50	4
C 지역	350,000	40,000	85,000	150	6
D 지역	280,000	30,000	65,000	100	5

난이도 ★☆☆

01 제시된 지역 중 일반 수급자 수가 시설 수급자 수의 20배 미만인 지역은?

① A 지역　　　　　② B 지역　　　　　③ C 지역　　　　　④ D 지역

난이도 ★★☆

02 다음 중 자료에 대한 설명으로 옳지 않은 것을 고르시오.

① 제시된 지역 중 국비와 지방비가 두 번째로 많은 지역은 모두 C 지역이다.

② 기초생활급여 수급자 수는 A 지역이 B 지역의 3배이다.

③ 제시된 지역 중 국비와 지방비의 차이가 가장 적은 지역은 B 지역이다.

④ 제시된 지역 중 일반 수급자 수와 시설 수급자 수의 차이가 가장 큰 지역은 C 지역이다.

다음은 2022년 기업별 매출액을 나타낸 자료이다. 각 물음에 답하시오.

[기업별 매출액]

(단위: 억 원)

구분	1분기	2분기	3분기	4분기	전체
A 기업	15	20	40	50	125
B 기업	30	60	45	25	160
C 기업	20	15	50	35	120

난이도 ★☆☆

03 A 기업의 2022년 전체 매출액에서 2분기 매출액이 차지하는 비중은 얼마인가?

① 12%　　　　　　② 15%　　　　　　③ 16%　　　　　　④ 40%

난이도 ★★☆

04 제시된 기업 중 2022년 전체 매출액이 가장 낮은 기업의 2022년 2분기 매출액의 직전 분기 대비 증감률은 얼마인가?

① -25%　　　　　　② -20%　　　　　　③ 50%　　　　　　④ 100%

[05 - 07] 다음은 A 국가의 연도별 국내 주요 경제지표에 대한 자료이다. 각 물음에 답하시오.

[연도별 국내 주요 경제지표]

(단위: %)

구분	2017년	2018년	2019년	2020년	2021년
실업률	3.7	3.5	3.2	3.2	3.6
경제성장률	4.0	5.2	5.1	2.3	0.2
최종소비 지출증가율	4.6	5.1	5.1	2.0	1.3

난이도 ★☆☆

05 실업률이 동일한 해의 경제성장률의 차이는 얼마인가?

① 0.1%p ② 1.2%p ③ 2.1%p ④ 2.8%p

난이도 ★☆☆

06 최종소비 지출증가율이 가장 낮은 해의 실업률의 전년 대비 증감률은 얼마인가?

① 11.5% ② 12% ③ 12.5% ④ 13%

난이도 ★★☆

07 다음 중 자료에 대한 설명으로 옳은 것을 고르시오.

① 실업률의 전년 대비 변화량이 가장 큰 해는 2019년이다.

② 최종소비 지출은 매년 증가하였다.

③ 2018년 경제성장률의 전년 대비 증가율은 20%이다.

④ 2019년부터 2021년까지 실업률의 평균은 3% 미만이다.

64   온/오프라인 취업강의·무료 취업자료 ejob.Hackers.com

[08 - 10] 다음은 S 시의 연령대별 인터넷 이용자 수 및 인터넷 이용률에 대한 자료이다. 각 물음에 답하시오.

[연령대별 인터넷 이용자 수]

(단위: 천 명)

구분	2017년	2018년	2019년	2020년	2021년
10대	450	368	348	540	665
20대	570	558	468	475	609
30대	595	616	612	485	376

[연령대별 인터넷 이용률]

(단위: %)

구분	2017년	2018년	2019년	2020년	2021년
10대	90	92	87	90	95
20대	95	90	92	95	87
30대	85	88	90	97	94

※ 인터넷 이용률(%) = (인터넷 이용자 수 / 인구수) × 100

난이도 ★★☆

08 2021년 S 시의 20대 인구수는 몇 명인가?

① 400천 명　　　　② 600천 명　　　　③ 700천 명　　　　④ 900천 명

난이도 ★☆☆

09 2020년 10~30대 전체 인터넷 이용자 수의 전년 대비 증가 인원은 몇 명인가?

① 68천 명　　　　② 70천 명　　　　③ 72천 명　　　　④ 74천 명

난이도 ★★☆

10 다음 중 자료에 대한 설명으로 옳지 않은 것을 고르시오.

① 10대와 20대의 인터넷 이용자 수의 차이는 2017년이 2020년보다 크다.

② 2018년 이후 30대의 인터넷 이용자 수는 매년 전년 대비 증가하였다.

③ 10대 인터넷 이용자 수의 전년 대비 증가폭은 2020년이 2021년보다 크다.

④ 2017년 S 시의 10대 인구수는 400천 명 이상이다.

[11-12] 다음은 Z 지역의 2022년 직종별 주말 평균 여가 시간을 나타낸 자료이다. 각 물음에 답하시오.

[직종별 주말 평균 여가 시간]

(단위: 시간)

구분	A 직종	B 직종	C 직종	D 직종	E 직종
토요일	4.22	4.63	2.86	3.59	3.51
일요일	5.28	5.47	3.64	3.61	4.59
토요일+일요일	9.5	10.1	6.5	7.2	8.1

난이도 ★★☆

11 C 직종에 종사하는 사람들의 주말 평균 여가 시간에서 토요일 평균 여가 시간이 차지하는 비중은 얼마인가?

① 15% ② 24% ③ 36% ④ 44%

난이도 ★★☆

12 다음 중 자료에 대한 설명으로 옳지 않은 것을 고르시오.

① 직종과 관계없이 항상 일요일 평균 여가 시간이 토요일 평균 여가 시간보다 많다.

② 제시된 직종 중 토요일과 일요일의 평균 여가 시간 차이가 가장 작은 직종은 D 직종이다.

③ 주말 평균 여가 시간이 가장 적은 직종은 D 직종이다.

④ B 직종에 종사하는 사람은 다른 직종에 종사하는 사람보다 더 많은 주말 여가 시간을 보낸다.

다음은 Q 광역시의 자치구별 전기설비 정기 점검 현황에 대한 자료이다. 각 물음에 답하시오.

[자치구별 전기설비 정기 점검 현황]

(단위: 호)

구분	2020년		2021년	
	총 호수	점검 호수	총 호수	점검 호수
A 구	7,000	6,650	7,500	6,750
B 구	6,200	4,960	6,500	6,000
C 구	10,300	9,720	11,000	9,300
D 구	6,500	6,000	7,000	5,400
E 구	12,000	11,200	12,500	10,250
F 구	11,500	10,800	10,500	9,800
G 구	6,500	6,000	5,500	4,700
H 구	5,000	4,800	6,000	5,100

※ 1) 미점검 호수 = 총 호수 - 점검 호수
   2) 점검률(%) = (점검 호수 / 총 호수) × 100

난이도 ★★☆

13 2021년 총 호수가 가장 많은 자치구와 두 번째로 많은 자치구의 2021년 전체 미점검 호수는?

① 3,950호   ② 4,000호   ③ 4,150호   ④ 4,200호

난이도 ★★☆

14 다음 중 자료에 대한 설명으로 옳지 않은 것을 고르시오.

① 2021년 H 구 총 호수의 전년 대비 증가율은 20%이다.

② 2020년 점검 호수가 8,000호 이상인 자치구는 총 3곳이다.

③ 2020년 A 구의 점검률은 90%이다.

④ 2021년 점검 호수가 전년 대비 증가한 자치구는 총 3곳이다.

난이도 ★★★

15 2020년 미점검 호수가 가장 적은 자치구의 2020년과 2021년 점검률 차이는 얼마인가?

① 8%p   ② 9%p   ③ 10%p   ④ 11%p

[16 - 18] 다음은 A 광고회사의 2022년 상반기 직원별 광고 계약 실적에 대한 자료이다. 각 물음에 답하시오.

[2022년 상반기 직원별 광고 계약 건수]

(단위: 건)

구분	1월	2월	3월	4월	5월	6월
갑	1	0	2	3	0	2
을	2	3	0	4	3	2
병	5	1	2	1	4	3
정	4	0	0	2	1	2

[2022년 상반기 직원별 광고 계약 금액]

(단위: 억 원)

구분	1월	2월	3월	4월	5월	6월
갑	4	0	3	3	0	2
을	1	2	0	2	3	4
병	5	2	4	2	6	6
정	2	0	0	1	1	1

※ A 광고회사의 직원은 갑, 을, 병, 정 4명뿐임

난이도 ★★☆

16 다음 중 자료에 대한 설명으로 옳지 않은 것을 고르시오.

① 2022년 2월 광고 계약 건수가 0건인 직원은 2명이다.

② 2022년 1월 을의 광고 계약 1건당 평균 광고 계약 금액은 0.5억 원이다.

③ 2022년 5월 병의 광고 계약 금액은 전월 대비 3억 원 증가하였다.

④ 2022년 6월 전체 직원의 광고 계약 건수는 총 9건이다.

난이도 ★☆☆

17 2022년 상반기 전체 광고 계약 금액이 가장 많은 직원의 2022년 상반기 전체 광고 계약 건수는 얼마인가?

① 12건 　　　　② 16건 　　　　③ 21건 　　　　④ 25건

난이도 ★☆☆

18 2022년 4월 광고 계약 건수가 2건 이상인 직원들의 2022년 4월 총 광고 계약 금액은 얼마인가?

① 3억 원 　　　　② 5억 원 　　　　③ 6억 원 　　　　④ 8억 원

[19-20] 다음은 산업별 고용자 수를 나타낸 자료이다. 각 물음에 답하시오.

[산업별 고용자 수]

(단위: 천 명)

구분	2020년		2021년		2022년	
	남자	여자	남자	여자	남자	여자
A 산업	150	180	120	130	140	145
B 산업	140	160	100	180	225	125
C 산업	250	110	240	180	160	140
D 산업	200	200	150	100	215	75

난이도 ★★☆

19 2022년 B 산업의 전체 고용자 수의 전년 대비 증가율은 얼마인가?

① 25%　　　　② 30%　　　　③ 35%　　　　④ 40%

난이도 ★★☆

20 다음 중 자료에 대한 설명으로 옳은 것을 고르시오.

① 2021년 이후 D 산업의 남자 고용자 수는 매년 전년 대비 감소하였다.

② 제시된 산업 중 2022년 여자 고용자 수가 전년 대비 가장 많이 감소한 산업은 C 산업이다.

③ 2020년 D 산업의 전체 고용자 수에서 여자 고용자 수가 차지하는 비중은 50%이다.

④ 2021년 남자 고용자 수의 전년 대비 감소 인원은 B 산업이 A 산업보다 적다.

약점 보완 해설집 p.16

[01 - 08] 다음 식을 계산하시오.

01

$$4 \times (5 + 15 \div 5)$$

① 7   ② 16   ③ 23   ④ 32

02

$$5.6 \div 0.8 + 1.3 \times 2.0$$

① 3.3   ② 3.6   ③ 9.3   ④ 9.6

03

$$150 \times \frac{1}{2} \div \frac{1}{3} - 50$$

① 155   ② 175   ③ 255   ④ 275

04

$$12^2 \div 2^3 \times 3$$

① 24   ② 27   ③ 36   ④ 54

05

$$1.25 \times (2.3 - 1.5)$$

① 0.8   ② 1   ③ 1.3   ④ 1.5

06

$$137 - 14 \div 0.2 \times \frac{6}{7}$$

① 67　　　　　② 77　　　　　③ 87　　　　　④ 97

07

$$\frac{8}{15} \times \frac{1}{2} + \frac{2}{3} \div \frac{4}{9}$$

① $\frac{53}{30}$　　　　② $\frac{53}{45}$　　　　③ $\frac{21}{10}$　　　　④ $\frac{76}{135}$

08

$$[\{28 \div (4+3)\} + 9 \times 2] + 13$$

① 35　　　　　② 39　　　　　③ 45　　　　　④ 51

09 다음 중 계산 결과가 가장 작은 것을 고르시오.

① $2 + 72 \div (10 - 2)$　　　　② $4 + 5 \times (14 \div 7)$

③ $-5 + 8 \times (6 - 4)$　　　　④ $-12 + 88 \div (12 - 8)$

10 다음 중 계산 결과가 가장 큰 것을 고르시오.

① $8 \times (7 + 1) - 61$　　　　② $48 \div (13 - 7)$

③ $3 \times (9 + 5) - 47$　　　　④ $63 \div (15 - 6) + 2$

[11 - 14] 다음 A 값과 B 값의 크기를 비교하시오.

11

A: $\frac{25}{36}$, B: $\frac{12}{17}$

① A > B   ② A < B   ③ A = B   ④ 알 수 없다.

12

A: $\frac{19}{25}$, B: $\frac{23}{40}$

① A > B   ② A < B   ③ A = B   ④ 알 수 없다.

13

A: $\frac{5}{12}$, B: $\frac{3}{7}$

① A > B   ② A < B   ③ A = B   ④ 알 수 없다.

14

A: 3^{15}, B: 5^{10}

① A > B   ② A < B   ③ A = B   ④ 알 수 없다.

15 1,540의 25%는 얼마인가?

① 355   ② 365   ③ 375   ④ 385

16 925의 3할 4리는 얼마인가?

① 28.12　　　　② 31.45　　　　③ 281.2　　　　④ 314.5

최신
기출변형문제

1
수리

2
추리

3
지각

4
실전모의고사

17 25km의 4할 2푼 5리는 얼마인가?

① 1.0625m　　　② 10.625m　　　③ 106.25m　　　④ 10,625m

18 민호가 1,500번의 추첨 중 975번 당첨되었을 때, 민호의 당첨률을 할푼리로 나타내면 얼마인가?

① 6할　　　　② 6푼 5리　　　　③ 6할 5리　　　　④ 6할 5푼

[19 - 20] 다음의 연산을 적용하여 각 문제의 값을 구하시오.

$$A ◎ B = AB - 3A, \quad A ◆ B = B^2 + A$$

19

$$7 ◎ 12$$

① 48　　　　② 63　　　　③ 83　　　　④ 151

20

$$2 ◎ (10 ◆ 5)$$

① 64　　　　② 76　　　　③ 82　　　　④ 94

해커스 GSAT 5급 고졸채용 삼성직무적성검사 한권완성 최신기출유형 + 실전모의고사

21 현재 을은 갑보다 10살 더 많고, 3년 후 을의 나이는 갑의 나이의 2배일 때, 현재 갑의 나이는 몇 살인가?

① 7살   ② 10살   ③ 17살   ④ 20살

22 A 회사의 직원 수는 총 300명이고, 이 중 대리 직급인 사람은 40%이다. 대리 직급인 사람 중 여자 직원이 35%일 때, A 회사 직원 중 대리 직급인 남자 직원은 몇 명인가?

① 42명   ② 78명   ③ 85명   ④ 120명

23 가방의 원가에 20%의 이익을 붙여서 정가를 정한 후, 정가에서 3,000원 할인하여 판매했다. 가방을 1개 판매하면 1,600원의 이익을 얻을 때, 가방의 원가는 얼마인가?

① 22,000원   ② 23,000원   ③ 44,000원   ④ 46,000원

24 곰인형 300개를 제작하기 위해 10명의 직원이 15시간 동안 작업을 한다. 곰인형 400개를 제작하는 데 50시간이 걸렸다면 작업에 참여한 직원은 몇 명인가? (단, 곰인형을 제작하는 모든 직원의 작업 능률은 동일하다.)

① 2명   ② 4명   ③ 5명   ④ 8명

25 같은 출발지에서 각각 다른 경로로 운행되는 케이블카 A, B가 있다. A 케이블카는 운행을 시작하여 출발지로 돌아오는 데 8분이 걸리고 B 케이블카는 6분이 걸린다. 두 케이블카가 오후 2시에 출발지에서 동시에 운행을 시작하여 두 번째로 만날 때의 시각은 언제인가?

① 2시 48분   ② 3시   ③ 3시 12분   ④ 3시 24분

26 진아가 검은색 바둑돌 4개와 흰색 바둑돌 6개를 가지고 있다. 10개의 바둑돌을 모두 사용하여 일렬로 나열할 때 가능한 경우의 수는 얼마인가?

① 180가지　　　　② 210가지　　　　③ 240가지　　　　④ 270가지

27 연필과 볼펜을 각각 한 상자씩 사서 연필 3자루와 볼펜 1자루를 꺼내서 사용하고, 남은 것들의 수를 세어보았더니 총 17자루였다. 사용하기 전 상자에 들어있던 볼펜의 수가 연필의 수의 2배일 때, 사용하기 전 상자에 들어있던 연필은 몇 자루인가?

① 6자루　　　　② 7자루　　　　③ 8자루　　　　④ 9자루

28 소금 10g을 이용하여 농도가 5%인 소금물을 만들었다. 이 소금물에 물을 추가했더니 농도가 1% 줄었을 때, 소금물의 양은 몇 g인가?

① 150g　　　　② 200g　　　　③ 250g　　　　④ 300g

29 X 게임에서 A 임무를 완료한 후 아이템이 나올 확률은 20%이고, B 임무를 완료한 후 아이템이 나올 확률은 40%이다. 혜민이가 A, B 임무를 모두 완료한 후 얻은 아이템이 하나일 확률은 얼마인가?

① $\frac{7}{25}$　　　　② $\frac{9}{25}$　　　　③ $\frac{11}{25}$　　　　④ $\frac{13}{25}$

30 2km 길이의 터널을 48km/h의 속력으로 통과하는 기차가 있다. 이 기차가 터널을 완전히 통과하는 데 3분이 걸릴 때, 기차의 길이는 얼마인가?

① 100m　　　　② 200m　　　　③ 300m　　　　④ 400m

31 다음은 연도별 A 고등학교의 학생 수를 나타낸 자료이다. A 고등학교의 남학생 수가 여학생 수보다 많은 해에 전체 학생 수의 전년 대비 증감률은 얼마인가?

[연도별 A 고등학교 학생 수]

(단위: 명)

구분	2019년	2020년	2021년	2022년
여자	150	130	140	125
남자	100	120	160	125

① -10%　　　　② 0%　　　　③ 10%　　　　④ 20%

최신 기출변형문제

1 수리

2 추리

3 지각

4 실전모의고사

해커스 GSAT 5급 고졸채용 삼성직무적성검사 한권완성 최신기출유형 + 실전모의고사

[32 - 33] 다음은 국가별 외국인 유학생 수에 대한 자료이다. 각 물음에 답하시오.

[국가별 2020년 외국인 유학생 수]
(단위: 명)

구분	A 국	B 국	C 국	D 국	E 국
학위과정	1,000	700	300	1,500	450
연수과정	1,200	200	320	2,000	150
기타	300	0	50	1,000	100
합계	2,500	900	670	4,500	700

[국가별 2021년 외국인 유학생 수의 전년 대비 증감률]
(단위: %)

구분	A 국	B 국	C 국	D 국	E 국
증감률	−20	10	50	−40	30

32 2021년 D 국의 외국인 유학생 수는 몇 명인가?

① 1,800명　　　　② 2,400명　　　　③ 2,700명　　　　④ 3,000명

33 다음 중 자료에 대한 설명으로 옳지 않은 것을 고르시오.

① 2020년 학위과정과 연수과정 외국인 유학생 수의 차이는 B 국이 D 국보다 크다.

② 제시된 국가 중 2021년 외국인 유학생 수가 전년 대비 감소한 국가는 총 2개국이다.

③ A~E 국 중 2020년 외국인 유학생 수가 가장 적은 국가는 C 국이다.

④ 2020년 A 국과 E 국의 학위과정 외국인 유학생 수의 차이는 연수과정 외국인 유학생 수의 차이보다 작다.

[34 - 35] 다음은 직급별 연간 출장 건수에 대한 자료이다. 각 물음에 답하시오.

[직급별 연간 출장 건수]

(단위: 건)

구분	2017년	2018년	2019년	2020년	2021년
전체	288	298	364	342	326
4급 이상	72	80	116	115	104
5급	118	128	157	149	140
6급 이하	98	90	91	78	82

34 2018년 이후 전체 출장 건수의 전년 대비 변화량이 가장 큰 해에 전체 출장 건수에서 6급 이하의 출장 건수가 차지하는 비중은 얼마인가?

① 23%　　　　　② 25%　　　　　③ 30%　　　　　④ 35%

35 다음 중 자료에 대한 설명으로 옳은 것을 고르시오.

① 2018년 이후 6급 이하의 출장 건수는 매년 전년 대비 감소하였다.

② 2017년 전체 출장 건수 중 4급 이상의 출장 건수가 차지하는 비중은 20%이다.

③ 2018년 5급의 출장 건수는 4급 이상의 출장 건수의 1.5배이다.

④ 2019년 4급 이상의 출장 건수의 전년 대비 증가율은 45%이다.

36 다음은 13세 이상 인구를 대상으로 사회안전에 대한 인식도에 대해 조사한 자료이다. 다음 중 자료에 대한 설명으로 옳은 것을 고르시오.

[사회안전에 대한 인식도]

(단위: %)

구분		계	매우 안전	비교적 안전	보통	비교적 안전하지 않음	매우 안전하지 않음
세대	1인 가구	100.0	3.7	22.9	30.6	31.6	11.2
	1세대 가구	100.0	2.6	19.9	33.4	33.1	11.0
	2세대 가구	100.0	3.9	24.4	33.6	27.3	10.8
	3세대 이상 가구	100.0	4.1	21.1	35.4	27.6	11.8
교육 정도	초졸 이하	100.0	3.3	15.3	33.4	36.4	11.6
	중졸	100.0	3.7	18.6	31.8	32.6	13.3
	고졸	100.0	3.3	21.0	34.1	29.6	12.0
	대졸 이상	100.0	4.2	29.1	33.0	24.8	8.9
경제 활동	취업	100.0	3.3	25.0	33.5	28.1	10.1
	실업 및 비경제활동	100.0	4.0	20.8	33.2	30.0	12.0

※ 출처: KOSIS(통계청, 사회조사)

① 1세대 가구의 응답 비율이 가장 높은 항목은 '보통'이다.

② '비교적 안전하지 않음'에 응답한 비율은 고졸이 대졸 이상보다 4.7%p 더 높다.

③ '매우 안전'에 응답한 비율은 교육 정도가 길수록 높다.

④ 실업 및 비경제활동에 해당하는 사람의 경우, '매우 안전하지 않음'에 응답한 비율이 '매우 안전'에 응답한 비율의 4배이다.

[37 - 38] 다음은 ○○상가에 입점한 브랜드 중 매출액 기준 상위 5개 브랜드를 나타낸 자료이다. 각 물음에 답하시오.

[○○상가 매출액 기준 상위 5개 브랜드]

(단위: 천만 원)

구분	2019년		2020년		2021년	
	브랜드	매출액	브랜드	매출액	브랜드	매출액
1순위	G	120	G	105	D	110
2순위	Z	115	D	95	G	105
3순위	D	108	Z	85	Z	90
4순위	Q	100	B	80	Q	87
5순위	A	80	C	75	B	82

※ 제시된 기간 동안 ○○상가에는 A~Z까지 26개 브랜드만 입점해 있으며, 매년 공동 순위를 기록한 브랜드는 없음

37 다음 중 자료에 대한 설명으로 옳은 것을 고르시오.

① 2020년 이후 D 브랜드의 매출액은 매년 전년 대비 증가하였다.

② 제시된 기간 동안 G 브랜드의 연평균 매출액은 115천만 원이다.

③ 2021년 C 브랜드와 Z 브랜드의 매출액 차이는 8천만 원 이상이다.

④ 2021년 Q 브랜드 매출액의 2년 전 대비 감소율은 15% 이상이다.

38 2022년 이후 B 브랜드 매출액은 매년 전년 대비 증가하고, 전년 대비 증가량이 2021년 B 브랜드 매출액의 전년 대비 증가량과 동일하다면, 2023년 B 브랜드의 매출액은 얼마인가?

① 84천만 원　　　② 86천만 원　　　③ 88천만 원　　　④ 90천만 원

[39 - 40] 다음은 2020년 하반기 문화체육관광 관련 산업의 신규 채용 인력을 나타낸 자료이다. 각 물음에 답하시오.

[2020년 하반기 문화체육관광 관련 산업 신규 채용 인력]

(단위: 명)

구분		상용종사자	임시 · 일용종사자	기타종사자
산업별	문화산업	55,275	11,248	0
	관광산업	18,745	6,857	141
	스포츠산업	9,229	3,168	72
조직 형태별	개인사업체	10,323	9,450	213
	회사법인	63,127	7,590	0
	회사외법인	8,629	3,733	0
	비법인단체	1,170	500	0

※ 출처: KOSIS(문화체육관광부, 문화체육관광일자리현황조사)

39 다음 중 자료에 대한 설명으로 옳지 않은 것을 고르시오.

① 2020년 하반기 문화산업의 전체 신규 채용 인력은 66,523명이다.

② 문화체육관광 관련 산업 신규 채용 인력 중 개인사업체의 기타 종사자 수에서 스포츠산업의 기타 종사자 수가 차지하는 비중은 40% 미만이다.

③ 문화체육관광 관련 산업 신규 채용 인력 중 회사법인 상용종사자 수와 회사외법인 상용종사자 수의 차이는 55,000명 이상이다

④ 문화체육관광 관련 산업 신규 채용 인력 중 관광산업 임시 · 일용종사자 수는 스포츠산업 임시 · 일용종사자 수의 2배 이상이다.

40 제시된 조직 형태 중 상용종사자 수와 임시 · 일용종사자 수의 합이 가장 큰 조직 형태는?

① 개인사업체   ② 회사법인   ③ 회사외법인   ④ 비법인단체

약점 보완 해설집 p.20

PART 2

추리

기출유형공략

유형 1 수·문자추리
유형 2 언어추리

백발백중 적중문제

기출유형공략

추리 소개

추리는 제시된 숫자, 문자, 도형의 규칙을 유추하는 능력을 평가하는 영역이다. 총 40개의 문항이 제시되며 20분 내에 풀어야 한다.

출제 유형

추리에서는 총 2가지 유형이 출제되며, 수·문자추리와 언어추리의 출제 비중이 비슷하다.

유형 1	수·문자추리
유형 2	언어추리

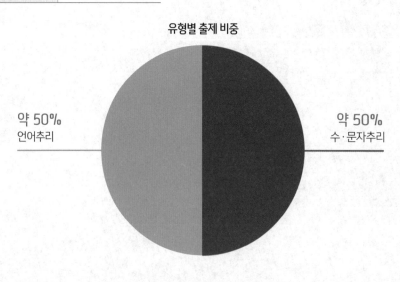

유형별 출제 비중

약 50%
언어추리

약 50%
수·문자추리

최근 출제 경향

신유형 출제 여부

이전까지 출제되었던 유형 외에 새로운 유형의 문제가 출제되지 않았다.

난이도

추리는 전반적으로 평이하게 출제되었다. 수·문자추리는 대체로 규칙 파악이 수월한 문제가 출제되어 난도가 낮았다. 반면, 언어추리는 함정이 있는 문제가 비중 높게 출제되었으며, 묶음 문제 중 한 문제를 풀지 못할 경우 연계하여 딸린 문제 대부분을 풀지 못하도록 출제되어 난도가 약간 높았다.

학습 전략

수·문자추리

자주 출제되는 등차수열, 등비수열, 피보나치수열, 계차수열, 반복수열을 반드시 학습하고, 문자추리 문제는 문자로 한글과 알파벳이 제시되므로 한글 자음과 모음, 알파벳 순서를 충분히 학습하여 문자를 숫자로 빠르게 변경하는 연습을 한다.

언어추리

명제추리 문제는 명제와 삼단논법에 대한 기초적인 논리 이론을 반드시 학습하고, 조건추리 문제는 문장으로 주어진 조건을 단어나 표로 간단히 정리한 후 고려해야 하는 조건이나 경우의 수를 빠짐없이 확인하여 빠르고 정확하게 문제를 푸는 연습을 한다.

· 일렬로 제시되거나 도형 안에 제시된 숫자 또는 문자의 배열 규칙을 찾아 빈칸에 들어갈 숫자 또는 문자를 고르는 유형의 문제이다.
· 추리 총 40문항 중 약 20문항이 출제되며, 1문항당 약 20초 내에 풀어야 한다.

세부 출제 유형

· 수추리 문제
· 문자추리 문제

핵심 이론

· 등차수열: 앞항에 차례로 일정한 수를 더하여 다음 항이 얻어지는 수열

예	1	→	3	→	5	→	7	→	9	→	11
		+2		+2		+2		+2		+2	

· 등비수열: 앞항에 차례로 일정한 수를 곱하여 다음 항이 얻어지는 수열

예	1	→	2	→	4	→	8	→	16	→	32
		×2		×2		×2		×2		×2	

· 피보나치수열: 앞의 두 항을 합하면 다음 항이 얻어지는 수열

예	0	→	1	→	1	→	2	→	3	→	5
					=0+1		=1+1		=1+2		=2+3

· 등차 계차수열: 앞항과 다음 항의 차가 순서대로 등차를 이루는 수열

예	1	→	3	→	7	→	13	→	21	→	31
		+2		+4		+6		+8		+10	
			+2		+2		+2		+2		

· 등비 계차수열: 앞항과 다음 항의 차가 순서대로 등비를 이루는 수열

예	1	→	3	→	7	→	15	→	31	→	63
		+2		+4		+8		+16		+32	
			×2		×2		×2		×2		

수추리 문제

일정한 규칙으로 나열된 수를 통해 빈칸에 들어갈 알맞은 숫자를 고르시오.

27 23 19 15 11 7 (   )

① 2   ② 3   ③ 4   ④ 5

|정답 및 해설| ②

제시된 각 숫자 간의 차이를 계산하면 다음과 같다.

27   23   19   15   11   7
  └−4┘└−4┘└−4┘└−4┘└−4┘

이에 따라 각 숫자 간의 값이 −4로 반복됨을 알 수 있다.

따라서 빈칸에 들어갈 알맞은 숫자는 7−4=3이다.

(확인 문제)

01-1 일정한 규칙으로 나열된 수를 통해 빈칸에 들어갈 알맞은 숫자를 고르시오.

1 3 7 13 (   ) 31

① 17   ② 19   ③ 21   ④ 23

01-2 일정한 규칙으로 나열된 수를 통해 빈칸에 들어갈 알맞은 숫자를 고르시오.

3 12 48 (   ) 768

① 192   ② 240   ③ 384   ④ 584

약점 보완 해설집 p.26

일정한 규칙으로 나열된 문자를 통해 빈칸에 들어갈 알맞은 문자를 고르시오.

H J N T ( )

① Z   ② A   ③ B   ④ C

|정답 및 해설| ③

제시된 각 문자를 알파벳 순서에 따라 숫자로 변경하면 다음과 같다.

H J N T
8 10 14 20

각 숫자 간의 차이를 계산하면 다음과 같다.

H J N T
8 10 14 20
└+2┘└+4┘└+6┘
　└+2┘└+2┘

이에 따라 각 숫자 간의 값이 +2, +4, +6, …과 같이 +2씩 변화함을 알 수 있다.

따라서 빈칸에 들어갈 알맞은 문자는 숫자 20+8=28에 해당하는 'B'이다.

확인 문제

02-1 일정한 규칙으로 나열된 문자를 통해 빈칸에 들어갈 알맞은 문자를 고르시오.

C G K O ( ) W

① S   ② T   ③ X   ④ A

02-2 일정한 규칙으로 나열된 문자를 통해 빈칸에 들어갈 알맞은 문자를 고르시오.

ㄷ ㅂ ㅈ ㅌ ㄱ ( )

① ㄷ   ② ㄹ   ③ ㅁ   ④ ㅂ

약점 보완 해설집 p.26

▶ 해설 p.26

[01 - 12] 일정한 규칙으로 나열된 수를 통해 빈칸에 들어갈 알맞은 숫자를 고르시오.

난이도 ★☆☆

01

135　117　99　81　(　　　)　45

① 54　　　　　② 55　　　　　③ 62　　　　　④ 63

난이도 ★☆☆

02

3　2　4　7　6　12　15　14　(　　　)

① 13　　　　　② 17　　　　　③ 22　　　　　④ 28

난이도 ★☆☆

03

4　9　16　25　(　　　)

① 36　　　　　② 37　　　　　③ 38　　　　　④ 39

난이도 ★★☆

04

4　9　19　39　79　(　　　)

① 119　　　　　② 129　　　　　③ 144　　　　　④ 159

05

난이도 ★☆☆

4 8 16 32 64 (   )

① 68   ② 96   ③ 106   ④ 128

06

난이도 ★☆☆

3 2 6 4 3 12 5 4 20 6 5 (   )

① 24   ② 26   ③ 28   ④ 30

07

난이도 ★☆☆

−2 6 2 −6 −10 30 26 −78 (   )

① −82   ② −66   ③ −36   ④ 54

08

난이도 ★★☆

$$\frac{2}{9} \quad \frac{6}{5} \quad \frac{10}{1} \quad -\frac{14}{3} \quad -\frac{18}{7} \quad (\quad)$$

① $-\frac{22}{11}$ ② $\frac{23}{10}$ ③ $-\frac{22}{10}$ ④ $\frac{24}{11}$

09

5 7 11 13 17 (   ) 23 29

① 18　　　　　　② 19　　　　　　③ 20　　　　　　④ 21

10

5 3 9 6 18 (   ) 42 37

① 13　　　　　　② 14　　　　　　③ 15　　　　　　④ 16

11

13 15 18 22 27 (   ) 40

① 32　　　　　　② 33　　　　　　③ 35　　　　　　④ 36

12

-2 4 -8 16 -32 (   )

① -64　　　　　　② -48　　　　　　③ 48　　　　　　④ 64

최신 기출변형문제

1 수리

2 추리

3 지각

4 실전모의고사

해커스 GSAT 5급 고졸채용 삼성직무적성검사 한권완성 최신기출유형 + 실전모의고사

일정한 규칙으로 나열된 문자를 통해 빈칸에 들어갈 알맞은 문자를 고르시오.

난이도 ★★★

13

A B D E J (   )

① L　　　　② P　　　　③ T　　　　④ Y

난이도 ★★☆

14

I N H O T N (   )

① H　　　　② J　　　　③ S　　　　④ U

난이도 ★★☆

15

Z M R I N (   )

① B　　　　② F　　　　③ G　　　　④ K

난이도 ★☆☆

16

C F E H G J (   )

① I　　　　② K　　　　③ L　　　　④ M

17

$$P \quad R \quad F \quad J \quad B \quad (\quad)$$

① A   ② D   ③ F   ④ H

18

$$F \quad ㄷ \quad H \quad ㄹ \quad (\quad) \quad ㅁ$$

① A   ② D   ③ H   ④ J

19

$$ㄱ \quad ㅎ \quad ㄷ \quad ㅌ \quad ㅁ \quad ㅊ \quad (\quad)$$

① ㄴ   ② ㄹ   ③ ㅅ   ④ ㅈ

20

$$나 \quad 다 \quad 바 \quad (\quad) \quad 라$$

① 카   ② 타   ③ 파   ④ 하

약점 보완 해설집 p.26

- 제시된 조건을 토대로 올바른 전제 또는 결론을 도출하거나 결론의 옳고 그름을 판단하는 유형의 문제이다.
- 추리 총 40문항 중 약 20문항이 출제되며, 1문항당 약 40초 내에 풀어야 한다.

세부 출제 유형

- 명제추리 문제
- 조건추리 문제

핵심 이론

- 명제: 가정과 결론으로 구성되어 참과 거짓을 명확히 판별할 수 있는 문장이다.

  예 <u>수학을 잘하는 사람은</u> / <u>영어를 잘한다.</u>
  　　　 가정　　　　　　　　 결론

- 명제의 '역', '이', '대우'는 다음과 같다.

  명제가 참이라면 그 명제의 '대우' 또한 참이고, 명제가 거짓이라면 그 명제의 '대우' 또한 거짓이다.

명제	p이면 q이다. 예 수학을 잘하는 사람은 영어를 잘한다.
명제의 '역'	q이면 p이다. 예 영어를 잘하는 사람은 수학을 잘한다.
명제의 '이'	p가 아니면 q가 아니다. 예 수학을 잘하지 못하는 사람은 영어를 잘하지 못한다.
명제의 '대우'	q가 아니면 p가 아니다. 예 영어를 잘하지 못하는 사람은 수학을 잘하지 못한다.

- 분리된 명제가 참인 경우는 다음과 같다.

(S or P) → Q	S → Q (참), P → Q (참)
S → (P and Q)	S → P (참), S → Q (참)

  예 회사원 또는 학생은 운동을 한다. (명제)
  　→ 회사원은 운동을 한다. (참) / 학생은 운동을 한다. (참)

- 분리된 명제의 참과 거짓을 판별할 수 없는 경우는 다음과 같다.

S → (P or Q)	S → P (알 수 없음), S → Q (알 수 없음)
(S and P) → Q	S → Q (알 수 없음), P → Q (알 수 없음)

  예 회사원이면서 학생인 사람은 운동을 한다. (명제)
  　→ 회사원은 운동을 한다. (알 수 없음) / 학생은 운동을 한다. (알 수 없음)

다음 제시된 명제가 참일 때 추론할 수 있는 것을 고르시오.

- 성대모사를 잘하는 사람은 노래를 잘한다.
- 성대모사를 잘하지 못하는 사람은 개그맨이 아니다.

① 개그맨은 노래를 잘한다.

② 노래를 잘하는 사람은 개그맨이다.

③ 개그맨은 노래를 잘하지 못한다.

④ 노래를 잘하지 못하는 사람은 개그맨이다.

|정답 및 해설| ①

두 번째 명제의 '대우'와 첫 번째 명제를 차례로 결합하면 다음과 같다.

두 번째 명제(대우)	개그맨은	성대모사를 잘한다.	
첫 번째 명제		성대모사를 잘하는 사람은	노래를 잘한다.
결론	개그맨은		노래를 잘한다.

─(확인 문제)

다음 전제를 읽고 각 문제의 진위를 판별하시오.

─[전제]─
- 소설가가 아닌 모든 사람은 과학자가 아니다.
- 모든 수학자는 과학자이다.

01-1 모든 수학자는 소설가이다.

① 참　　　　　　② 거짓　　　　　　③ 파악할 수 없음

01-2 모든 소설가는 과학자가 아니다.

① 참　　　　　　② 거짓　　　　　　③ 파악할 수 없음

약점 보완 해설집 p.29

다음 제시된 조건을 읽고 항상 참인 것을 고르시오.

- A, B, C, D의 나이는 서로 다르다.
- A보다 나이가 많은 사람은 2명이다.
- B는 C와 D보다 나이가 많다.

① C는 A보다 나이가 많다.
② 나이가 가장 많은 사람은 B이다.
③ A보다 나이가 적은 사람은 D이다.
④ D보다 나이가 많은 사람은 1명이다.

|정답 및 해설| ②

제시된 조건에 따르면 A보다 나이가 많은 사람은 2명이므로 A는 세 번째로 나이가 많다. 이때 B는 C와 D보다 나이가 많으므로 나이가 가장 많은 사람은 B임을 알 수 있다. 이에 따라 나이가 두 번째로 많은 사람과 나이가 가장 적은 사람은 C 또는 D이므로 나이가 많은 순서에 따라 가능한 경우는 다음과 같다.

구분	첫 번째	두 번째	세 번째	네 번째
경우 1	B	C	A	D
경우 2	B	D	A	C

따라서 나이가 가장 많은 사람은 B이므로 항상 참인 설명이다.
① C는 A보다 나이가 많거나 적으므로 항상 참인 설명은 아니다.
③ A보다 나이가 적은 사람은 C 또는 D이므로 항상 참인 설명은 아니다.
④ D보다 나이가 많은 사람은 1명 또는 3명이므로 항상 참인 설명은 아니다.

지호, 수미, 준호, 신지의 나이는 서로 다르다. 다음 조건을 모두 고려하였을 때, 각 문제의 진위를 판별하시오.

> - 준호는 수미보다 나이가 많다.
> - 신지는 지호보다 나이가 적다.
> - 신지는 수미보다 나이가 많다.
> - 수미는 지호보다 나이가 적다.

02-1 수미의 나이가 가장 적다.

    ① 참   ② 거짓   ③ 알 수 없음

02-2 준호는 지호보다 나이가 많다.

    ① 참   ② 거짓   ③ 알 수 없음

약점 보완 해설집 p.29

난이도 ★☆☆

01 다음 제시된 명제가 참일 때 추론할 수 있는 것을 고르시오.

• 독서를 좋아하는 사람은 국어를 좋아한다.
• 수학을 좋아하는 사람은 국어를 좋아하지 않는다.
• 현지는 수학을 좋아한다.

① 수학을 좋아하지 않는 사람은 국어를 좋아한다.

② 현지는 독서를 좋아한다.

③ 현지는 국어를 좋아한다.

④ 현지는 독서를 좋아하지 않는다.

난이도 ★☆☆

02 다음 제시된 명제가 참일 때 추론할 수 있는 것을 고르시오.

• 갑은 초콜릿을 좋아한다.
• 치과를 자주 가는 사람은 초콜릿을 좋아하지 않는다.
• 사탕을 좋아하는 사람은 치과를 자주 간다.

① 사탕을 좋아하는 사람은 초콜릿을 좋아한다.

② 갑은 치과를 자주 간다.

③ 치과를 자주 가지 않는 사람은 초콜릿을 좋아한다.

④ 초콜릿을 좋아하는 사람은 사탕을 좋아하지 않는다.

03 다음 제시된 명제가 참일 때 추론할 수 있는 것을 고르시오.

- 성실한 사람은 지각을 하지 않는다.
- 지각을 하는 사람은 늦잠을 잔다.
- 늦잠을 자는 사람은 게임을 한다.

① 지각을 하는 사람은 게임을 한다.

② 늦잠을 자지 않는 사람은 게임을 하지 않는다.

③ 성실한 사람은 게임을 하지 않는다.

④ 게임을 하는 사람은 지각을 한다.

04 다음 조건을 읽고 제시문의 진위를 판별하시오.

— [조건] —
- 핸드폰은 전자파를 방출한다.
- 전자파가 장시간 방출될 경우 우리 몸에 피해를 준다.

— [제시문] —
- 핸드폰은 장시간 사용할 경우 우리 몸에 피해를 주지 않을 수도 있다.

① 참   ② 거짓   ③ 파악할 수 없음

05 다음 조건을 읽고 제시문의 진위를 판별하시오.

— [조건] —
- A가 부자가 아니라면 C도 부자가 아니다.
- A가 부자라면 B도 부자이다.
- B가 부자라면 D도 부자이다.
- D가 부자라면 C는 부자이거나 B는 부자가 아니다.

— [제시문] —
- C가 부자라면 D도 부자이다.

① 참   ② 거짓   ③ 파악할 수 없음

06 A, B, C 세 사람 중 연봉이 가장 많은 사람이 은행원이고, 현재 성남에 사는 사람이 사업가, 나머지 한 사람은 공무원이다. 다음 조건을 모두 고려하였을 때, B의 직업을 고르시오.

> • A, B, C 세 사람의 연봉은 모두 다르며, 현재 거주지도 서울, 성남, 인천으로 모두 다르다.
> • A는 C보다 연봉이 많다.
> • A는 현재 거주지가 아닌 서울이나 성남으로 이사할 계획이다.
> • C의 연봉이 세 사람 중에서 가장 적은 것은 아니다.

① 은행원　　　　　② 사업가　　　　　③ 공무원　　　　　④ 알 수 없음

07 갑, 을, 병, 정 4명의 등수는 서로 다르다. 다음 조건을 모두 고려하였을 때, 3등을 고르시오.

> • 을과 병은 2등이 아니다.
> • 을은 갑과 정보다 등수가 높다.
> • 갑은 병보다 등수가 낮다.
> • 을과 정의 등수는 이웃한다.

① 갑　　　　　② 을　　　　　③ 병　　　　　④ 정

08 A, B, C, D 4명이 일렬로 줄을 서 있다. 다음 조건을 모두 고려하였을 때, 왼쪽부터 줄을 서 있는 순서대로 나열한 것을 고르시오.

> - A와 B 사이에 줄을 서 있는 사람은 2명이다.
> - D는 C보다 오른쪽에 서 있다.
> - C는 A보다 왼쪽에 서 있다.
>
> 왼쪽 | | | | | 오른쪽

① A - C - D - B   ② A - D - C - B   ③ B - C - D - A   ④ B - D - C - A

09 A, B, C는 과자를 총 10개 구입했다. 다음 조건을 모두 고려하였을 때, A가 구입한 과자 개수를 고르시오.

> - A, B, C 3명은 과자를 1개 이상씩 구입했다.
> - A와 B가 구입한 과자 개수는 같다.
> - C가 구입한 과자는 4개 미만이다.

① 1개   ② 2개   ③ 3개   ④ 4개

[10-13] 스터디 조원 A, B, C, D, E, F는 3월부터 8월까지 매월 한 사람씩 돌아가며 스터디룸 대여를 담당하기로 하였다. 다음 제시된 조건을 읽고 각 물음에 답하시오.

- A는 8월의 스터디룸 대여 담당자가 아니다.
- D는 6월이나 7월에 스터디룸 대여를 담당한다.
- F는 B보다 한 달 먼저 스터디룸 대여를 담당한다.
- B와 C는 연속해서 스터디룸 대여를 담당하지 않는다.
- E는 3월의 스터디룸 대여 담당자이다.

난이도 ★☆☆

10 B가 6월에 스터디룸 대여를 담당할 때, 월별 스터디룸 대여 담당자가 바르게 짝지어진 것은?

① 4월 - A   ② 5월 - C   ③ 7월 - F   ④ 8월 - D

난이도 ★☆☆

11 C가 5월에 스터디룸 대여를 담당할 때, F는 언제 스터디룸 대여를 담당하는가?

① 4월   ② 6월   ③ 7월   ④ 알 수 없음

난이도 ★★☆

12 월별 스터디룸 대여 담당자를 정할 수 있는 경우는 모두 몇 가지인가?

① 4가지   ② 5가지   ③ 6가지   ④ 7가지

난이도 ★★★

13 다음 중 항상 참인 것을 고르시오.

① C가 8월에 스터디룸 대여를 담당하면, 월별 대여 담당자를 정할 수 있는 경우의 수는 2가지이다.

② F가 4월에 스터디룸 대여를 담당하면, D는 7월에 스터디룸 대여를 담당한다.

③ 스터디 조원 중에 3월을 제외한 모든 달에 스터디룸 대여를 담당할 수 있는 조원이 있다.

④ 7월에 스터디룸 대여를 담당할 수 없는 조원은 B, C, E이다.

[14-15] 다음은 A, B, C, D 4명이 오늘 하루 걸은 거리에 대한 내용이다. 다음 조건을 모두 고려하였을 때, 각 문제의 진위를 판별하시오.

- A는 오늘 하루 B보다 15km를 더 걸었다.
- A가 오늘 하루 걸은 거리는 D와 3km 차이가 났다.
- C는 오늘 하루 D보다 5km를 더 걸었다.

난이도 ★★☆

14 오늘 하루 가장 많이 걸은 사람은 C이다.

① 참   ② 거짓   ③ 알 수 없음

난이도 ★★★

15 B가 오늘 하루 걸은 거리는 C와 20km 이상 차이가 날 수 있다.

① 참   ② 거짓   ③ 알 수 없음

최신기출문제

1 수리

2 추리

3 지각

4 실전모의고사

해커스 GSAT 5급 고졸채용 삼성직무적성검사 한권완성 최신기출유형 + 실전모의고사

[16-17] 민아, 소진, 유라, 혜리 네 명이 기차역에 도착했다. 다음 조건을 모두 고려하였을 때, 각 문제의 진위를 판별하시오.

- 민아는 유라보다 12분 늦게 도착했다.
- 소진이가 가장 먼저 도착한 것은 아니었으며, 소진이와 유라의 도착 시각의 차는 19분이다.
- 유라는 아침 7시에 도착했으며, 혜리와 유라의 도착 시각의 차는 9분이다.

난이도 ★☆☆

16 혜리는 민아보다 늦게 도착했다.

① 참   ② 거짓   ③ 알 수 없음

난이도 ★★☆

17 모두 아침 7시 이후에 도착했다.

① 참   ② 거짓   ③ 알 수 없음

[18 - 20] 갑은 이번 학기에 다음 열 개의 교양 과목 중에서 다섯 과목을 반드시 수강해야 한다. 다음 제시된 조건을 읽고 각 물음에 답하시오.

구분	영역	필수 교양 과목
1	외국어	영어, 중국어, 일본어
2	언어	독서, 한문, 문학, 작문
3	과학	지구과학, 공학, 물리

- 교양 과목은 총 세 개의 영역으로 나뉘어 있으며, 영역별로 최소한 한 과목 이상 수강해야 한다.
- 다섯 과목을 초과해서 수강할 수는 없다.
- 과학 영역에서는 한 과목만 수강할 수 있다.
- 일본어를 수강하려면 지구과학과 한문을 필수로 수강해야 한다.
- 물리를 수강하려면 영어와 중국어를 수강해야 한다.
- 문학을 수강하려면 작문을 수강해야 한다.
- 독서를 수강하려면 일본어는 수강할 수 없다.
- 한문을 수강하려면 중국어와 지구과학을 수강해야 한다.

난이도 ★☆☆
18 일본어를 수강할 경우, 함께 수강할 수 없는 과목은?

① 영어   ② 중국어   ③ 지구과학   ④ 문학

난이도 ★★☆
19 다음 중 항상 참인 것을 고르시오.

① 외국어 영역의 세 과목을 모두 수강할 수는 없다.
② 중국어와 일본어를 수강하려면 작문을 함께 수강해야 한다.
③ 언어 영역에서 세 과목을 수강하려면 독서를 수강해야 한다.
④ 일본어를 수강하려면 중국어를 함께 수강해야 한다.

난이도 ★☆☆
20 함께 수강할 수 없는 과목들로 짝지어진 것은?

① 중국어, 물리, 영어   ② 중국어, 지구과학, 작문
③ 일본어, 공학, 한문   ④ 영어, 지구과학, 한문

약점 보완 해설집 p.29

[01 - 10] 일정한 규칙으로 나열된 수를 통해 빈칸에 들어갈 알맞은 숫자를 고르시오.

01

-96 0 48 72 84 90 (   )

① 90   ② 93   ③ 96   ④ 98

02
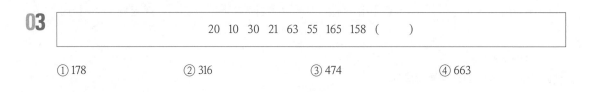

6 1 25 9 2 (   ) 11 3 64

① 22   ② 30   ③ 35   ④ 49

03

20 10 30 21 63 55 165 158 (   )

① 178   ② 316   ③ 474   ④ 663

04
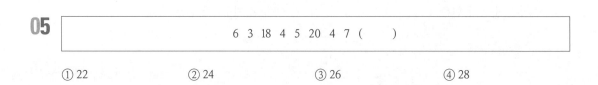

32 38 20 74 -88 (   )

① -250   ② -242   ③ 395   ④ 398

05

6 3 18 4 5 20 4 7 (   )

① 22   ② 24   ③ 26   ④ 28

06

$$8 \quad 9 \quad 11 \quad 14 \quad 18 \quad (\quad)$$

① 21   ② 23   ③ 25   ④ 26

07

$$72 \quad 72 \quad 36 \quad 24 \quad 18 \quad 8 \quad (\quad)$$

① 9   ② 12   ③ 15   ④ 20

08

$$250 \quad 50 \quad 100 \quad 20 \quad 40 \quad 8 \quad (\quad)$$

① 5   ② 16   ③ 32   ④ 60

09

$$\frac{2}{3} \quad \frac{6}{7} \quad \frac{18}{11} \quad \frac{54}{15} \quad (\quad)$$

① $\frac{82}{21}$ ② $\frac{108}{19}$ ③ $\frac{162}{19}$ ④ $\frac{162}{21}$

10

$$\frac{2}{3} \quad \frac{12}{13} \quad \frac{62}{63} \quad \frac{312}{313} \quad (\quad)$$

① $\frac{1248}{1249}$ ② $\frac{1562}{1563}$ ③ $\frac{1565}{1566}$ ④ $\frac{1632}{1633}$

[11-16] 일정한 규칙으로 나열된 문자를 통해 빈칸에 들어갈 알맞은 문자를 고르시오.

11

C F I (   ) O R

① K   ② L   ③ M   ④ N

12

E J F L H (   )

① O   ② P   ③ Q   ④ R

13

F H K O T (   )

① O   ② Z   ③ Q   ④ R

14

ㄱ ㄴ ㄹ ㅇ (   )

① ㄴ   ② ㅁ   ③ ㅈ   ④ ㅌ

15

ㅌ ㅍ ㅊ ㄱ ㅇ ㄷ (   )

① ㅂ   ② ㅅ   ③ ㅇ   ④ ㅈ

16

		표 트 ㄱ ㅎ ㄷ ( )		

① ㄱ   ② ㄴ   ③ ㄹ   ④ ㅁ

[17-20] 다음은 일정한 규칙으로 나열된 숫자 또는 문자이다. 다음 중 적용된 규칙이 나머지 세 개와 다른 하나를 고르시오.

17
① A D G J   ② 2 5 8 11   ③ ㄱ ㄹ ㅅ ㅊ   ④ ㅑ ㅕ ㅛ ㅠ

18
① ㄹ ㅅ ㅊ ㅍ   ② 5 8 11 14   ③ k n q t   ④ V X Z B

19
① A B D G   ② 나 냐 노 니   ③ 3 4 6 9   ④ Q R T W

20
① ㅎ ㅋ ㅇ ㅁ   ② 4 2 0 -2   ③ Z X V T   ④ 9 7 5 3

최신 기출변형문제

1 수리

2 추리

3 지각

4 실전모의고사

해커스 GSAT 5급 고졸채용 삼성직무적성검사 한권완성 최신기출유형 + 실전모의고사

21 다음 제시된 명제가 참일 때 추론할 수 있는 것을 고르시오.

- 겨울을 좋아하는 사람은 가을을 좋아한다.
- 여름을 좋아하는 사람은 겨울을 좋아하지 않는다.
- 봄을 좋아하는 사람은 여름을 좋아한다.

① 봄을 좋아하는 사람은 겨울을 좋아한다.

② 겨울을 좋아하는 사람은 여름을 좋아한다.

③ 가을을 좋아하는 사람은 봄을 좋아한다.

④ 겨울을 좋아하는 사람은 봄을 좋아하지 않는다.

22 다음 제시된 명제가 참일 때 추론할 수 있는 것을 고르시오.

- 갑은 대리 또는 여자이다.
- 을은 팀장이고, 기획부이다.
- 기획부 직원은 남자이다.
- 갑은 영업부이다.
- 영업부 직원은 여자이다.

① 기획부 직원은 대리이다.

② 갑은 대리이다.

③ 갑은 여자이다.

④ 을은 여자이다.

1, 2층과 1, 2, 3, 4열로 이루어진 8칸의 우편함이 있다. 각 우편함에는 최대 2개의 우편물을 넣을 수 있다. 다음 제시된 조건을 읽고 각 물음에 답하시오.

구분	1열	2열	3열	4열
2층				
1층				

- 각 우편함의 색은 빨간색, 노란색, 초록색, 파란색 중 하나이고, 같은 층에 위치한 우편함의 색은 서로 다르다.
- 1층 2열에 위치한 우편함의 색은 초록색이고, 2층 1열에 위치한 우편함의 색은 빨간색이다.
- 2층 노란색 우편함의 오른쪽에 파란색 우편함이 이웃해 있고, 이 두 우편함의 바로 아래층에 위치한 두 우편함에는 우편물이 1개씩 들어있다.
- 초록색 우편함의 왼쪽 우편함에만 우편물이 2개 들어있다.
- 노란색 우편함의 우편물의 개수는 1개가 아니다.
- 같은 열에 위치한 우편함의 색은 서로 다르다.

23 다음 중 색을 알 수 없는 우편함의 위치는?

① 1층 3열　　　　② 1층 4열　　　　③ 2층 2열　　　　④ 2층 4열

24 같은 열에 위치할 수 없는 색으로 짝지어진 것은?

① 빨간색, 초록색　　② 노란색, 초록색　　③ 초록색, 파란색　　④ 파란색, 빨간색

25 1층 1열에 위치한 우편함의 색이 파란색일 경우, 모든 파란색 우편함에 들어있는 우편물의 총 개수는?

① 1개　　　　② 2개　　　　③ 3개　　　　④ 4개

26 다음 중 항상 참인 것을 고르시오.

① 우편물이 1개 들어있는 우편함의 개수는 최대 5개이다.

② 2층 3열에 위치한 우편함에 들어있는 우편물의 개수는 1개이다.

③ 색의 종류별로 우편함의 개수는 다르다.

④ 색을 알 수 없는 우편함의 개수는 3개이다.

[27-28] A, B, C, D는 던지기와 턱걸이 시합을 했다. 다음 조건을 모두 고려하였을 때, 각 문제의 진위를 판별하시오.

- A는 던지기에서 1위를 기록했으나, 턱걸이에서는 던지기보다 한 단계 낮은 순위를 기록했다.
- B는 두 종목에서 동일한 순위를 기록했다.
- C는 적어도 한 종목에서 1~3위 중 하나를 기록했다.
- D는 한 종목에서 4명 중 기록이 가장 좋았다.

27 B는 두 종목에서 모두 4위를 기록했다.

① 참   ② 거짓   ③ 알 수 없음

28 D가 어느 종목에서 2위를 기록했다면, C는 그 종목에서 3위를 기록했다.

① 참   ② 거짓   ③ 알 수 없음

A, B, C, D, E, F는 우유 빨리 마시기 대회에 참가하였다. 다음 조건을 모두 고려하였을 때, 각 문제의 진위를 판별하시오.

- C와 F의 순위는 1위가 아니었으며, 동시에 우유를 다 마신 사람은 없었다.
- B는 D보다 늦게 우유를 모두 마셨고, E는 D보다 먼저 우유를 모두 마셨다.
- A의 순위와 C의 순위의 차는 4이다.
- C가 먼저 우유를 모두 마신 후 A가 우유를 모두 마셨다.

29 6명 중 2명의 순위만이 확정된다.

① 참　　　　　　　　② 거짓　　　　　　　　③ 알 수 없음

30 F의 순위는 5위가 될 수 없다.

① 참　　　　　　　　② 거짓　　　　　　　　③ 알 수 없음

31 C의 순위는 2위이다.

① 참　　　　　　　　② 거짓　　　　　　　　③ 알 수 없음

[32 - 33] 나은, 남주, 보미, 은지, 초롱, 하영이는 각자 자동차를 가지고 있다. 다음 조건을 모두 고려하였을 때, 각 문제의 진위를 판별하시오.

- 하영이는 은지보다 자동차를 더 많이 가지고 있으며, 초롱이는 은지보다 자동차를 더 적게 가지고 있다.
- 나은이는 남주보다 자동차를 더 많이 가지고 있다.
- 남주와 하영이는 자동차를 각각 5대씩 가지고 있다.
- 보미는 초롱이보다 자동차를 더 많이 가지고 있다.

32 보미는 남주보다 자동차를 더 많이 가지고 있을 수는 있으나, 나은이보다 더 많이 가지고 있을 수는 없다.

① 참   ② 거짓   ③ 알 수 없음

33 은지는 남주보다 자동차를 더 많이 가지고 있다.

① 참   ② 거짓   ③ 알 수 없음

[34 - 35] A, B, C, D, E 다섯 개의 축구팀이 서로 한 번씩 경기하는 리그전을 하고 있다. 두 경기를 남긴 시점에서 각 팀의 경기 결과 및 승점 상황은 다음과 같다. 다음 제시된 조건을 읽고 각 물음에 답하시오.

- 승리했을 때 승점은 3점, 무승부일 때 승점은 1점, 패했을 때 승점은 0점이다.
- A는 모든 경기를 마쳤으며, 최종 승점이 4점이다.
- B는 비긴 적이 없고, 패한 경기보다 승리한 경기가 더 많다.
- C는 계속 승리하고 있다.
- D는 3패나 4패를 하고 있다.
- E는 승점이 7점이며, 패는 없다.

34 두 경기가 남아있는 현재, 승점이 같은 두 팀은?

① B, E   ② C, E   ③ B, C   ④ A, B

35 B가 리그 최종 단독 우승팀이 될 때, B와 E의 승점 차이는?

① 1점   ② 2점   ③ 3점   ④ 6점

백발백중 적중문제   115

[36-38] 정호, 진흥, 정희, 소영, 태평, 현숙 6명은 해외여행을 가기 위해 공항에서 만나기로 했다. 다음 조건을 모두 고려하였을 때, 각 문제의 진위를 판별하시오.

- 현숙이가 공항에 가장 늦게 도착했다.
- 소영이는 공항에 세 번째로 도착했다.
- 태평이는 진흥이의 바로 앞이나 바로 뒤에 도착했다.
- 정호나 소영이가 공항에 가장 먼저 도착했다.

36 정희는 정호 바로 다음으로 공항에 도착했다.

① 참   ② 거짓   ③ 알 수 없음

37 태평이는 공항에 다섯 번째로 도착했다.

① 참   ② 거짓   ③ 알 수 없음

38 진흥이와 현숙이 사이에 공항에 도착한 사람은 2명이다.

① 참   ② 거짓   ③ 알 수 없음

최신 기출변형문제

1 수리

2 추리

3 지각

4 실전모의고사

해커스 GSAT 5급 고졸채용 삼성직무적성검사 한권완성 최신기출유형+실전모의고사

[39 - 40] 5명의 면접자 A, B, C, D, E는 앞에서부터 한 줄로 앉아 면접을 기다리고 있다. 다음 조건을 모두 고려하였을 때, 각 문제의 진위를 판별하시오.

> • A와 D 사이에 두 명이 앉아 있다.
> • C는 앞에서 두 번째에 앉아 있으며, E는 C보다 뒤에 앉아 있다.
> • D 바로 앞에는 B가 앉아 있다.

39 E는 가장 앞에 앉아 있거나 가장 뒤에 앉아 있다.

① 참   ② 거짓   ③ 알 수 없음

40 D는 앞에서 네 번째에 앉아 있다.

① 참   ② 거짓   ③ 알 수 없음

약점 보완 해설집 p.34

PART 3

지각

기출유형공략

유형 1 사무지각

유형 2 공간지각

백발백중 적중문제

기출유형공략

지각 소개

지각은 나열된 기호, 숫자, 문자를 비교하여 같거나 다른 부분을 빠른 시간 내에 찾아내는 신속성과 정확성, 도형의 상하, 좌우, 전후의 공간관계를 파악하는 능력을 평가하는 영역이다. 총 40개의 문항이 제시되며 10분 내에 풀어야 한다.

출제 유형

지각에서는 총 2가지 유형이 출제되며, 공간지각의 출제 비중이 가장 높았다.

유형 1	사무지각
유형 2	공간지각

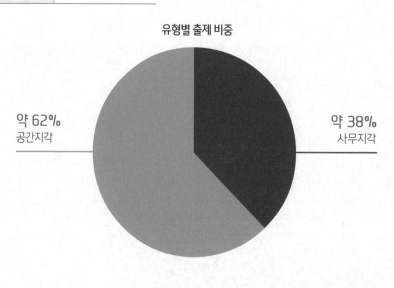

유형별 출제 비중

약 62%
공간지각

약 38%
사무지각

최근 출제 경향

신유형 출제 여부

이전까지 출제되었던 유형 외에 새로운 유형의 문제가 출제되지 않았다.

난이도

지각은 매우 난도 낮게 출제되었다. 사무지각은 특별한 지식을 요구하지 않고, 단순히 비교하는 문제가 출제되어 난도 낮게 출제되었다. 공간지각 또한 제시된 블록의 개수가 적고, 제시된 도형 또는 그림이 복잡하지 않은 형태로 출제되어 매우 난도가 낮았다.

학습 전략

사무지각

제시된 기호, 숫자, 문자를 3~5개씩 끊어 비교하는 방법을 이용하여 문제 풀이 시간을 단축한다. 가급적 많은 문제를 풀어 다양한 기호, 숫자, 문자의 나열을 빠르게 파악하는 연습을 하고, 항상 시간을 정해두고 문제를 풀어 제한된 시간 안에 모든 문제를 소화할 수 있는 역량을 기른다.

공간지각

블록의 총 개수를 구하는 문제는 맨 위층부터 차례대로 층별 블록의 개수를 구하여 빠르게 문제를 푼다. 또한, 다른 모양의 도형을 고르는 문제는 보기를 두 개씩 짝지어서 서로 다른 부분이 있는지 확인하며 문제 풀이 시간을 단축하고, 제시된 도형을 회전, 대칭시킨 도형을 고르는 문제는 도형 모양 전체를 생각하지 말고 도형에서 특징이 되는 한 부분을 기준으로 잡고 규칙을 적용하며 문제 풀이 시간을 단축한다. 그림을 배열하는 문제는 그림의 처음과 마지막에 올 그림을 먼저 파악한 뒤 중간에 들어갈 그림을 찾는 방법을 이용하여 빠르게 문제를 푼다.

유형 1 사무지각

유형 특징

- 제시된 배열 쌍 간의 동일 여부를 판단하거나 각 기준에 따른 범주를 주고 제시된 기호, 숫자, 문자가 어느 범주에 속하는지를 찾는 유형의 문제이다.
- 지각 총 40문항 중 약 15문항이 출제되며, 1문항당 약 10초 내에 풀어야 한다.

세부 출제 유형

- 단순지각 문제
- 치환 문제

단순지각 문제

다음 좌우 문자의 배열을 비교하여 서로 같으면 ①, 다르면 ②를 고르시오.

KATDGVWDGEWE	KATDGVWDGAWE

① ②

|정답 및 해설| ②

제시된 좌우 문자의 배열은 서로 다르다.

KATDGVWDG<u>E</u>WE – KATDGVWDG<u>A</u>WE

(**확인 문제**)

01-1 다음 좌우 숫자의 배열을 비교하여 서로 같으면 ①, 다르면 ②를 고르시오.

00100101011	00100101011

① ②

01-2 다음 중 나머지 세 개의 배열과 다른 하나를 고르시오.

① 아에이우오으이   ② 아에이우오으이

③ 아에이오우으이   ④ 아에이우오으이

약점 보완 해설집 p.41

예제 02 치환 문제

다음 규칙을 참고하여 제시된 단어가 속하는 범주를 고르시오.

범주	①	②	③	④
기준	A~F	G~L	M~S	T~Z

king

①   ②   ③   ④

|정답 및 해설| ②

먼저 제시된 단어 king의 첫 글자 k가 알파벳의 몇 번째 순서인지 확인해본다.

ABCDEFGHIJKLMNOPQRSTUVWXYZ

제시된 범주 중 K가 속하는 범주는 'G~L'이다.

따라서 제시된 단어가 속하는 범주는 ②이다.

> **확인 문제**

다음 규칙을 참고하여 제시된 숫자가 속하는 범주를 고르시오.

범주	①	②	③	④
기준	64123~64577	64578~65032	65033~65487	65488~65942

02-1

64755

①   ②   ③   ④

02-2

65872

①   ②   ③   ④

약점 보완 해설집 p.41

▶ 해설 p.41

[01 - 05] 다음 좌우 기호, 숫자, 문자의 배열을 비교하여 서로 같으면 ①, 다르면 ②를 고르시오.

난이도 ★☆☆

01

| ありがとうございます | ありがとうございます |

① ②

난이도 ★☆☆

02

| ♤▽△▽♧♤♡▽♡♧ | ♤▽△▽♧♤♡▽♡♧ |

① ②

난이도 ★☆☆

03

| 마다주루차가아 | 마디주루차가아 |

① ②

난이도 ★☆☆

04

| 7023768574 | 70237685754 |

① ②

난이도 ★☆☆

05

| Britishmuseum | Britishmuseum |

① ②

[06-08] 다음 중 좌우 기호, 문자의 배열이 서로 다른 것을 고르시오.

06 난이도 ★☆☆
① 인과응보사필귀정 – 인과응보사필귀정　　② 하늘과별과노래 – 하늘과별과노래
③ 어기야디여랏차 – 어기야디여랏차　　　④ 하나다두리우리 – 하나더두리우리

07 난이도 ★☆☆
① wlrnqufdp – wlrnqnfdp　　　　　　② 무상수리무상보상 – 무상수리무상보상
③ 國會議事堂入口 – 國會議事堂入口　　④ ※$&♪♠※˚F – ※$&♪♠※˚F

08 난이도 ★☆☆
① abcdefghijk – abcdefghijk　　　　　② 가나다라마바사 – 가나다라마버사
③ あいうえおかきくこ – あいうえおかきくこ　④ ÄäÖöÜüß – ÄäÖöÜüß

[09-10] 다음 기호, 문자의 배열에서 왼쪽에 제시된 기호, 문자의 개수를 고르시오.

09 난이도 ★★☆

| ◆ | ☆▷★◆●◎◇▲▷◆▶□★◇■◇△▼◆○◆◀■◆◆ |

① 2개　　　　② 3개　　　　③ 4개　　　　④ 5개

10 난이도 ★☆☆

| 정 | 장발장정발장정발장장발장정발장정발장 |

① 1개　　　　② 2개　　　　③ 3개　　　　④ 4개

다음 제시된 숫자, 문자의 배열과 같은 것을 고르시오.

난이도 ★ ☆ ☆

11

> 4391-92-7685

① 4991-92-7685　　　　　　　　② 4397-92-7685

③ 4391-92-7885　　　　　　　　④ 4391-92-7685

난이도 ★ ☆ ☆

12

> 가기구계고기구계고기구

① 가기구계고기구계구기구　　　　② 가기구계고거구계고기구

③ 가기구계고기구계고기고　　　　④ 가기구계고기구계고기구

난이도 ★ ☆ ☆

13 다음 기호의 배열에서 없는 기호를 고르시오.

> ╚ ╤ ╨ ╝ ╨

① ╨　　　　　② ╝　　　　　③ ╤　　　　　④ ╚

14 다음 좌우 문자의 배열을 비교하여 서로 다른 부분의 개수를 고르시오.

DIIBCULAE – DIIBGULAE

① 0개   ② 1개   ③ 2개   ④ 3개

15 난이도 ★☆☆

다음 좌우 문자의 배열을 비교하여 서로 같은 부분의 개수를 고르시오.

ㅂㅇㅈㅁㅈㄴㅇㅌㄹ – ㅁㄴㅇㅁㅈㅈㄴㅎㅌㄷ

① 1개   ② 2개   ③ 3개   ④ 4개

16 난이도 ★★☆

다음 규칙을 참고하여 합이 12가 되는 알파벳이 바르게 연결된 것을 고르시오.

A	C	E	G	I	K	M	O	Q	S
5	8	1	7	4	9	2	6	3	10

① G, O   ② M, S   ③ A, K   ④ C, Q

17 난이도 ★☆☆

다음 규칙을 참고하여 제시된 기호를 문자로 바르게 치환한 것을 고르시오.

■	○	♥	♤	★	▶	◎	◆	▽	♧	♀	◁	▣
b	a	p	c	o	h	k	i	m	d	e	s	t

♥♀▽○■

① picot   ② pekim   ③ pehos   ④ pemab

[18 - 20] 다음 규칙을 참고하여 제시된 숫자, 단어가 속하는 범주를 고르시오.

범주	①	②	③	④
기준	20310~35020	69002~75630	41095~58000	80502~94366
	남~단	보~숨	초~크	러~밍

난이도 ★☆☆

18

81020

①   ②   ③   ④

난이도 ★☆☆

19

노고단

①   ②   ③   ④

난이도 ★☆☆

20

칫솔질

①   ②   ③   ④

약점 보완 해설집 p.41

유형 특징

· 블록을 쌓아 만든 입체도형에서 제시된 조건에 맞는 블록의 개수를 구하거나 다른 모양의 도형을 찾거나 제시된 도형과 같은 모양을 유추하고, 그림의 배열을 유추하는 유형의 문제이다.

· 지각 총 40문항 중 약 25문항이 출제되며, 1문항당 약 18초 내에 풀어야 한다.

세부 출제 유형

· 블록 문제

· 도형회전/대칭 문제

· 그림배열 문제

핵심 이론

· 좌우 대칭(Y축 대칭)

· 상하 대칭(X축 대칭)

· 시계 방향 90° 회전

· 반시계 방향 90° 회전

· 180° 회전(원점 대칭)

최신 기출변형문제

1 수리

2 추리

3 지각

4 실전모의고사

해커스 GSAT 5급 고졸채용 삼성직무적성검사 한권완성 최신기출유형+실전모의고사

예제 01 블록 문제

다음과 같이 모양과 크기가 같은 블록이 빈틈없이 쌓여 있을 때, 블록의 개수는 몇 개인가?

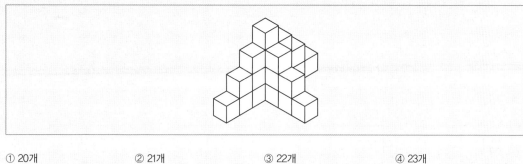

① 20개   ② 21개   ③ 22개   ④ 23개

|정답 및 해설| ③

층별 블록 개수는 다음과 같다.

4층: 1개, 3층: 4개, 2층: 7개, 1층: 10개

따라서 블록의 개수는 1+4+7+10=22개이다.

확인 문제

다음과 같이 모양과 크기가 같은 블록이 빈틈없이 쌓여 있을 때, 각 물음에 답하시오.

01-1 블록의 개수는 몇 개인가?

① 10개   ② 11개   ③ 12개   ④ 13개

01-2 블록을 추가로 쌓아 직육면체를 만들려고 할 때, 추가로 필요한 블록의 개수는 최소 몇 개인가?

① 11개   ② 12개   ③ 13개   ④ 14개

약점 보완 해설집 p.43

다음에 제시된 도형과 같은 것을 고르시오.

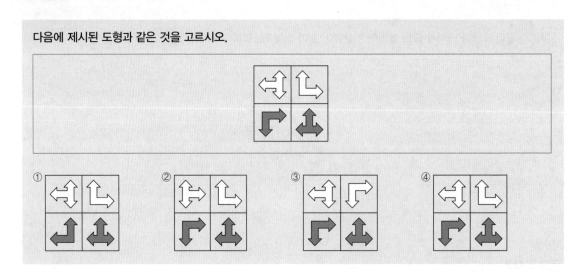

|정답 및 해설| ④

제시된 도형과 같은 것은 ④이다.

아래 표시된 부분이 다르다.

02-1 다음에 제시된 네 가지 도형 중 다른 하나를 고르시오. (단, 도형은 회진 가능하다.)

① 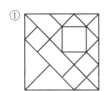   ② 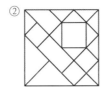   ③    ④

02-2 다음에 제시된 도형과 같은 것을 고르시오. (단, 도형은 회전 가능하다.)

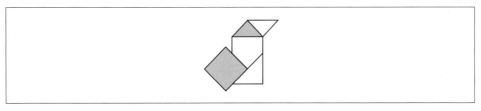

① 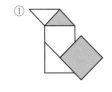   ②   ③ 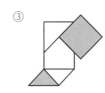   ④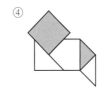

약점 보완 해설집 p.43

다음에 제시된 그림 조각들을 순서대로 알맞게 배열한 것을 고르시오.

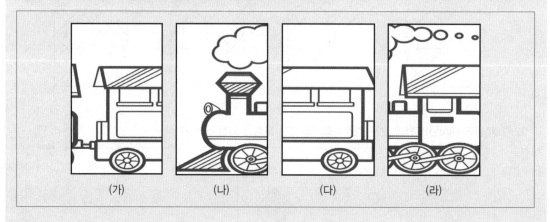

(가)　　　　　　(나)　　　　　　(다)　　　　　　(라)

① (나) – (라) – (가) – (다)　　　　　② (다) – (나) – (라) – (가)
③ (라) – (가) – (나) – (다)　　　　　④ (라) – (가) – (다) – (나)

|정답 및 해설| ①

제시된 그림 조각을 '(나) – (라) – (가) – (다)' 순으로 배열하면 다음과 같다.

03-1 다음에 제시된 그림 조각들을 순서대로 알맞게 배열한 것을 고르시오.

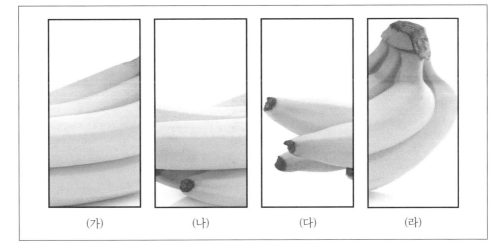

① (가) - (다) - (라) - (나)　　② (가) - (라) - (나) - (다)
③ (다) - (가) - (나) - (라)　　④ (다) - (나) - (가) - (라)

03-2 다음에 제시된 그림 조각들을 순서대로 알맞게 배열한 것을 고르시오.

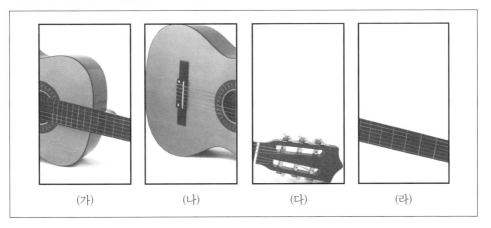

① (나) - (가) - (다) - (라)　　② (나) - (가) - (라) - (다)
③ (다) - (라) - (가) - (나)　　④ (다) - (라) - (나) - (가)

약점 보완 해설집 p.43

최신 기출변형문제

1 수리

2 추리

3 지각

4 실전모의고사

해커스 GSAT 5급 고졸채용 삼성직무적성검사 한권완성 최신기출유형 + 실전모의고사

난이도 ★☆☆

01 다음과 같이 두 종류의 블록이 빈틈없이 쌓여 있을 때, 블록의 개수는 몇 개인가?

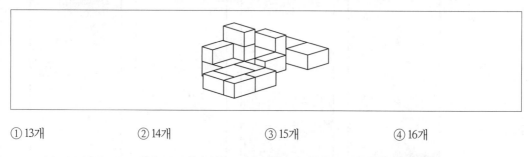

① 13개   ② 14개   ③ 15개   ④ 16개

난이도 ★★☆

02 다음과 같이 모양과 크기가 같은 블록이 빈틈없이 쌓여 있을 때, 블록의 개수는 몇 개인가?

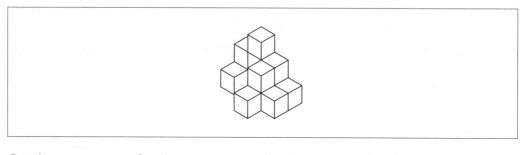

① 12개   ② 13개   ③ 14개   ④ 15개

난이도 ★ ★ ☆

03 다음과 같은 입체블록에 밑면을 빼고 페인트칠을 할 때, 2개의 면이 칠해지는 블록의 개수는 몇 개인가?

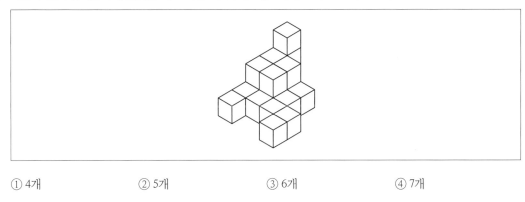

① 4개   ② 5개   ③ 6개   ④ 7개

난이도 ★ ☆ ☆

04 다음과 같이 모양과 크기가 같은 블록이 빈틈없이 쌓여 있을 때, 어느 방향에서 보아도 보이지 않는 블록의 개수는 몇 개인가?

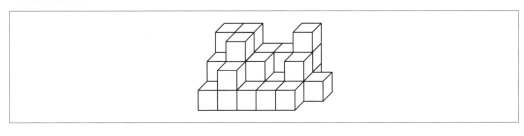

① 1개   ② 2개   ③ 3개   ④ 4개

05 다음과 같이 정육면체 블록이 쌓여 있을 때, 2개의 면이 다른 블록과 접해 있는 블록의 개수는 몇 개인가?

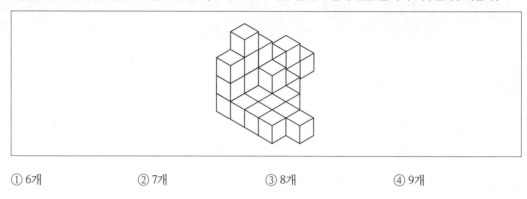

① 6개　　　　　　② 7개　　　　　　③ 8개　　　　　　④ 9개

06 다음과 같이 모양과 크기가 같은 블록이 빈틈없이 쌓여 있을 때, 아래에서 바라볼 때 보이는 블록의 개수는 몇 개인가?

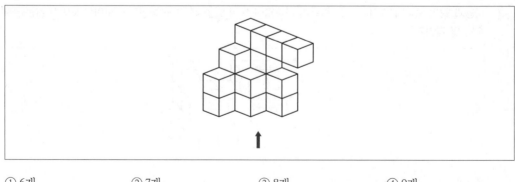

① 6개　　　　　　② 7개　　　　　　③ 8개　　　　　　④ 9개

[07-11] 다음에 제시된 네 가지 도형 중 다른 하나를 고르시오. (단, 도형은 회전 가능하다.)

난이도 ★☆☆

07
①
②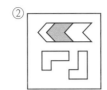
③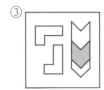
④

난이도 ★☆☆

08
①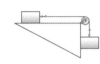
②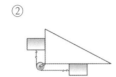
③
④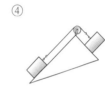

난이도 ★☆☆

09
①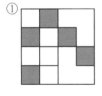
②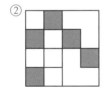
③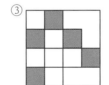
④

난이도 ★☆☆

10
①
②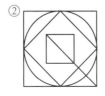
③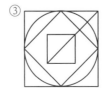
④

난이도 ★★☆

11 　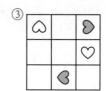　　④

11

① 　② 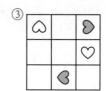　③ 　④

[12-14] 다음에 제시된 도형과 같은 것을 고르시오. (단, 도형은 회전 가능하다.)

난이도 ★★☆

12

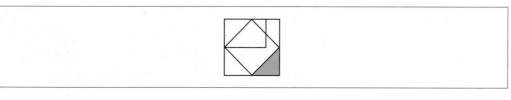

① 　② 　③ 　④

난이도 ★☆☆

13

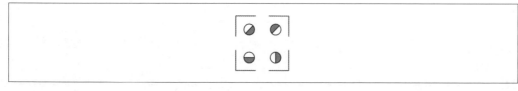

① 　② 　③ 　④

난이도 ★ ☆ ☆

14

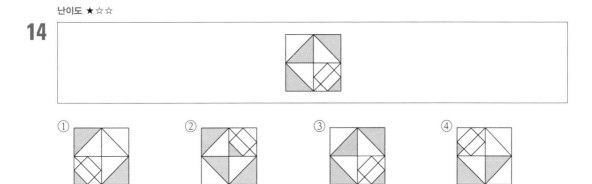

[15 - 16] 다음에 제시된 도형과 다른 것을 고르시오. (단, 도형은 회전 가능하다.)

난이도 ★ ☆ ☆

15

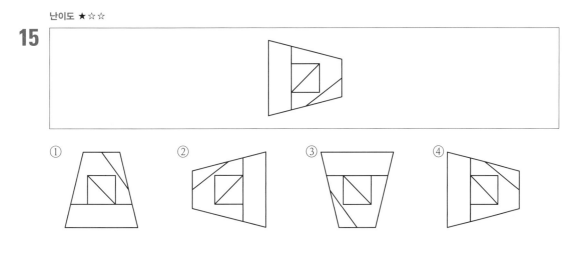

난이도 ★ ☆ ☆

16

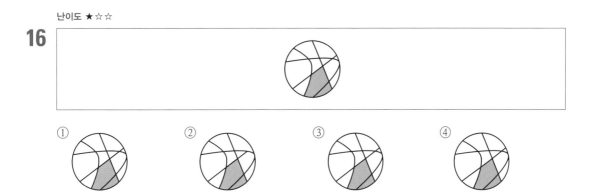

난이도 ★★☆

17

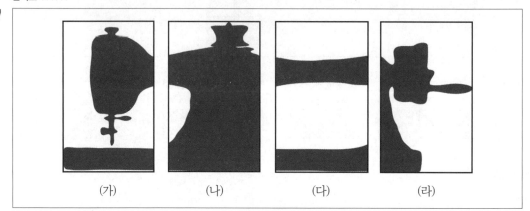

(가)   (나)   (다)   (라)

① (가) - (다) - (나) - (라)   ② (가) - (다) - (라) - (나)
③ (다) - (가) - (나) - (라)   ④ (나) - (라) - (나) - (가)

난이도 ★☆☆

18

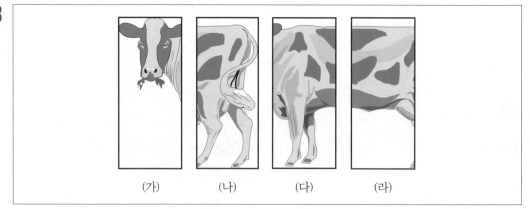

(가)   (나)   (다)   (라)

① (가) - (나) - (라) - (다)   ② (가) - (다) - (나) - (라)
③ (가) - (다) - (라) - (나)   ④ (가) - (라) - (다) - (나)

난이도 ★☆☆

19

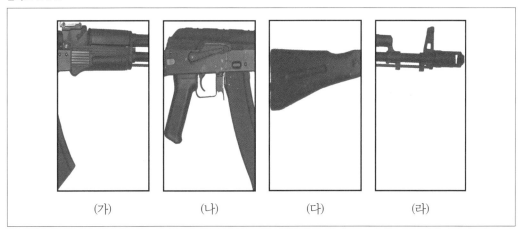

(가)	(나)	(다)	(라)

① (가) - (다) - (라) - (나) ② (나) - (라) - (가) - (다)

③ (라) - (나) - (가) - (다) ④ (라) - (나) - (다) - (가)

난이도 ★☆☆

20

(가)	(나)	(다)	(라)

① (나) - (가) - (다) - (라) ② (나) - (가) - (라) - (다)

③ (다) - (가) - (나) - (라) ④ (다) - (나) - (가) - (라)

약점 보완 해설집 p.43

해커스 GSAT 5급 고졸채용 삼성직무적성검사 한권완성 최신기출유형 + 실전모의고사

[01 - 05] 다음 좌우 숫자, 문자의 배열을 비교하여 서로 같으면 ①, 다르면 ②를 고르시오.

01

1112111212121211	1112111211121111

①   ②

02

congratulation	congratulation

①   ②

03

히기큐퓨사나바	히기큐퓨사나비

①   ②

04

地之地之地之地之地之	地之地之地之地之地之

①   ②

05

도독도도독독독도도도독	도독도도독도독도도도독

①   ②

[06-07] 다음 중 좌우 기호, 숫자, 문자의 배열이 서로 다른 것을 고르시오.

06 ① ◇◆□◇■◆ - ◇◆□◇■◆

② →←◇←↔← → - →←◇←↔←→

③ km²mm²nmm²μmcm² - km²mm²nmm²μmcm

④ Ⅳ Ⅴ Ⅵ Ⅶ Ⅷ Ⅸ - Ⅳ Ⅴ Ⅵ Ⅶ Ⅷ Ⅸ

07 ① 갈략문절치 - 갈락문절치

② 4285 - 4285

③ 546825 - 546825

④ EAUX - EAUX

최신
기출변형문제

1
수리

2
추리

**3
지각**

4
실전모의고사

[08-09] 다음 제시된 숫자, 문자의 배열과 같은 것을 고르시오.

08

8891-37-6357

① 8819-37-6357

② 8991-37-6357

③ 8891-37-6357

④ 8891-37-6337

09

바란바름바랜바람발

① 바란바름바랜바람발

② 바런바룸바랜바람발

③ 바란바른바랜바람발

④ 바란바랜바름바람반

[10-11] 다음 도서관 분류 번호 부여법에 따라 분류될 도서 번호가 바르게 연결된 것을 고르시오.

[도서관 분류 번호 부여법]

도서 분류 번호, 저자명의 맨 처음 글자, 저자명 분류 번호, 도서 제목 분류 문자 순에 따라 8자리로 구성

도서 분류	분류 번호	저자명	분류 번호	도서 제목	분류 문자
총류	000	ㄱ~ㅁ	51	ㄱ~ㅁ	AA
철학	100	ㅂ~ㅊ	52	ㅂ~ㅊ	BB
종교	200	ㅋ~ㅎ	53	ㅋ~ㅎ	CC
사회과학	300	a~d	54	a~d	DD
순수과학	400	e~g	55	e~g	EE
기술과학	500	h~k	56	h~k	FF
예술	600	l~o	57	l~o	GG
언어	700	p~s	58	p~s	HH
문학	800	t~w	59	t~w	II
역사	900	x~z	60	x~z	JJ

10

문학, 박경리 <토지>

① 800박52BB   ② 800박52CC

③ 800박53CC   ④ 900박52CC

11

역사, E.H. 카 <역사란 무엇인가>

① 900E55BB   ② 900E66BB

③ 900E44BB   ④ 900E55CC

다음 규칙을 참고하여 제시된 단어가 속하는 범주를 고르시오.

범주	①	②	③	④
기준	히~리	무~오	사~토	초~흐

12

청소기

①   ②   ③   ④

13

휴대폰

①   ②   ③   ④

A	B	C	D	E	F	G	H	I	J	K	L	M
1	2	8	7	4	6	1	2	3	9	8	3	5
N	O	P	Q	R	S	T	U	V	W	X	Y	Z
5	2	0	4	7	6	1	4	7	1	9	3	0

14 다음 중 합이 8이 되는 알파벳이 바르게 연결된 것을 고르시오.

① Y, M   ② W, J   ③ D, Z   ④ I, K

15 다음 중 합이 11이 되는 알파벳이 바르게 연결된 것을 고르시오.

① R, C   ② B, X   ③ U, S   ④ F, V

기출변형문제

1 수리

2 추리

3 지각

4 실전모의고사

해커스 GSAT 5급 고졸채용 삼성직무적성검사 한권완성 최신기출유형 + 실전모의고사

[16-17] 다음과 같이 모양과 크기가 같은 블록이 빈틈없이 쌓여 있을 때, 각 물음에 답하시오.

16 블록의 개수는 몇 개인가?

① 14개   ② 15개   ③ 16개   ④ 17개

17 색칠된 블록과 접해 있는 면의 개수는 몇 개인가?

① 1개   ② 2개   ③ 3개   ④ 4개

[18 - 20] 다음과 같이 모양과 크기가 같은 블록이 빈틈없이 쌓여 있을 때, 각 물음에 답하시오.

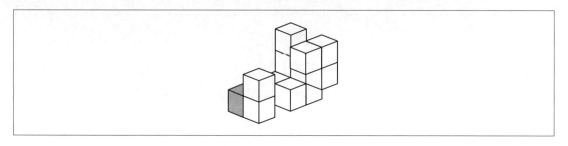

18 블록의 개수는 몇 개인가?

① 14개   ② 15개   ③ 16개   ④ 17개

19 블록을 추가로 쌓아 직육면체를 만들려고 할 때, 추가로 필요한 블록의 개수는 최소 몇 개인가?

① 19개   ② 20개   ③ 21개   ④ 22개

20 색칠된 블록과 접해 있는 면의 개수는 몇 개인가?

① 1개   ② 2개   ③ 3개   ④ 4개

21 다음과 같이 모양과 크기가 같은 블록이 빈틈없이 쌓여 있을 때, 어느 방향에서 보아도 보이지 않는 블록의 개수는 몇 개인가?

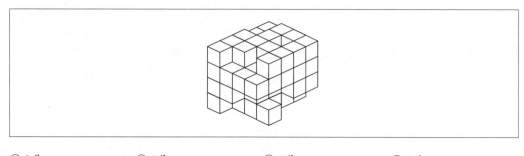

① 5개   ② 6개   ③ 7개   ④ 8개

22 다음과 같이 세 종류의 블록이 빈틈없이 쌓여 있을 때, 블록의 개수는 몇 개인가?

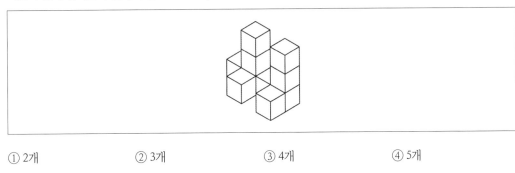

① 12개   ② 13개   ③ 14개   ④ 15개

23 다음과 같이 정육면체 블록이 쌓여 있을 때, 2개의 면이 다른 블록과 접해 있는 블록의 개수는 몇 개인가?

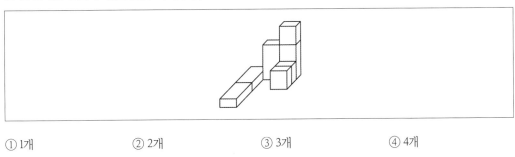

① 2개   ② 3개   ③ 4개   ④ 5개

24 다음과 같은 입체블록에 밑면을 빼고 페인트칠을 할 때, 3개의 면이 칠해지는 블록의 개수는 몇 개인가? (단, 한 면 전체를 칠할 수 없는 면은 제외한다.)

① 1개   ② 2개   ③ 3개   ④ 4개

최신
기출변형문제

1
수리

2
추리

3
지각

4
실전모의고사

해커스 GSAT 5급 고졸채용 삼성직무적성검사 한권완성 최신기출유형 + 실전모의고사

[25 - 29] 다음에 제시된 네 가지 도형 중 다른 하나를 고르시오. (단, 도형은 회전 가능하다.)

25
①   ② 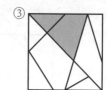 ③ 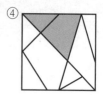 ④

26
①   ② 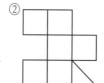 ③ 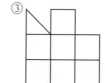 ④

27
①   ② 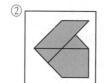 ③   ④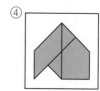

28
① 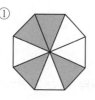 ② 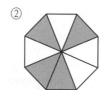 ③ 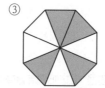 ④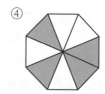

29
①   ② 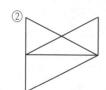 ③ 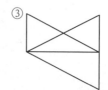 ④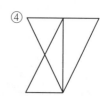

[30 - 34] 다음에 제시된 도형과 같은 것을 고르시오. (단, 도형은 회전 가능하다.)

30

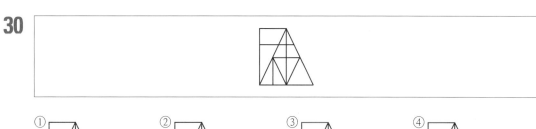

①   ②   ③   ④

31

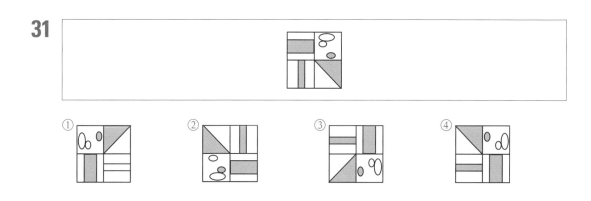

① ② ③ ④

32

①   ②   ③   ④

최신
기출복원문제

1
수리

2
추리

3
지각

4
실전모의고사

해커스 GSAT 5급 고졸채용 삼성직무적성검사 한권완성 최신기출유형 + 실전모의고사

33

①  ②  ③  ④

34

① 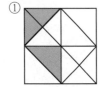 ② 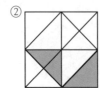 ③ 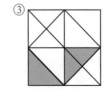 ④

[35 - 40] 다음에 제시된 그림 조각들을 순서대로 알맞게 배열한 것을 고르시오.

35

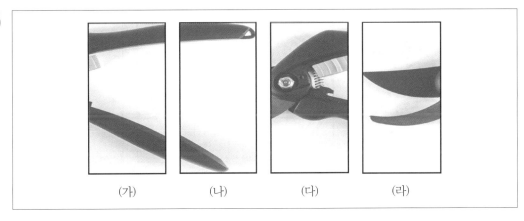

(가)   (나)   (다)   (라)

① (가) - (나) - (다) - (라)　　② (다) - (가) - (라) - (나)
③ (라) - (가) - (다) - (나)　　④ (라) - (다) - (가) - (나)

36

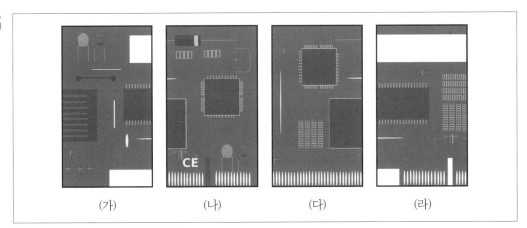

(가)   (나)   (다)   (라)

① (가) - (라) - (나) - (다)　　② (가) - (라) - (다) - (나)
③ (라) - (가) - (나) - (다)　　④ (라) - (가) - (다) - (나)

37

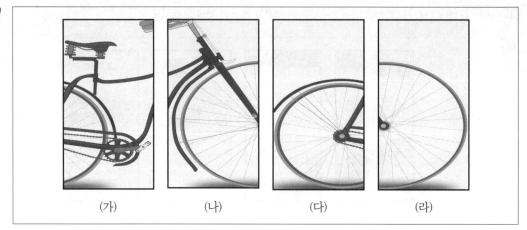

(가)　　　　　(나)　　　　　(다)　　　　　(라)

① (나) - (가) - (다) - (라)　　　　② (나) - (다) - (가) - (라)
③ (다) - (가) - (나) - (라)　　　　④ (다) - (나) - (가) - (라)

38

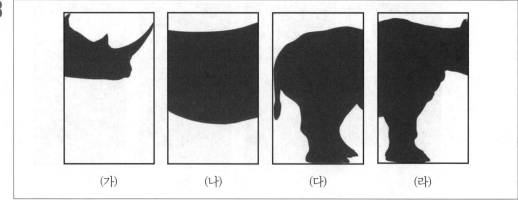

(가)　　　　　(나)　　　　　(다)　　　　　(라)

① (가) - (나) - (다) - (라)　　　　② (나) - (가) - (라) - (다)
③ (다) - (나) - (라) - (가)　　　　④ (라) - (나) - (가) - (다)

39

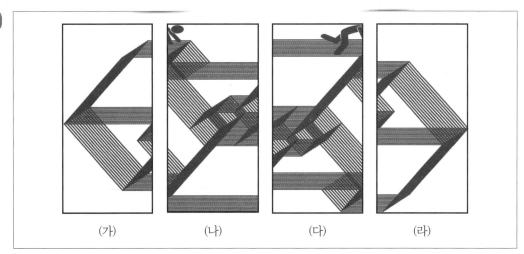

(가)　　　　　　(나)　　　　　　(다)　　　　　　(라)

① (가) - (다) - (라) - (나)　　　　　② (가) - (라) - (나) - (다)
③ (라) - (나) - (가) - (다)　　　　　④ (라) - (나) - (다) - (가)

40

(가)　　　　　　(나)　　　　　　(다)　　　　　　(라)

① (가) - (다) - (나) - (라)　　　　　② (다) - (나) - (라) - (가)
③ (다) - (라) - (나) - (가)　　　　　④ (라) - (다) - (나) - (가)

약점 보완 해설집 p.48

최신 기출변형문제

1 수리

2 추리

3 지각

4 실전모의고사

해커스 GSAT 5급 고졸채용 삼성직무적성검사 한권완성 최신기출유형 + 실전모의고사

PART 4

GSAT 실전모의고사

해커스 ONE 애플리케이션의 모바일 타이머를 이용하여 실전처럼 모의고사를 풀어본 후 약점 보완 해설집 p.54에 있는 '바로 채점 및 성적 분석 서비스' QR코드를 스캔하여 응시 인원 대비 본인의 성적 위치를 확인해 보세요.
추가로 '온라인 GSAT 응시 서비스'를 통해 교재 내에 수록된 실전모의고사 전 회차를 온라인 GSAT와 동일한 환경에서 풀어봄으로써 실전 연습을 할 수 있습니다.

실전모의고사 1회

* 시작과 종료 시각을 정한 후, 실제 시험처럼 풀어보세요.

수리 (15분)	시 분~	시 분
추리 (20분)	시 분~	시 분
지각 (10분)	시 분~	시 분

I 수리

총 40문항 / 15분
▶ 해설 p.56

[01 - 05] 다음 식을 계산하시오.

01

$$(51 + 24 \times 8) \div 9$$

① 25   ② 26   ③ 27   ④ 28

02

$$\frac{2}{9} \times \frac{3}{5} + \frac{1}{3}$$

① $\frac{2}{5}$ ② $\frac{7}{15}$ ③ $\frac{8}{15}$ ④ $\frac{3}{5}$

03

$$7.2 \div 1.8 - 1.7$$

① -1.3 ② 0.3 ③ 1.3 ④ 2.3

04

$$\left(3\frac{1}{3} - 2\frac{1}{2}\right) \div \frac{2}{3}$$

① $\frac{5}{9}$ ② $\frac{3}{8}$ ③ $\frac{5}{4}$ ④ $\frac{3}{2}$

05

$$(28 + 42 \div 7) - 5$$

① 5   ② 29   ③ 31   ④ 49

06 다음 A 값과 B 값의 크기를 비교하시오.

$$A: \frac{105}{248},\ B: \frac{3}{8}$$

① A > B   ② A < B   ③ A = B   ④ 알 수 없다.

07 다음 제시된 숫자 사이에 포함되는 숫자를 고르시오.

$$\frac{1}{4} < \square < \frac{1}{3}$$

① $\frac{6}{25}$ ② $\frac{7}{25}$ ③ $\frac{7}{20}$ ④ $\frac{2}{5}$

08 다음의 연산을 적용하여 11△(110●11)의 값을 구하시오.

$$A●B = B^2 - A,\ A△B = 3A + 2B$$

① 52   ② 53   ③ 54   ④ 55

09 240의 2할 5리는 얼마인가?

① 4.92   ② 6   ③ 49.2   ④ 60

10 희수는 오늘 할 일의 50% 중 5할 4푼을 진행했을 때, 현재까지 오늘 할 일의 진행률은 얼마인가?

① 27%   ② 28%   ③ 29%   ④ 30%

11 다음은 Z 지역의 연령대별 인터넷 중독률에 대한 자료이다. 2021년 고위험 사용자군의 인터넷 중독률이 전년 대비 감소한 연령대의 2021년 인터넷 중독률의 전년 대비 증감률은 얼마인가?

[연령대별 인터넷 중독률]

(단위: %)

구분	2020년			2021년		
	고위험 사용자군 (A)	잠재적위험 사용자군 (B)	인터넷 중독률 (A+B)	고위험 사용자군 (A)	잠재적위험 사용자군 (B)	인터넷 중독률 (A+B)
영유아	1.5	6.5	8.0	1.8	6.0	7.8
청소년	3.4	8.2	11.6	3.5	9.1	12.6
성인	2.3	5.2	7.5	2.2	6.8	9.0

① −2.5% ② 9% ③ 15% ④ 20%

12 다음은 A 시험의 연도별 응시자 수 및 합격자 수를 나타낸 자료이다. 다음 중 자료에 대한 설명으로 옳지 않은 것을 고르시오.

[연도별 응시자 수 및 합격자 수]

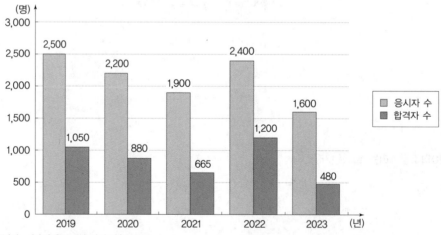

※ 합격률(%) = (합격자 수 / 응시자 수) × 100

① 2020년 이후 A 시험의 응시자 수와 합격자 수의 전년 대비 증감 추이는 서로 동일하다.

② 2023년 A 시험의 합격률은 30%이다.

③ 2019~2021년 연도별 A 시험 응시자 수의 평균은 2,200명이다.

④ 2021년 A 시험의 응시자 수는 합격자 수의 2배이다.

13 다음은 월별 리터당 휘발유 및 경유 가격을 나타낸 자료이다. 제시된 기간 중 휘발유와 경유의 가격 차이가 가장 많이 나는 달에 휘발유 32L와 경유 30L의 가격 차이는 얼마인가?

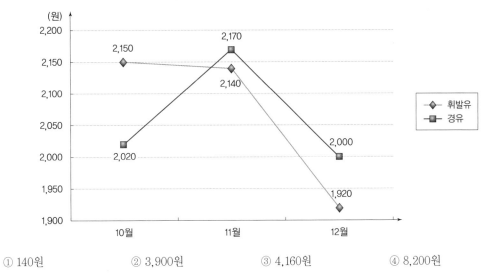

[월별 리터당 휘발유 및 경유 가격]

① 140원　　　　② 3,900원　　　　③ 4,160원　　　　④ 8,200원

14 다음은 K 치과 고객 500명을 대상으로 조사한 치과 친절도 및 전문성 만족도에 대한 자료이다. 다음 중 자료에 대한 설명으로 옳은 것을 고르시오.

[치과 친절도 및 전문성 만족도]　　　　　　　(단위: %)

구분		친절도				합계
		매우 만족	조금 만족	조금 불만족	매우 불만족	
전문성	매우 만족	14	7	8	0	29
	조금 만족	18	13	6	1	38
	조금 불만족	8	10	8	0	26
	매우 불만족	2	3	1	1	7
합계		42	33	23	2	100

① 친절도와 전문성에 모두 매우 만족한 사람의 비율은 친절도에는 매우 만족하지만 전문성에 조금 불만족한 사람의 비율의 2배 이상이다.

② 전문성에는 조금 만족하지만 친절도에 조금 불만족한 사람은 30명이다.

③ 친절도에 매우 불만족한 사람은 총 2명이다.

④ 친절도와 전문성에 같은 만족도를 준 사람의 비율은 총 37%이다.

[15-17] 다음은 2024년 1월 18일부터 21일까지 X 항공사의 국내선 출발 및 도착 시각별 항공 운송료를 나타낸 자료이다. 각 물음에 답하시오.

[국내선 출발 및 도착 시각별 항공 운송료]

(단위: 원)

구분		18일	19일	20일	21일
출발	도착				
07:00	08:15	55,000	65,000	98,000	59,000
09:15	10:30	76,000	79,000	120,000	76,000
14:30	15:45	135,000	150,000	190,000	145,000
18:45	20:00	89,000	92,000	115,000	72,000

※ 1) 소비자 결제 금액 = 항공 운송료 + 공항 시설 사용료 + 유류할증료
　 2) 제시된 기간 동안 공항 시설 사용료는 4,000원, 유류할증료는 14,300원으로 동일함
　 3) 출발과 도착 시각은 대한민국 시각 기준이며, 제시된 항공기의 비행시간은 24시간 미만임

15 2024년 1월 19일 제시된 항공 운송료 중 항공 운송료가 가장 저렴한 항공기와 가장 비싼 항공기의 도착 시각 차이는 얼마인가?

① 5시간 15분　　　　② 6시간 30분　　　　③ 7시간 30분　　　　④ 8시간 15분

16 제시된 기간 동안 항공 운송료가 가장 비싼 항공기의 소비자 결제 금액은 얼마인가?

① 188,300원　　　　② 198,300원　　　　③ 208,300원　　　　④ 218,300원

17 다음 중 자료에 대한 설명으로 옳지 않은 것을 고르시오.

① 2024년 1월 20일 09:15에 출발하는 항공기의 소비자 결제 금액은 174,300원이다.

② 2024년 1월 21일 08:15에 도착하는 항공기의 항공 운송료는 3일 전 07:00에 출발하는 항공기의 항공 운송료보다 비싸다.

③ 제시된 항공기는 모두 출발 시각부터 도착 시각까지 1시간 15분이 소요된다.

④ 제시된 기간 동안 14:30에 출발하는 항공기의 항공 운송료는 매일 다른 출발 시각 항공기의 항공 운송료에 비해 가장 비싸다.

다음은 S 지역의 노인 연령대별 경제활동 조사 결과를 나타낸 자료이다. 각 물음에 답하시오.

[노인 연령대별 경제활동 조사 결과]

(단위: 명)

구분		60대	70대	80대	90대 이상
2022년	현재 일을 하고 있다.	800	650	200	50
	일을 한 경험은 있으나 현재는 하지 않는다.	1,450	1,300	900	650
	평생 일을 하지 않았다.	250	200	150	100
	합계	2,500	2,150	1,250	800
2023년	현재 일을 하고 있다.	850	600	300	80
	일을 한 경험은 있으나 현재는 하지 않는다.	1,170	1,300	950	400
	평생 일을 하지 않았다.	280	300	250	160
	합계	2,300	2,200	1,500	640

18 2022년 조사에 참여한 80대 노인 중 평생 일을 하지 않았다고 응답한 노인의 비중은 얼마인가?

① 12% ② 16% ③ 20% ④ 24%

19 2023년 일을 한 경험은 있으나 현재는 하지 않는다고 응답한 노인의 수는 총 몇 명인가?

① 3,750명 ② 3,820명 ③ 3,850명 ④ 3,920명

20 다음 중 자료에 대한 설명으로 옳지 않은 것을 고르시오.

① 2023년 조사에 참여한 90대 이상 노인의 수는 전년 대비 감소하였다.

② 2022년 일을 한 경험은 있으나 현재는 하지 않는다고 응답한 노인의 수는 연령대가 높아질수록 적다.

③ 2023년 현재 일을 하고 있다고 응답한 노인의 수는 70대가 60대보다 많다.

④ 2022년 조사에 참여한 60대 노인의 수는 2022년 조사에 참여한 80대 노인의 수의 2배이다.

[21 - 22] 다음은 A~D 트럭의 연도별 주행거리 및 운송량을 나타낸 자료이다. 각 물음에 답하시오.

[연도별 주행거리 및 운송량]

구분		2021년	2022년	2023년
A 트럭	주행거리(만km)	23	24	25
	운송량(톤)	1,450	1,550	1,300
B 트럭	주행거리(만km)	17	18	16
	운송량(톤)	1,050	1,100	1,200
C 트럭	주행거리(만km)	22	25	20
	운송량(톤)	1,200	1,150	1,000
D 트럭	주행거리(만km)	18	19	15
	운송량(톤)	950	850	1,050

21 2023년 A~D 트럭 중 주행거리당 운송량의 비율이 가장 큰 트럭은 무엇인가?

① A 트럭 ② B 트럭 ③ C 트럭 ④ D 트럭

22 다음 중 자료에 대한 설명으로 옳은 것을 고르시오.

① 2022년 C 트럭의 주행거리와 운송량은 모두 전년 대비 증가하였다.

② 제시된 기간 동안 B 트럭의 운송량이 다른 해에 비해 가장 많은 해에 A 트럭의 운송량도 다른 해에 비해 가장 많다.

③ 2021~2023년 연도별 D 트럭 운송량의 평균은 950톤이다.

④ 제시된 기간 동안 매년 B 트럭의 주행거리는 다른 트럭에 비해 가장 짧다.

[23 - 25] 다음은 연도별 A 지역의 대기업 및 중소기업 종사자 수에 대한 자료이다. 각 물음에 답하시오.

[연도별 A 지역의 대기업 및 중소기업 종사자 수]

(단위: 백 명, %)

구분	2017년	2018년	2019년	2020년	2021년
대기업	1,900	1,048	2,299	1,392	1,195
중소기업	9,100	9,402	9,196	12,402	11,220
합계	11,000	10,450	11,495	13,794	12,415
전년 대비 증감률	10	−5	10	20	−10

23 2019년 A 지역의 대기업과 중소기업 총 종사자 수의 2년 전 대비 증감률은 얼마인가?

① 4.5%　　　　② 5%　　　　③ 10%　　　　④ 15%

24 2019년 A 지역의 대기업과 중소기업 종사자 수의 합에서 대기업 종사자 수가 차지하는 비중은 얼마인가?

① 15%　　　　② 20%　　　　③ 25%　　　　④ 30%

25 다음 중 자료에 대한 설명으로 옳은 것을 고르시오.

① 제시된 기간 동안 대기업 종사자 수가 중소기업 종사자 수의 10% 미만인 해는 없다.

② 2018년부터 대기업 종사자 수는 매년 전년 대비 감소하였다.

③ 제시된 기간 동안 대기업 종사자 수와 중소기업 종사자 수의 합이 전년 대비 감소한 해는 2021년뿐이다.

④ 제시된 기간 동안 중소기업 종사자 수가 가장 많은 해는 2021년이다.

다음은 X 국의 2023년 1~4분기 지역별 강수량 비율을 나타낸 자료이다. 각 물음에 답하시오.

[지역별 강수량 비율]

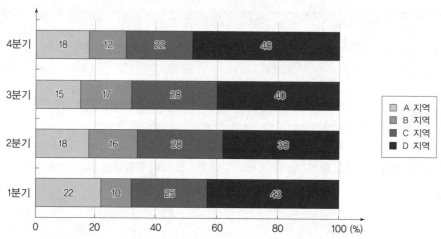

※ 1) X 국의 지역은 A~D 지역뿐임
   2) 1분기 전국 강수량은 100mm, 2분기 전국 강수량은 250mm, 3분기 전국 강수량은 600mm, 4분기 전국 강수량은 150mm임

26 1~4분기 중 B 지역의 강수량 비율이 다른 분기 대비 세 번째로 높은 분기는?

① 1분기   ② 2분기   ③ 3분기   ④ 4분기

27 1분기 C 지역의 강수량과 2분기 C 지역의 강수량 차이는 얼마인가?

① 15mm   ② 30mm   ③ 45mm   ④ 60mm

[28 - 30] 다음은 지역별 평균 기온에 대한 자료이다. 각 물음에 답하시오.

[지역별 평균 기온]

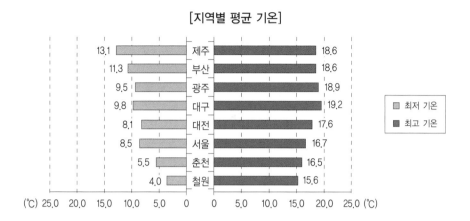

28 제시된 8개 지역 중 최저 기온과 최고 기온의 차이가 가장 큰 지역은?

① 부산 ② 광주 ③ 춘천 ④ 철원

29 대전, 서울, 춘천, 철원 지역 최고 기온의 평균은 얼마인가?

① 16.6℃ ② 16.7℃ ③ 16.8℃ ④16.9℃

30 다음 중 자료에 대한 설명으로 옳지 않은 것을 고르시오.

① 제주와 부산의 최고 기온은 같다.
② 최저 기온이 세 번째로 높은 지역은 광주이다.
③ 서울과 제주의 최저 기온의 차이는 4.6℃이다.
④ 대전의 최고 기온과 최저 기온의 차이는 9.5℃이다.

31 용돈의 40%를 교통비로 사용하는 학생이 있다. 용돈이 18,000원일 때, 교통비를 사용한 후 남은 금액은 얼마인가?

① 10,000원 　　　② 10,400원 　　　③ 10,800원 　　　④ 11,000원

32 현재 아버지의 나이는 55세, 아들의 나이는 15세이다. 아버지의 나이가 아들의 나이보다 3배 많아지는 해는 몇 년 후인가?

① 3년 후 　　　② 5년 후 　　　③ 8년 후 　　　④ 10년 후

33 A와 B가 어떤 집을 페인트칠하려고 한다. A가 혼자서 일할 때에는 4일이 걸리고, B가 혼자서 일할 때에는 10일이 걸린다고 한다. B 혼자서 3일 동안 일한 후 다음 날부터 A와 함께 일하여 페인트칠을 마쳤다면, A와 B가 함께 일한 날은 며칠인가?

① 1일 　　　② 2일 　　　③ 3일 　　　④ 4일

34 집에서 회사까지의 거리는 8km이다. 집에서 출발하여 시속 3km로 걸어가다가 중간부터 자전거를 타고 시속 10km로 달려 출발한 지 1시간 30분만에 회사에 도착하였다. 자전거를 탄 시간은 얼마인가?

① 15분 　　　② 20분 　　　③ 25분 　　　④ 30분

35 남자 4명, 여자 3명이 속한 모임에서 여자 회장 1명을 뽑고, 부회장은 남녀 각각 1명씩 뽑는 경우의 수는 몇 가지인가?

① 8가지 　　　② 16가지 　　　③ 24가지 　　　④ 36가지

36 청바지를 180만 원에 수입하여 230만 원에 모두 판매하였다. 청바지 한 벌당 2,000원의 수익이 있었다면 수입한 청바지는 총 몇 벌인가?

① 220벌　　　　　② 230벌　　　　　③ 240벌　　　　　④ 250벌

37 갑은 친구들과 축구시합의 결과를 두고 내기를 하려고 한다. 한 번 내기를 해서 이기면 그 다음 내기에서 이길 확률은 $\frac{3}{4}$이고, 지면 그 다음 내기에서 이길 확률이 $\frac{1}{3}$이라고 한다. 첫 번째 내기에서 진 뒤 연속해서 두 번의 내기를 더 했을 때, 세 번째 내기에서 이길 확률은 얼마인가?

① $\frac{5}{24}$　　　　　② $\frac{13}{36}$　　　　　③ $\frac{17}{36}$　　　　　④ $\frac{11}{24}$

38 어떤 부모가 자식들에게 재산을 나눠 주려고 한다. 첫째에게는 총 재산의 $\frac{3}{7}$을, 둘째에게는 첫째에게 주고 남은 재산의 $\frac{1}{2}$을, 셋째에게는 첫째와 둘째에게 주고 남은 재산의 $\frac{2}{5}$를 주면, 720만 원이 남는다고 한다. 부모의 현재 총 재산은 얼마인가?

① 3,600만 원　　　　② 4,200만 원　　　　③ 4,800만 원　　　　④ 5,200만 원

39 A, B, C, D, E 다섯 명이 멀리뛰기를 했다. B의 기록은 152cm인데, A는 B보다 4cm 적게 뛰었고 C, D, E는 B보다 각각 2, 4, 8cm 더 뛰었다. 다섯 명의 멀리뛰기 평균 기록은 얼마인가?

① 153cm　　　　　② 154cm　　　　　③ 155cm　　　　　④ 156cm

40 올해 630개의 감자를 수확하였다. 작년보다 감자의 수확량이 5% 늘어났다면 작년의 감자 수확량은 얼마인가?

① 600개　　　　　② 603개　　　　　③ 615개　　　　　④ 624개

약점 보완 해설집 p.56

[01 - 10] 일정한 규칙으로 나열된 수를 통해 빈칸에 들어갈 알맞은 숫자를 고르시오.

01

| 2   3   6   18   108   (   ) |

① 198　　　　　② 324　　　　　③ 972　　　　　④ 1,944

02

| 12   19   26   33   40   (   ) |

① 45　　　　　② 47　　　　　③ 49　　　　　④ 51

03

| 1   3   9   27   81   (   ) |

① 99　　　　　② 135　　　　　③ 162　　　　　④ 243

04

| 16   36   54   70   84   (   ) |

① 96　　　　　② 98　　　　　③ 100　　　　　④ 102

05

| 8   56   80   92   98   (   ) |

① 100　　　　　② 101　　　　　③ 104　　　　　④ 105

06

| 5 8 5 15 18 15 45 ( ) |

① 42　　　　　② 48　　　　　③ 75　　　　　④ 135

07

$$\frac{1}{9} \quad \frac{17}{72} \quad \frac{11}{18} \quad \frac{89}{72} \quad (\quad)$$

① $\frac{16}{9}$　　　　　② $\frac{17}{9}$　　　　　③ $\frac{19}{9}$　　　　　④ $\frac{20}{9}$

08

| 0.2　3　5.8　8.6　(　)　14.2 |

① 11.4　　　　　② 11.8　　　　　③ 12.2　　　　　④ 12.8

09

| 7　8　10　14　22　(　) |

① 24　　　　　② 34　　　　　③ 38　　　　　④ 44

10

| −4　−4　−5　−10　−12　−36　(　) |

① −39　　　　　② −38　　　　　③ −24　　　　　④ −23

11

ㄷ ㄴ ㅂ X ㅌ (   ) ㅊ

① U   ② V   ③ W   ④ Y

12

A B G P (   )

① C   ② F   ③ V   ④ Y

13

ㄹ ㄷ ㅁ ㄴ ㅂ ㄱ (   )

① ㄴ   ② ㅁ   ③ ㅅ   ④ ㅊ

14

ㅏ ㅑ ㅓ ㅕ ㅜ (   )

① ㅏ   ② ㅓ   ③ ㅠ   ④ ㅣ

15

ㄱ ㄴ ㄹ ㅇ (   )

① ㄴ   ② ㅁ   ③ ㅊ   ④ ㅎ

[16 - 20] 다음은 일정한 규칙으로 나열된 숫자 또는 문자이다. 다음 중 적용된 규칙이 나머지 세 개와 다른 하나를 고르시오.

16 ① 5 10 15 20　　　② 4 16 64 256　　　③ 55 60 65 70　　　④ 125 130 135 140

17 ① A D G J　　　② L P T X　　　③ F I L O　　　④ Z C F I

18 ① 카 타 파 하　　　② 어 여 오 요　　　③ 13 14 15 16　　　④ S R Q P

19 ① ㅜ ㅛ ㅗ ㅕ　　　② Z X V T　　　③ 29 27 25 23　　　④ ㄹ ㄴ ㅎ ㅌ

20 ① ㅑ ㅛ ㅠ ㅕ　　　② ㄷ ㅂ ㄴ ㄹ　　　③ 8 16 12 24　　　④ $\frac{1}{2}$ 1 −3 −6

21 다음 제시된 명제가 참일 때 추론할 수 있는 것을 고르시오.

- 영화 감상을 즐기는 사람은 겨울 바다도 즐긴다.
- 골프를 즐기는 사람은 겨울 바다를 즐기지 않는다.
- 골프를 즐기지 않는 사람은 영화 감상을 즐긴다.
- 겨울 바다를 즐기는 사람은 소설도 즐긴다.

---

① 골프를 즐기는 사람은 겨울 바다도 즐긴다.

② 소설을 즐기지 않는 사람은 영화 감상도 즐기지 않는다.

③ 겨울 바다를 즐기지 않는 사람은 소설도 즐기지 않는다.

④ 겨울 바다를 즐기지 않는 사람은 영화 감상을 즐긴다.

[22 - 23] 다음 전제를 읽고 각 문제의 진위를 판별하시오.

- 시력이 안 좋은 사람은 안경이나 렌즈를 착용한다.
- 안구건조증이 있는 사람은 안과에 간다.
- 렌즈를 착용하는 사람은 안구건조증이 있다.
- 안경을 착용하는 사람은 안과에 가지 않는다.

---

22 안경을 착용하는 사람은 안구건조증이 없다.

① 참 　　　　　　　　② 거짓 　　　　　　　　③ 파악할 수 없음

23 시력이 안 좋은 사람은 안과에 가지 않는다.

① 참 　　　　　　　　② 거짓 　　　　　　　　③ 파악할 수 없음

24 다음 조건을 모두 고려하였을 때, 세호, 현우, 민우, 연수 중 장학금을 받는 사람을 고르시오.

- 세호가 장학금을 받지 못하면 민우도 장학금을 받지 못한다.
- 연수가 장학금을 받으면 민우와 현우 중 한 사람만 장학금을 받는다.
- 세호와 연수 중 연수만 장학금을 받거나, 세호와 연수 둘 다 장학금을 받지 못한다.
- 세호, 현우, 민우, 연수 중 장학금을 받는 사람은 한 명이다.

① 세호　　　　　　② 현우　　　　　　③ 민우　　　　　　④ 연수

25 다음 조건을 모두 고려하였을 때, 광수, 경수, 우빈, 기방 중 조수석에 앉아 있는 사람을 고르시오.

- 지도를 보고 있는 사람은 운전자석 또는 조수석에 앉아 있다.
- 광수는 우빈이의 바로 옆자리에 앉아 있다.
- 기방이는 지도를 보고 있다.
- 경수는 오른쪽 좌석에 앉아 있지 않다.

왼쪽	오른쪽
운전자석	조수석
좌석 1	좌석 2

① 광수　　　　　　② 경수　　　　　　③ 우빈　　　　　　④ 기방

[26-29] 코끼리, 토끼, 곰, 기린, 강아지, 고양이 총 6개의 동물 인형이 여섯 칸짜리 2단 진열장에 놓여 있다. 다음 조건을 모두 고려하였을 때, 각 문제의 진위를 판별하시오.

- 인형은 진열장 상단과 하단에 각각 3개씩 놓여 있다.
- 인형은 모두 서로 다른 칸에 놓여 있다.
- 코끼리 인형은 강아지 인형 바로 아래에 놓여 있다.
- 곰 인형과 고양이 인형은 가운데에 놓여 있다.
- 강아지 인형은 곰 인형 바로 옆에 놓여 있다.

26 코끼리 인형은 고양이 인형 바로 옆에 놓여 있다.

    ① 참   ② 거짓   ③ 알 수 없음

27 토끼 인형은 고양이 인형보다 위에 놓여 있다.

    ① 참   ② 거짓   ③ 알 수 없음

28 강아지 인형은 곰 인형보다 오른쪽에 놓여 있다.

    ① 참   ② 거짓   ③ 알 수 없음

29 기린 인형은 고양이 인형 바로 위에 놓여 있다.

    ① 참   ② 거짓   ③ 알 수 없음

[30 - 33] Z 회사에 지원한 사람 중 면접을 본 사람은 A, B, C, D, E, F, G 7명이다. 다음 조건을 모두 고려하였을 때, 각 문제의 진위를 판별하시오.

- A는 B보다, B는 D보다 면접 점수가 높다.
- 동일한 점수를 받은 사람은 없으며, E의 면접 점수가 세 번째로 높다.
- C는 A보다 면접 점수가 낮다.
- 면접 점수를 기준으로 차례로 줄을 섰을 때, E와 F 사이에 두 명이 있었다.
- G 바로 다음으로 면접 점수가 낮은 사람은 F이다.

30 D의 면접 점수가 가장 낮다면 C가 G보다 면접 점수가 높다.

① 참   ② 거짓   ③ 알 수 없음

31 E가 F보다 면접 점수가 높다.

① 참   ② 거짓   ③ 알 수 없음

32 A의 면접 점수 순위는 2위이다.

① 참   ② 거짓   ③ 알 수 없음

33 B의 면접 점수 순위는 2위이다.

① 참   ② 거짓   ③ 알 수 없음

최신 기출변형문제

1 수리

2 추리

3 지각

4 실전모의고사

해커스 GSAT 5급 고졸채용 삼성직무적성검사 한권완성 최신기출유형 + 실전모의고사

[34 - 36] 8명의 회사원 A, B, C, D, E, F, G, H는 일렬로 나란히 이웃하여 위치한 8개의 사무실에 각각 근무하고 있다. 다음 조건을 모두 고려하였을 때, 각 문제의 진위를 판별하시오.

- 각 사무실의 크기는 모두 같으며, A의 사무실은 C의 사무실과 이웃하고 있다.
- A와 F의 사무실은 양 끝에 위치하며, G의 사무실은 C와 H의 사무실과 이웃한다.
- B의 사무실은 C와 F의 사무실로부터 같은 거리에 있다.

34 D의 사무실은 E의 사무실과 이웃하고 있다.

① 참   ② 거짓   ③ 알 수 없음

35 한 사람의 사무실만이 한 곳으로 확정된다.

① 참   ② 거짓   ③ 알 수 없음

36 C의 사무실 위치가 왼쪽 두 번째이면, B의 사무실 위치는 왼쪽 다섯 번째이다.

① 참   ② 거짓   ③ 알 수 없음

[37 - 40] 수영, 유리, 나연, 지유가 1부터 4까지 쓰여진 정사면체 놀이도구를 두 번씩 던져 총점으로 서로의 순위를 결정했다. 다음 조건을 모두 고려하였을 때, 각 문제의 진위를 판별하시오.

- 순위가 같은 사람은 없었다.
- 수영이가 놀이도구를 던져 나온 수는 서로 다른 홀수이다.
- 지유의 총점은 6점으로 네 명 중 1등이었다.
- 수영이를 제외하고 놀이도구를 던져 두 번 모두 홀수가 나온 사람이 있으며, 그 사람은 지유가 아니다.

37 총점이 5점인 사람은 나연이다.

① 참   ② 거짓   ③ 알 수 없음

38 수영이는 2등이다.

① 참   ② 거짓   ③ 알 수 없음

39 총점이 3점인 사람이 있다면, 그 사람은 3등이다.

① 참   ② 거짓   ③ 알 수 없음

40 유리가 놀이도구를 던져 나온 수가 모두 홀수였다면, 유리는 4등이다.

① 참   ② 거짓   ③ 알 수 없음

약점 보완 해설집 p.61

[01 - 05] 다음 좌우 기호, 숫자, 문자의 배열을 비교하여 서로 같으면 ①, 다르면 ②를 고르시오.

01

GCOSPEOJQAAD

GCOSPEOJQAAD

①   ②

02

12322312121

12322212121

①   ②

03

▼◀◀◆●◆▼■◆●■

▼◀◀◆●◆▼■◆●■

①   ②

04

건억더넉버펀

건억더넉머펀

①   ②

05

一年之計在于春

一年乙計在于春

①   ②

[06 - 08] 다음 중 좌우 숫자, 문자의 배열이 서로 다른 것을 고르시오.

06 ① 5929424 - 5929424 ② 3894281 - 3894281
③ 1588787 - 1588787 ④ 0304028 - 0304058

07 ① dbddbdb - dbddbdb ② cwoeihew - cwoeihew
③ xyzxxyzz - xyzxyxzz ④ qptqqptqp - qptqqptqp

08 ① 甲乙丙丁戊己庚辛 - 甲乙丙丁戊己庚辛 ② 天地玄黃宇宙 - 天地玄黃宇宙
③ すみません - すみません ④ ごめんなさい - ごめんなさ さ

[09 - 10] 다음 제시된 기호, 숫자의 배열과 같은 것을 고르시오.

09

☎☎☎☎☎☎☎☎☎

① ☎☎☎☎☎☎☎☎☎ ② ☎☎☎☎☎☎☎☎☎
③ ☎☎☎☎☎☎☎☎☎ ④ ☎☎☎☎☎☎☎☎☎

10

3668-71224-3698

① 3668-71224-3968 ② 3668-77224-3698
③ 3668-71224-3698 ④ 3668-71234-3698

[11-12] 다음 규칙을 참고하여 제시된 문장을 기호로 바르게 치환한 것을 고르시오.

★	☆	◑	◐	♣	♧	♤	▥	🖅	◈
우리	집	나	은/는	같이	공항	했다	동생	빠르다	아침
◎	☎	☼	☺	♨	※	#	◇	▨	♡
저녁	제주도	왔다	일찍	갔다	출발	에	와/과	로/으로	비행기

11

> 우리는 아침 일찍 공항으로 출발했다

① ★◑◈☺♧▥※♤
② ☆◐☺♧▥※♤
③ ★◐◈◎♧▥※♤
④ ★◐◈☺♧▥※♤

12

> 나는 동생과 같이 제주도에 갔다

① ◑◐▥◇♤☎#♨
② ◑◐▥◇♣☎#♨
③ ◑◐▥◇♣☎※♨
④ ◐◑▥◇♣☎#♨

[13 - 15] 다음 규칙을 참고하여 제시된 단어가 속하는 범주를 고르시오.

범주	①	②	③	④
기준	B~H	N~U	T~C	I~O

13

YELLOW

①   ②   ③   ④

14

JUICE

①   ②   ③   ④

15

SYSTEM

①   ②   ③   ④

다음과 같이 모양과 크기가 같은 블록이 빈틈없이 쌓여 있을 때, 블록의 개수는 몇 개인가?

16

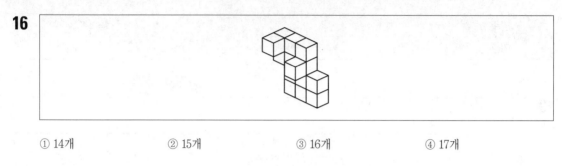

① 14개   ② 15개   ③ 16개   ④ 17개

17

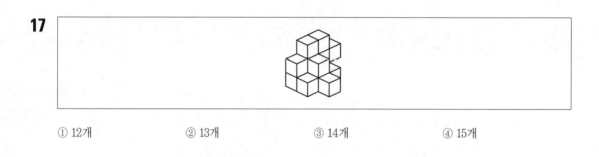

① 12개   ② 13개   ③ 14개   ④ 15개

18

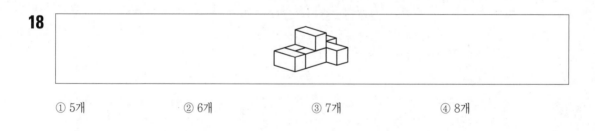

① 5개   ② 6개   ③ 7개   ④ 8개

19

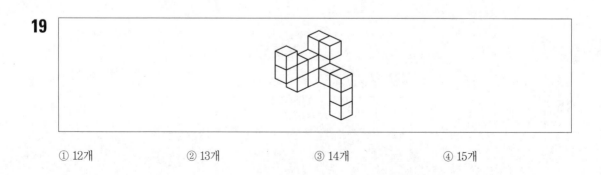

① 12개   ② 13개   ③ 14개   ④ 15개

20 다음과 같이 모양과 크기가 같은 블록이 빈틈없이 쌓여 있을 때, 어느 방향에서 보아도 보이지 않는 블록의 개수는 몇 개인가?

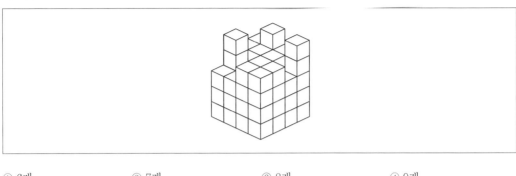

① 6개   ② 7개   ③ 8개   ④ 9개

[21 - 22] 다음과 같이 모양과 크기가 같은 블록이 빈틈없이 쌓여 있을 때, 각 물음에 답하시오.

21 블록의 개수는 몇 개인가?

① 7개   ② 8개   ③ 9개   ④ 10개

22 블록을 추가로 쌓아 정육면체를 만들려고 할 때, 추가로 필요한 블록의 개수는 최소 몇 개인가?

① 17개   ② 18개   ③ 19개   ④ 20개

해커스 GSAT 5급 고졸채용 삼성직무적성검사 한권완성 최신기출유형 + 실전모의고사

[23 - 24] 다음과 같이 모양과 크기가 같은 블록이 빈틈없이 쌓여 있을 때, 각 물음에 답하시오.

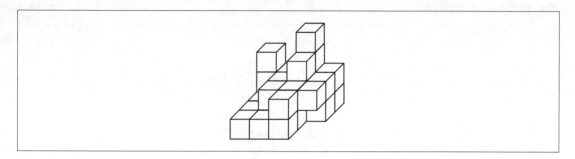

23 어느 방향에서 보아도 보이지 않는 블록의 개수는 몇 개인가?

① 0개   ② 1개   ③ 2개   ④ 3개

24 블록을 추가로 쌓아 정육면체를 만들려고 할 때, 추가로 필요한 블록의 개수는 최소 몇 개인가?

① 32개   ② 33개   ③ 34개   ④ 35개

[25 - 29] 다음에 제시된 네 가지 도형 중 다른 하나를 고르시오. (단, 도형은 회전 가능하다.)

25
①
②
③
④

26
①
②
③
④

27
①
②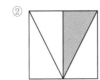
③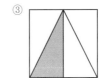
④

28
①
②
③
④

29
①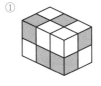
②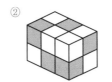
③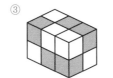
④

[30 - 34] 다음에 제시된 도형과 같은 것을 고르시오. (단, 도형은 회전 가능하다.)

30

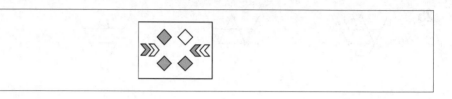

① 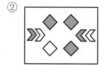 ② 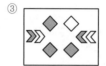 ③   ④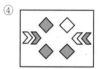

31

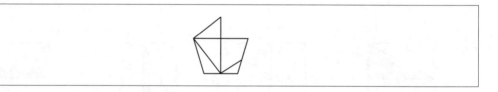

①   ②   ③   ④

32

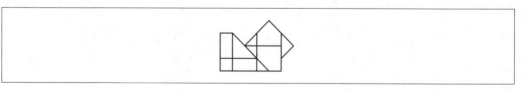

①  ②  ③  ④

33

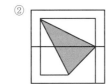 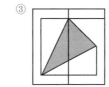 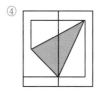

① ② ③ ④

34

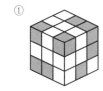 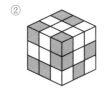 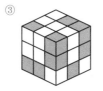 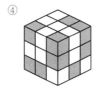

① ② ③ ④

35

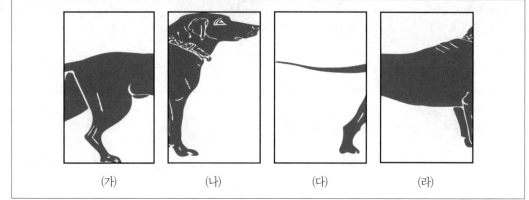

① (가) – (다) – (라) – (나)　　② (나) – (가) – (라) – (다)
③ (다) – (가) – (라) – (나)　　④ (라) – (가) – (나) – (다)

36

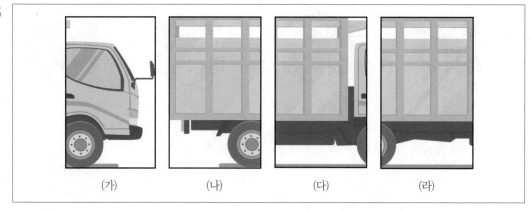

① (나) – (라) – (가) – (다)　　② (나) – (라) – (다) – (가)
③ (라) – (다) – (가) – (나)　　④ (라) – (다) – (나) – (가)

37

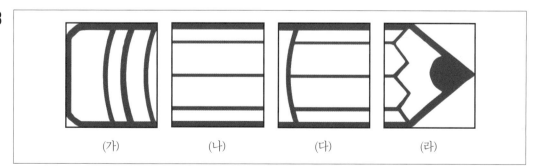

(가)   (나)   (다)   (라)

① (가) – (다) – (나) – (라)
③ (다) – (나) – (라) – (가)

② (가) – (다) – (라) – (나)
④ (라) – (나) – (가) – (다)

38

(가)   (나)   (다)   (라)

① (가) – (다) – (나) – (라)
③ (다) – (라) – (가) – (나)

② (나) – (가) – (라) – (다)
④ (라) – (가) – (다) – (나)

39

(가) (나) (다) (라)

① (나) – (다) – (라) – (가) ② (다) – (나) – (가) – (라)
③ (다) – (라) – (나) – (가) ④ (라) – (다) – (나) – (가)

40

| (가) | (나) | (다) | (라) |

① (나) - (가) - (라) - (다)

② (다) - (라) - (가) - (나)

③ (다) - (라) - (나) - (가)

④ (라) - (다) - (나) - (가)

약점 보완 해설집 p.66

무료 바로 채점 및 성적 분석 서비스 바로 가기
QR코드를 이용해 모바일로 간편하게 채점하고 나의 실력이
어느 정도인지, 취약 부분이 어디인지 바로 파악해 보세요!

최신 기출변형문제

1 수리

2 추리

3 지각

4 실전모의고사

해커스 GSAT 5급 고졸채용 삼성직무적성검사 한권완성 최신기출유형 + 실전모의고사

실전모의고사 2회

Ⅰ 수리

총 40문항 / 15분
▶ 해설 p.72

[01 - 06] 다음 식을 계산하시오.

01

$$12 \times 7 - 15 \times 6$$

① -6 ② -4 ③ 4 ④ 6

02

$$(13 + 26 + 7) \div 2 - 5$$

① 8 ② 18 ③ 28 ④ 38

03

$$(2 \times 3)^3 \div 3^2$$

① 2 ② 6 ③ 12 ④ 24

04

$$\frac{2}{7} + \frac{5}{6} \times \frac{8}{15}$$

① $\frac{32}{63}$ ② $\frac{46}{63}$ ③ $\frac{56}{63}$ ④ $\frac{64}{63}$

05

$$2.9 \times 1.8 + 1.2 \times 1.5$$

① 2.32 ② 5.42 ③ 7.02 ④ 13.05

06

$$(3 + 2 \times 1.2) \times \frac{5}{9}$$

① 3   ② $\frac{10}{3}$ ③ $\frac{11}{3}$ ④ 4

07 다음 A 값과 B 값의 크기를 비교하시오.

$$\text{A: } 0.65, \text{ B: } \frac{9}{13}$$

① A > B   ② A < B   ③ A = B   ④ 알 수 없다.

08 다음의 연산을 적용하여 5 ♣ (37 ▣ 39)의 값을 구하시오.

$$A \blacksquare B = (A + B) \div 2, \ A \clubsuit B = A \times B + A$$

① 190   ② 195   ③ 200   ④ 205

09 75의 3할 8푼은 얼마인가?

① 2.31   ② 2.85   ③ 23.1   ④ 28.5

10 상혁이가 인형 뽑기를 총 80번 시도하여 58번 성공하였을 때, 상혁이의 인형 뽑기 성공률을 할푼리로 나타내면 얼마인가?

① 2할 7푼 5리   ② 5할 2푼 7리   ③ 7할 2푼 5리   ④ 7할 5푼 2리

최신기출변형문제

1 수리

2 추리

3 지각

4 실전모의고사

해커스 GSAT 5급 고졸채용 삼성직무적성검사 한권완성 최신기출유형 + 실전모의고사

11 다음은 Z 지역의 건강가정지원센터 이용자 수를 나타낸 자료이다. 다음 중 자료에 대한 설명으로 옳은 것을 고르시오.

[연도별 건강가정지원센터 이용자 수]

(단위: 명)

구분	2019년	2020년	2021년	2022년	2023년
가족교육	1,600	1,300	2,700	3,200	3,600
가족상담	700	1,000	1,400	1,700	2,000
가족문화	1,800	1,300	1,700	4,000	4,900
가족지원	300	1,100	2,500	1,900	2,200
합계	4,400	4,700	8,300	10,800	12,700

① 가족지원 이용자 수는 꾸준히 증가하였다.

② 가족상담 이용자 수는 매년 전체 건강가정지원센터 이용자 수의 15% 이상의 비중을 차지하고 있다.

③ 2022년 가족교육 이용자 수 대비 가족문화 이용자 수의 비율은 1.5 이상이다.

④ 2022년 가족문화 이용자 수의 전년 대비 증가율은 100% 미만이다.

12 다음은 기업별 직원 수에 대한 자료이다. 다음 중 자료에 대한 설명으로 옳지 않은 것을 고르시오.

[기업별 직원 수]

(단위: 천 명, %)

구분	2018년	2019년	2020년	2021년	2022년	2023년
A 기업	1,613	1,453	1,556	1,475	1,603	1,647
B 기업	10,211	10,449	10,678	11,344	11,468	11,751
합계 (전년 대비 증감률)	11,824 (−0.4)	11,902 (0.7)	12,234 (2.8)	12,819 (4.8)	13,071 (2.0)	13,398 (2.5)

① 제시된 기간 동안 A 기업과 B 기업 직원 수 합의 전년 대비 증가율이 가장 큰 해는 2021년이다.

② 제시된 기간 동안 직원 수가 가장 적은 해는 A 기업과 B 기업이 서로 같다.

③ 2021년 B 기업 직원 수의 전년 대비 증가율은 4.5%보다 높다.

④ 2019년 A 기업과 B 기업의 전체 직원 수에서 B 기업 직원 수가 차지하는 비중은 전년 대비 증가하였다.

13 다음은 S 국의 전과범죄자에 대한 자료이다. 2023년 지능범은 몇 명인기?

[연도별 전과범죄자 중 형법범 구성비]

(단위: %)

구분	2019년	2020년	2021년	2022년	2023년
구성비	48	45	43	50	46

[전과범죄자 중 형법범 범죄종류별 구성비(2023년)]

(단위: %)

구분	폭력범	지능범	풍속범	강력범	절도범	기타 형법범
구성비	52	25	3	2	4	14

※ 2023년 전과범죄자의 전체 표본 수는 100만 명임

① 115천 명　　　② 125천 명　　　③ 220천 명　　　④ 230천 명

14 다음은 세 국가의 상품 분류별 수출액 및 수입액을 나타낸 자료이다. 세 국가 중 전체 수출액과 수입액의 차이가 가장 작은 국가에서 수출액이 가장 큰 품목은?

[상품 분류별 수출액 및 수입액]

(단위: 백만 달러)

구분	X 국		Y 국		Z 국	
	수출	수입	수출	수입	수출	수입
총액	151,050	270,300	418,000	712,700	205,530	431,300
A 제품	4,900	17,000	43,000	23,000	4,600	59,000
B 제품	5,600	30,600	11,600	211,900	10,800	54,900
C 제품	32,500	122,500	249,000	188,800	13,000	198,000
D 제품	50	1,000	300	9,000	130	1,400
E 제품	48,000	41,100	87,500	149,000	99,000	60,000
F 제품	60,000	58,100	26,600	131,000	78,000	58,000

① C 제품　　　② D 제품　　　③ E 제품　　　④ F 제품

[15-17] 다음은 Z 국의 연도별 과학기술 연구원 수에 대한 자료이다. 각 물음에 답하시오.

[연도별 과학기술 연구원 수]

(단위: 명, %)

구분	2021년		2022년		2023년	
	연구원 수	구성비	연구원 수	구성비	연구원 수	구성비
A 전공	7,500	25	17,500	50	14,700	35
B 전공	9,000	30	7,000	20	4,200	10
C 전공	13,500	45	10,500	30	23,100	55
합계	30,000	100	35,000	100	42,000	100

15 다음 중 자료에 대한 설명으로 옳지 않은 것을 고르시오.

① A 전공의 연구원 수가 전년 대비 감소한 해에 A 전공의 구성비도 전년 대비 감소하였다.

② 제시된 기간 동안 전공별 연구원 수의 구성비가 가장 큰 전공은 2022년을 제외한 나머지 해에 동일하다.

③ 2021~2023년 연도별 C 전공 연구원 수 구성비의 평균은 40% 이상이다.

④ 2023년 전체 연구원 수에서 B 전공과 C 전공 연구원 수가 차지하는 비중의 차이는 25%p이다.

16 2023년 전체 연구원 수의 전년 대비 증가율은 얼마인가?

① 15%　　　　② 20%　　　　③ 25%　　　　④ 30%

17 2022년 B 전공 연구원 수 대비 C 전공 연구원 수의 비율은 얼마인가?

① 1.0　　　　② 1.2　　　　③ 1.5　　　　④ 1.8

[18-20] 다음은 기관별 경영실적의 평가 결과 등급 분포에 대한 자료이다. 각 물음에 답하시오.

[기관별 경영실적 평가 결과 등급 분포]

(단위: 개)

구분	2022년							2023년						
	기관 수	S	A	B	C	D	E	기관 수	S	A	B	C	D	E
X 기관	20	0	8	7	2	3	0	24	1	5	15	2	1	0
Y 기관	30	0	5	10	14	1	0	36	0	3	( )	4	11	1
Z 기관	50	1	15	( )	6	7	1	60	0	14	25	10	8	3
합계	100	1	28	37	22	11	1	120	1	22	57	16	20	4

18 2022년 Z 기관에서 B 등급 평가를 받은 기관의 수와 2023년 Y 기관에서 B 등급 평가를 받은 기관의 수의 합은 얼마인가?

① 35개   ② 36개   ③ 37개   ④ 38개

19 2023년 X 기관의 평가 등급별 기관 수의 전년 대비 변화량이 가장 큰 등급은?

① A 등급   ② B 등급   ③ C 등급   ④ D 등급

20 다음 중 자료에 대한 설명으로 옳은 것을 고르시오.

① 2023년 X, Y, Z 기관 수의 합은 전년 대비 20% 미만 증가하였다.

② 2022년 A 등급 이상의 평가 결과를 받은 전체 기관 수는 총 30개 이상이다.

③ 2022년과 2023년 C 등급 이하의 평가 결과를 받은 Z 기관 수의 차는 7개이다.

④ 2023년 전체 Y 기관 수에서 D 등급 평가를 받은 기관 수가 차지하는 비중은 30% 미만이다.

[21 - 23] 다음은 A 고등학교의 남학생 1,000명과 여학생 500명을 대상으로 가장 선호하는 운동을 조사한 자료이다. 각 물음에 답하시오.

[학생별 가장 선호하는 운동 비중]

(단위: %)

구분	남학생	여학생
축구	30	20
농구	18	6
야구	23	25
배드민턴	10	20
테니스	7	13
골프	10	12
기타	2	4
합계	100	100

21 A 고등학교에서 골프를 가장 선호하는 전체 학생 수는 몇 명인가?

① 160명   ② 180명   ③ 200명   ④ 220명

22 다음 중 자료에 대한 설명으로 옳지 않은 것을 고르시오.

① 여학생이 가장 선호하는 운동은 야구이다.
② 남학생이 가장 선호하는 운동은 축구이다.
③ 야구를 가장 선호하는 남학생 수는 야구를 가장 선호하는 여학생 수보다 많다.
④ 골프를 가장 선호하는 여학생 수는 테니스를 가장 선호하는 여학생 수보다 많다.

23 A 고등학교에서 농구를 가장 선호하는 전체 학생 수가 조사에 응답한 전체 학생 수에서 차지하는 비중은 얼마인가?

① 10%   ② 12%   ③ 14%   ④ 15%

다음은 도시별 출생아 및 사망자 수에 대한 자료이다. 각 물음에 답하시오.

[도시별 출생아 및 사망자 수]

(단위: 명)

구분	2019년		2020년		2021년	
	출생아 수	사망자 수	출생아 수	사망자 수	출생아 수	사망자 수
A 시	4,512	5,920	5,120	4,823	4,836	4,500
B 시	7,264	10,356	6,252	8,069	5,675	9,213
C 시	1,552	2,323	2,735	3,454	2,312	3,612
D 시	2,414	1,538	2,521	2,263	1,936	1,845
E 시	3,385	2,655	3,053	2,152	3,525	2,764

24 2019년 출생아 수가 다른 도시에 비해 가장 많은 도시의 2020년 출생아 수의 전년 대비 증감폭은 얼마인가?

① −1,012명 ② −332명 ③ 608명 ④ 1,183명

25 2021년 출생아 수와 사망자 수의 차이가 가장 적은 도시는?

① A 시 ② C 시 ③ D 시 ④ E 시

26 다음 중 자료에 대한 설명으로 옳은 것을 고르시오.

① 2020년 출생아 수가 전년 대비 증가한 도시는 4곳이다.
② 2021년 사망자 수가 5,000명 이상인 도시는 2곳이다.
③ 2019년 A 시의 출생아 수와 사망자 수의 차이는 1,408명이다.
④ 2020년 이후 C 시의 출생아 수와 사망자 수의 전년 대비 증감 추이는 동일하다.

[27 - 28] 다음은 A~D 오피스텔의 보증금 및 월세를 나타낸 자료이다. 각 물음에 답하시오.

[오피스텔별 보증금 및 월세]

(단위: 만 원)

구분	A	B	C	D
보증금	3,000	2,000	4,000	6,000
월세	100	110	90	80

※ 1년간 지출 = (대출금 × 연이자율) + (월세 × 12)

27 갑이 보증금 전액을 연이자율 5%의 대출을 이용하여 구할 때, 1년간 지출이 가장 작은 오피스텔은?

① A   ② B   ③ C   ④ D

28 을이 보증금 전액을 연이자율 10%의 대출을 이용하여 구할 때, A 오피스텔과 C 오피스텔의 1년간 지출의 차이는 얼마인가?

① 20만 원   ② 30만 원   ③ 50만 원   ④ 60만 원

다음은 지역별 교통사고 발생 건수에 대한 자료이다. 각 물음에 답하시오.

[지역별 교통사고 발생 건수]

(단위: 건)

구분	2017년	2018년	2019년	2020년	2021년
A 지역	30,053	30,118	31,025	33,243	34,125
B 지역	14,396	12,940	13,086	13,724	13,592
C 지역	14,250	11,910	13,101	10,054	13,584
D 지역	8,136	7,715	8,542	9,300	7,905

29 다음 중 자료에 대한 설명으로 옳지 않은 것을 고르시오.

① 제시된 기간 동안 B 지역 교통사고 발생 건수는 C 지역 교통사고 발생 건수보다 매년 더 많다.

② 제시된 기간 동안 D 지역의 교통사고 발생 건수가 가장 적다.

③ 2018년 이후 A 지역의 교통사고 발생 건수는 매년 전년 대비 증가하였다.

④ 2021년 C 지역의 교통사고 발생 건수는 4년 전 대비 감소하였다.

30 2019년 C 지역의 교통사고 발생 건수의 전년 대비 증가율은 얼마인가?

① 3% ② 7% ③ 10% ④ 11%

31 짐을 모두 옮기는 데 준우가 혼자 하면 4시간이 걸리고, 유성이가 혼자 하면 6시간이 걸린다. 준우와 유성이가 동시에 짐을 옮긴다고 할 때, 짐을 모두 옮기는 데 걸리는 시간은 얼마인가?

① 2시간 18분   ② 2시간 24분   ③ 2시간 40분   ④ 3시간 5분

32 농도가 15%인 소금물 120g에 소금을 더 넣었더니 농도가 32%인 소금물이 되었다고 할 때, 추가한 소금의 양은 얼마인가?

① 24g   ② 26g   ③ 28g   ④ 30g

33 갑은 자전거를 빌리러 을의 집에 다녀왔다. 갈 때는 A 코스를 통해 시속 15km로 갔지만, 올 때는 을의 자전거를 타고 B 코스를 통해 시속 30km로 왔더니 총 1시간 30분이 걸렸다. B 코스의 거리가 A 코스의 3배라면, A 코스와 B 코스의 거리 차이는 얼마인가?

① 12km   ② 14km   ③ 16km   ④ 18km

34 어느 휴대전화 매장에 세 통신사에서 3종류씩 출시한 최신 휴대전화를 진열하려고 한다. 통신사별로 1종류씩 뽑아 총 3개를 일렬로 진열하려고 할 때, 진열할 수 있는 경우의 수는 몇 가지인가?

① 36가지   ② 54가지   ③ 81가지   ④ 162가지

35 원가가 8천 원인 휴대용 선풍기 120개를 판매하여 24만 원의 이익을 얻었을 때, 휴대용 선풍기의 이익률은 얼마인가?

① 10%   ② 15%   ③ 20%   ④ 25%

36 길이가 150m인 열차가 50m/s의 속력으로 일정하게 움직였다. 이 열차가 1.2km 길이의 터널을 진입한 순간부터 완전히 빠져 나오기까지 걸린 시간은 얼마인가?

① 17초   ② 20초   ③ 24초   ④ 27초

37 현재 유정이의 나이의 5배와 어머니의 나이의 25배의 합은 1,555이다. 지금으로부터 5년 뒤 어머니의 나이는 유정이의 나이의 2배가 된다고 할 때, 유정이와 어머니의 나이의 차는 얼마인가?

① 26세   ② 27세   ③ 29세   ④ 31세

38 일직선으로 660m 이어진 길의 양쪽에 지그재그로 가로수를 심으려 한다. 앞뒤 30m 간격으로 나무를 심을 때, 최대로 몇 그루의 나무를 심을 수 있는가?

① 43그루   ② 44그루   ③ 45그루   ④ 46그루

39 어느 보험 설계사가 보험 상담 후 계약을 성사시킬 확률은 $\frac{3}{4}$이다. 2명 이상 보험 계약을 성사시켜야 성과 보수가 발생할 때, 이 보험 설계사가 3명을 상담한 후 성과 보수를 받을 확률은 얼마인가?

① $\frac{3}{8}$ ② $\frac{27}{64}$ ③ $\frac{27}{32}$ ④ $\frac{61}{64}$

40 현재 형의 나이는 동생의 3배이다. 형의 현재 나이가 y세라면 형의 나이가 동생의 2배가 되는 해는 언제인가?

① $\frac{y}{9}$년 뒤   ② $\frac{2y}{9}$년 뒤   ③ $\frac{y}{6}$년 뒤   ④ $\frac{y}{3}$년 뒤

약점 보완 해설집 p.72

[01 - 10]   일정한 규칙으로 나열된 수를 통해 빈칸에 들어갈 알맞은 숫자를 고르시오.

01

| 3   6   4   2   6   3   (   ) |

① 1   ② 2   ③ 3   ④ 4

02

| $\frac{1}{2}$ $\frac{5}{6}$ $\frac{7}{6}$ $\frac{3}{2}$ $\frac{11}{6}$ (   ) |

① 2   ② $\frac{13}{6}$ ③ $\frac{7}{3}$ ④ $\frac{5}{2}$

03

| 4   2   11   10   18   50   (   ) |

① 20   ② 25   ③ 35   ④ 55

04

| 1   8   22   43   (   ) |

① 48   ② 55   ③ 64   ④ 71

05

| 50   45   40   47   42   37   (   )   39 |

① 38   ② 40   ③ 42   ④ 44

06

$$4.5 \quad 6 \quad 7.5 \quad 9 \quad 10.5 \quad 12 \quad (\quad\quad)$$

① 12.5 ② 13.5 ③ 14.5 ④ 15.5

07

$$95 \quad 85 \quad 72 \quad 55 \quad 33 \quad (\quad\quad)$$

① 22 ② 15 ③ 7 ④ 5

08

$$-240 \quad 60 \quad 120 \quad -30 \quad -60 \quad (\quad\quad)$$

① -15 ② -12 ③ 12 ④ 15

09

$$\frac{7}{6} \quad \frac{3}{2} \quad \frac{11}{6} \quad \frac{13}{6} \quad (\quad\quad)$$

① $\frac{3}{2}$ ② 2 ③ $\frac{7}{3}$ ④ $\frac{5}{2}$

10

$$5 \quad 7 \quad 13 \quad 31 \quad 85 \quad (\quad\quad)$$

① 139 ② 193 ③ 247 ④ 252

[11-15] 일정한 규칙으로 나열된 문자를 통해 빈칸에 들어갈 알맞은 문자를 고르시오.

11

A C D G K (   )

① Q   ② R   ③ S   ④ T

12

ㄴ ㄷ ㅂ ㅅ ㅎ (   )

① ㄱ   ② ㄷ   ③ ㅁ   ④ ㅅ

13

ㅑ ㅕ ㅛ ㅠ (   )

① ㅓ   ② ㅗ   ③ ㅡ   ④ ㅣ

14

R Q T O V (   ) X

① K   ② L   ③ M   ④ N

15

ㅎ ㅂ ㅋ ㅈ ㅇ ㅌ (   ) ㄱ

① ㄹ   ② ㅁ   ③ ㅅ   ④ ㅊ

[16-20] 다음은 일정한 규칙으로 나열된 숫자 또는 문자이다. 다음 중 적용된 규칙이 나머지 세 개와 다른 하나를 고르시오.

16 ① M N O P   ② ㅈ ㅇ ㅅ ㅂ   ③ H G F E   ④ ㅌ ㅋ ㅊ ㅈ

17 ① ㄴ ㅂ ㄹ ㅌ   ② 1 3 9 27   ③ A C I A   ④ ㅏ ㅓ ㅗ ㅜ

18 ① ㅓ ㅕ ㅛ ㅡ   ② K J H E   ③ ㅏ ㅑ ㅕ ㅜ   ④ 16 17 19 22

19 ① D H C F   ② J T N B   ③ ㅂ ㅌ ㅅ ㅎ   ④ ㄹ ㅇ ㄷ ㅂ

20 ① X L F C   ② 24 12 6 3   ③ A I C A   ④ $\frac{1}{3}$ $\frac{1}{6}$ $\frac{1}{12}$ $\frac{1}{24}$

21 다음 밑줄 친 부분에 들어갈 알맞은 것을 고르시오.

> • 진화는 혜지보다 키가 크다.
> • 하나는 진화보다 키가 크다.
> • 그러므로, _____

① 셋 중 진화의 키가 가장 크다.

② 셋 중 진화의 키가 가장 작다.

③ 하나는 혜지보다 키가 크다.

④ 혜지는 하나보다 키가 크다.

[22 - 23] 다음 전제를 읽고 각 문제의 진위를 판별하시오.

> ┌─[전제]─
> • 활동적인 사람은 호랑이를 사랑한다.
> • 진지한 사람은 사자를 사랑한다.
> • 게임을 좋아하는 사람은 활동적이다.
> • 배우는 사자를 사랑하지 않는다.
> • 아나운서는 호랑이를 사랑하지 않는다.

22 배우는 진지한 사람이다.

① 참   ② 거짓   ③ 파악할 수 없음

23 아나운서는 게임을 좋아한다.

① 참   ② 거짓   ③ 파악할 수 없음

[24 - 27] 영지, 유진, 은지, 미현 4명은 각각 1~6의 번호가 새겨진 6개의 의자에 앉아 있다. 다음 조건을 모두 고려하였을 때, 각 문제의 진위를 판별하시오.

- 의자는 낮은 번호부터 순서대로 왼쪽에서 오른쪽으로 일렬로 배치되어 있다.
- 영지는 6번 의자에 앉아 있다.
- 미현이가 앉은 의자의 번호는 1번이 아니며, 미현이의 양옆에는 아무도 앉아 있지 않다.
- 유진이가 앉은 의자의 번호는 은지가 앉은 의자의 번호보다 작다.
- 은지는 2번 의자에 앉아 있지 않다.

---

24 은지는 영지의 바로 왼쪽 의자에 앉아 있다.

① 참   ② 거짓   ③ 알 수 없음

25 유진이와 은지는 서로 이웃하여 앉아 있다.

① 참   ② 거짓   ③ 알 수 없음

26 유진이가 앉은 의자의 번호와 미현이가 앉은 의자의 번호 차이는 2이다.

① 참   ② 거짓   ③ 알 수 없음

27 미현이는 4번 의자에 앉아 있다.

① 참   ② 거짓   ③ 알 수 없음

[28 - 30] A, B, C, D, E, F의 IQ 순위를 조사한 결과, 순위가 같은 사람은 없었다. 다음 조건을 모두 고려하였을 때, 각 문제의 진위를 판별하시오.

- A는 D보다 IQ가 낮다.
- E의 IQ 순위는 5위가 아니다.
- A는 F보다 IQ가 높으며, C의 IQ가 가장 낮다.
- C보다는 IQ가 높지만 B보다는 IQ가 낮은 사람이 두 사람 있다.

28 IQ 순위가 확실한 사람은 세 사람밖에 없다.

① 참   ② 거짓   ③ 알 수 없음

29 A의 IQ 순위는 3위보다 높다.

① 참   ② 거짓   ③ 알 수 없음

30 B의 IQ 순위는 3위이다.

① 참   ② 거짓   ③ 알 수 없음

[31 - 34] A, B, C, D 4명은 각각 초등학생, 중학생, 고등학생, 대학생이다. 다음 조건을 모두 고려하였을 때, 각 문제의 진위를 판별하시오.

- C는 초등학생이나 중학생이 아니다.
- A는 초등학생과 문자를 주고받았다.
- A는 D와 문자를 주고받지 않았다.
- B는 중학생, 고등학생, 대학생과 문자를 주고받았다.
- C는 대학생과 문자를 주고받았다.

31 A는 대학생과 문자를 주고받지 않았다.

① 참   ② 거짓   ③ 알 수 없음

32 B는 고등학생이다.

① 참   ② 거짓   ③ 알 수 없음

33 D가 중학생이라면 C가 문자를 주고받은 사람은 B뿐이다.

① 참   ② 거짓   ③ 알 수 없음

34 D는 2명과 문자를 주고받았다.

① 참   ② 거짓   ③ 알 수 없음

[35 - 37] 교수, 검사, 판사의 집이 한 줄로 나란히 이웃해 있다. 다음 조건을 모두 고려하였을 때, 각 문제의 진위를 판별하시오.

- 교수, 검사, 판사 세 사람의 연령대는 30대, 40대, 50대 중 하나로 서로 다르다.
- 검사와 판사의 집은 서로 이웃하지 않는다.
- 판사의 집과 바로 이웃한 집에 30대가 살고 있다.

---

35 교수는 30대이다.

① 참   ② 거짓   ③ 알 수 없음

36 검사는 40대이다.

① 참   ② 거짓   ③ 알 수 없음

37 교수의 집 오른쪽에 판사의 집이 위치해 있다면, 왼쪽 집에는 50대인 검사가 살고 있다.

① 참   ② 거짓   ③ 알 수 없음

최신 기출변형문제

1 수리

2 추리

3 직관

4 실전모의고사

해커스 GSAT 5급 고졸채용 삼성직무적성검사 한권완성 최신기출유형 + 실전모의고사

[38 - 40] A, B, C, D 4명의 부서는 인사부, 영업부, 기획부, 품질관리부 중 하나이며, 4명의 직급은 부장, 과장, 대리, 사원 중 하나이다. 다음 조건을 모두 고려하였을 때, 각 문제의 진위를 판별하시오.

- 4명은 부서와 직급이 서로 다르다.
- A는 과장이나 대리가 아니며 직원의 임용, 평가와 관계된 부서에서 일을 한다.
- B는 품질관리부 소속이다.
- C는 최근 영업부에서 승진한 후 타 부서로 이동하였다.
- D의 직급이 가장 낮다.

38 B는 과장이다.

① 참 ② 거짓 ③ 알 수 없음

39 C는 기획부 소속이다.

① 참 ② 거짓 ③ 알 수 없음

40 D는 영업부 소속이다.

① 참 ② 거짓 ③ 알 수 없음

약점 보완 해설집 p.77

[01 - 05] 다음 좌우 기호, 숫자, 문자의 배열을 비교하여 서로 같으면 ①, 다르면 ②를 고르시오.

01

KTSKGJHALSFKAD	KTSKGJHALSFKAD

①   ②

02

§£♠¥℃⊙€&≡§₡₩	§£♠¥℃⊙€&≡§₡₩

①   ②

03

899889999888999	899889999888899

①   ②

04

⊂⊂⊂⊃⊂⊃⊂⊃⊃⊃	⊂⊂⊂⊃⊂⊃⊂⊃⊃⊃

①   ②

05

△▲△◁▶▶▷▼▽◀◁▼▽	△▲△◁▶▶▷▼△◀◁▼▽

①   ②

[06 - 07]　다음 중 좌우 숫자, 문자의 배열이 서로 다른 것을 고르시오.

06　① hjkl – hjkl　　　　　　　　　② zxcv – zxcv

　　　③ tyui – tyuj　　　　　　　　　④ ghjk – ghjk

07　① 8927304 – 8927304　　　　　② 3859076 – 3849076

　　　③ 4579632 – 4579632　　　　　④ 6729381 – 6729381

[08 - 09]　다음 제시된 기호, 숫자, 문자의 배열과 같은 것을 고르시오.

08

2539–98–4771

　① 2539–99–4771　　　　　　　　② 2539–98–4771

　③ 2539–98–4777　　　　　　　　④ 2529–98–4771

09

P08◑d3反▼6囚GA◇w

　① P08◑d3反▼6囚AG◇w　　　　② P08◑d3反▼6囚GA◇w

　③ P08◑#3反▼6囚GA◇w　　　　④ P08◑d3反6▼囚GA◇w

[10-11] 다음 도서관 분류 번호 부여법에 따라 분류될 도서 번호가 바르게 연결된 것을 고르시오.

[도서관 분류 번호 부여법]

도서 분류, 저자명의 맨 처음 글자, 저자명 분류 번호, 도서 제목 분류 문자 순에 따라 8자리로 구성

도서 분류	분류 번호	저자명	분류 번호	도서 제목	분류 문자
총류	000	ㄱ~ㅁ	51	ㄱ~ㅁ	AA
철학	100	ㅂ~ㅊ	52	ㅂ~ㅊ	BB
종교	200	ㅋ~ㅎ	53	ㅋ~ㅎ	CC
사회과학	300	a~d	54	a~d	DD
순수과학	400	e~g	55	e~g	EE
기술과학	500	h~k	56	h~k	FF
예술	600	l~o	57	l~o	GG
언어	700	p~s	58	p~s	HH
문학	800	t~w	59	t~w	II
역사	900	x~z	60	x~z	JJ

10

철학, Arthur Schopenhauer 〈The World As Will And Idea〉

① 100A54II
② 100S54II
③ 100A54JJ
④ 100T54II

11

예술, 박찬욱·정서경 〈헤어질 결심 각본〉

① 600박54BB
② 600박52CC
③ 600박정52CC
④ 600박정60CC

[12-13] 다음 규칙을 참고하여 제시된 문자를 단어로 바르게 치환한 것을 고르시오.

A	B	C	D	E	F	G	H	I	J	K	L	M	N
ㄱ	ㄴ	ㄷ	ㄹ	ㅁ	ㅂ	ㅅ	ㅇ	ㅈ	ㅊ	ㅋ	ㅌ	ㅍ	ㅎ
a	b	c	d	e	f	g	h	i	j	k	l	m	n
ㅏ	ㅑ	ㅓ	ㅕ	ㅗ	ㅛ	ㅜ	ㅠ	ㅡ	ㅣ	ㅐ	ㅒ	ㅔ	ㅖ

12

FaDIaAgA

① 발가락　　　② 발냄새　　　③ 발자국　　　④ 발자취

13

NeaNdH

① 화색　　　② 화장　　　③ 화해　　　④ 화형

다음 규칙을 참고하여 제시된 숫자가 속하는 범주를 고르시오.

범주	①	②	③	④
기준	3358~3925	2790~3357	3926~4493	2222~2789

14

3789

①   ②   ③   ④

15

4257

①   ②   ③   ④

[16 - 18] 다음과 같이 모양과 크기가 같은 블록이 빈틈없이 쌓여 있을 때, 블록의 개수는 몇 개인가?

16

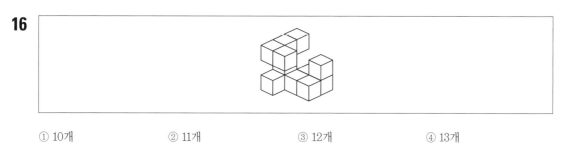

① 10개   ② 11개   ③ 12개   ④ 13개

17

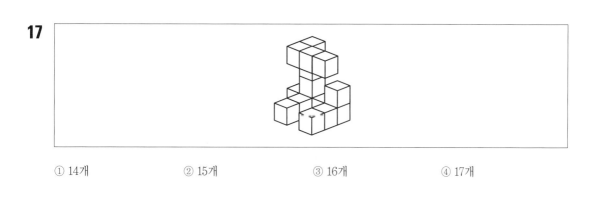

① 14개   ② 15개   ③ 16개   ④ 17개

18

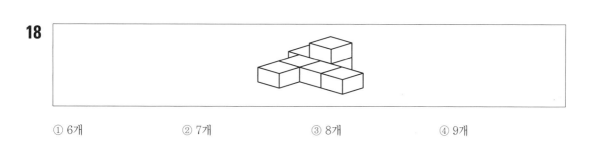

① 6개   ② 7개   ③ 8개   ④ 9개

[19-21] 다음과 같이 모양과 크기가 같은 블록이 빈틈없이 쌓여 있을 때, 각 물음에 답하시오.

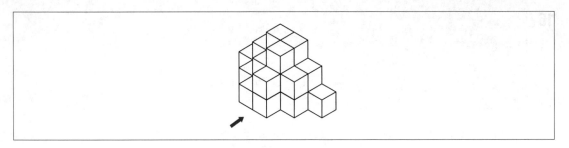

19 어느 방향에서 보아도 보이지 않는 블록의 개수는 몇 개인가?

① 0개   ② 1개   ③ 2개   ④ 3개

20 화살표 방향에서 바라볼 때, 보이는 블록의 개수는 몇 개인가?

① 10개   ② 11개   ③ 12개   ④ 13개

21 밑면을 빼고 페인트칠을 할 때, 2개의 면이 칠해지는 블록의 개수는 몇 개인가?

① 1개   ② 2개   ③ 3개   ④ 4개

[22 - 24] 다음과 같이 모양과 크기가 같은 블록이 빈틈없이 쌓여 있을 때, 각 물음에 답하시오.

22 블록의 개수는 몇 개인가?

① 12개　　　　　② 13개　　　　　③ 14개　　　　　④ 15개

23 2개의 면이 다른 블록과 접해 있는 블록의 개수는 몇 개인가?

① 1개　　　　　② 2개　　　　　③ 3개　　　　　④ 4개

24 블록을 추가로 쌓아 직육면체를 만들려고 할 때, 추가로 필요한 블록의 개수는 최소 몇 개인가?

① 12개　　　　　② 16개　　　　　③ 18개　　　　　④ 22개

최신 기출변형문제

1 수리

2 추리

3 지각

4 실전모의고사

해커스 GSAT 5급 고졸채용 삼성무직무적성검사 한권완성 최신기출유형 + 실전모의고사

[25 - 29] 다음에 제시된 네 가지 도형 중 다른 하나를 고르시오. (단, 도형은 회전 가능하다.)

25

① 　② 　③ 　④

26

① 　② 　③ 　④

27

① 　② 　③ 　④

28

① 　② 　③ 　④

29

① 　② 　③ 　④

[30 - 34] 다음에 제시된 도형과 같은 것을 고르시오. (단, 도형은 회전 가능하다.)

30

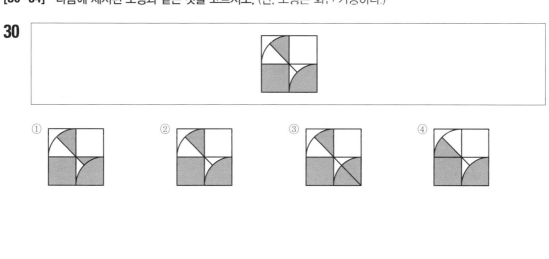

31

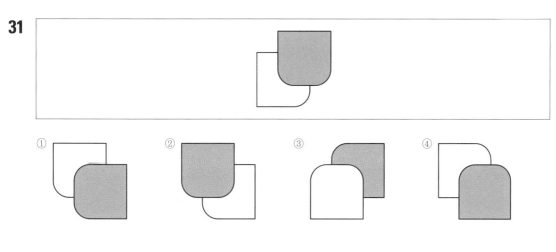

32

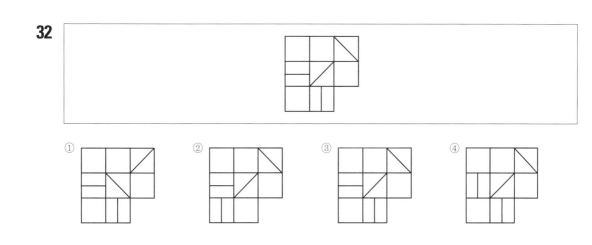

33

① 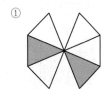　　② 　　③ 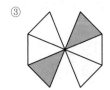　　④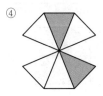

34

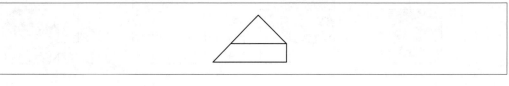

① 　　② 　　③ 　　④

[35 - 40] 다음에 제시된 그림 조각들을 순서대로 알맞게 배열한 것을 고르시오.

35

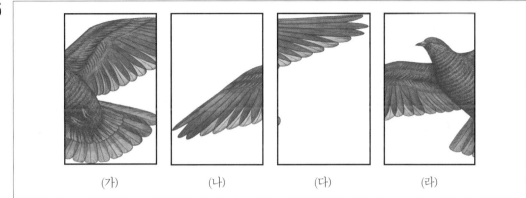

(가)   (나)   (다)   (라)

① (나) – (라) – (가) – (다) ② (다) – (가) – (나) – (라)
③ (라) – (가) – (나) – (다) ④ (라) – (나) – (가) – (다)

36

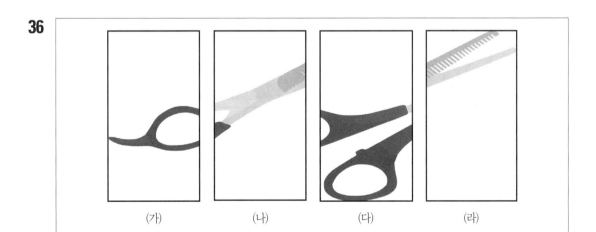

(가)   (나)   (다)   (라)

① (가) – (다) – (나) – (라) ② (가) – (라) – (다) – (나)
③ (나) – (다) – (가) – (라) ④ (나) – (라) – (다) – (가)

37

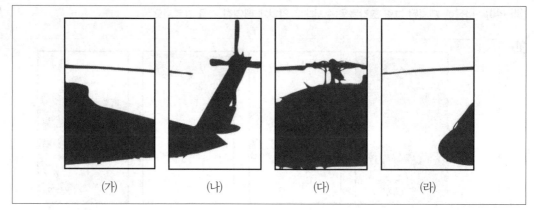

(가)   (나)   (다)   (라)

① (나) – (라) – (다) – (가)   ② (다) – (가) – (나) – (라)
③ (라) – (나) – (다) – (가)   ④ (라) – (다) – (가) – (나)

38

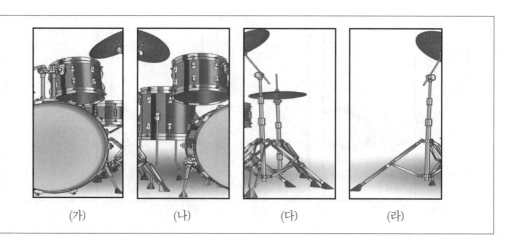

(가)   (나)   (다)   (라)

① (가) – (나) – (다) – (라)   ② (나) – (가) – (다) – (라)
③ (나) – (라) – (다) – (가)   ④ (라) – (나) – (가) – (다)

39

(가)	(나)	(다)	(라)

① (나) – (가) – (다) – (라) ② (다) – (라) – (나) – (가)
③ (라) – (나) – (가) – (다) ④ (라) – (다) – (나) – (가)

40

(가)	(나)	(다)	(라)

① (가) – (다) – (나) – (라) ② (나) – (가) – (다) – (라)
③ (나) – (라) – (다) – (가) ④ (다) – (라) – (나) – (가)

약점 보완 해설집 p.82

무료 바로 채점 및 성적 분석 서비스 바로 가기
QR코드를 이용해 모바일로 간편하게 채점하고 나의 실력이
어느 정도인지, 취약 부분이 어디인지 바로 파악해 보세요!

최신 기출변형문제

1 수리

2 추리

3 지각

4 실전모의고사

해커스 GSAT 5급 고졸채용 삼성직무적성검사 한권완성 최신기출유형 + 실전모의고사

실전모의고사 3회_고난도

I 수리

총 40문항 / 15분
▶ 해설 p.88

[01 - 05] 다음 식을 계산하시오.

01

$$17 \times (14 - 8) - 168 \div 21$$

① 94　　　　　② 96　　　　　③ 104　　　　　④ 106

02

$$\frac{15}{24} \div \frac{3}{4} \times \frac{9}{25} - \frac{1}{4}$$

① $\frac{1}{20}$　　　　② $\frac{3}{20}$　　　　③ $\frac{5}{20}$　　　　④ $\frac{7}{20}$

03

$$\sqrt{6} \times \sqrt{8} \div \sqrt{27}$$

① $\frac{2}{3}$　　　　② $\sqrt{\frac{4}{3}}$　　　　③ $\frac{4}{3}$　　　　④ $\frac{4}{\sqrt{3}}$

04

$$(2^3 \times 2^4)^2 \div (2^2 \times 2)^4$$

① 1　　　　　② 2　　　　　③ 4　　　　　④ 8

05

$$\left(\frac{2}{5} + 1.4 \times 0.4\right) - 0.3$$

① 0.56　　　　② 0.66　　　　③ 0.76　　　　④ 0.86

[06 - 07] 다음 A 값과 B 값의 크기를 비교하시오.

06

A: $\dfrac{9}{25}$, B: $\dfrac{36}{121}$

① A > B　　　　　② A < B　　　　　③ A = B　　　　　④ 알 수 없다.

07

A: 0.8, B: $\dfrac{17}{21}$

① A > B　　　　　② A < B　　　　　③ A = B　　　　　④ 알 수 없다.

08 다음의 연산을 적용하여 (−7 ☞ 14) ☎ 6의 값을 구하시오.

$$A ☞ B = \dfrac{A}{B-A}, \ A ☎ B = 3A + B$$

① 5　　　　　② 6　　　　　③ 7　　　　　④ 8

09 3.2의 2할 1푼 5리는 얼마인가?

① 0.668　　　　　② 0.688　　　　　③ 6.68　　　　　④ 6.88

10 65L의 8리는 얼마인가?

① 52mL　　　　　② 54mL　　　　　③ 520mL　　　　　④ 540mL

11 다음은 프로야구 팀별 승리 경기 수에 대한 자료이다. 다음 중 자료에 대한 설명으로 옳지 않은 것을 고르시오.

[프로야구 팀별 승리 경기 수]

(단위: 경기)

구분	2019년	2020년	2021년	2022년	2023년
A 팀	88	80	76	66	86
B 팀	48	46	58	46	58
C 팀	58	51	65	60	58
D 팀	87	79	76	88	61
E 팀	60	81	72	80	79
F 팀	73	79	66	70	75
G 팀	79	83	67	87	68
H 팀	62	73	49	64	73
I 팀	71	70	68	80	74
J 팀	86	64	71	67	76

① 2020년 J 팀보다 승리 경기 수가 적은 팀은 총 2개이다.

② 2019~2023년 승리 경기 수의 합은 G 팀이 E 팀보다 크다.

③ 2022년 F 팀 승리 경기 수의 전년 대비 증가율은 6% 미만이다.

④ 2019년 승리 경기 수가 다른 팀에 비해 두 번째로 많은 팀과 제시된 기간 동안 승리 경기 수의 증감 추이가 같은 팀은 총 1개이다.

12 다음은 도시별 혼인신고 건수에 대한 자료이다. 다음 중 자료에 대한 설명으로 옳은 것을 고르시오.

[도시별 혼인신고 건수]

(단위: 건)

구분	2019년	2020년	2021년	2022년	2023년
甲시	1,230	1,100	1,050	950	700
乙시	2,240	2,000	1,820	1,570	1,220
丙시	980	780	800	650	550
丁시	1,550	1,250	1,130	1,020	1,000
戊시	560	520	510	480	450

① 제시된 기간 동안 戊시의 혼인신고 건수가 다른 해에 비해 가장 많았던 해에 乙시의 혼인신고 건수는 같은 해 戊시 혼인신고 건수의 4배이다.

② 2021년 혼인신고 건수가 가장 많은 도시와 가장 적은 도시의 2022년 혼인신고 건수의 차이는 1,000건 이하이다.

③ 2023년 丁시 혼인신고 건수의 4년 전 대비 감소율은 40% 이상이다.

④ 도시별 혼인신고 건수는 제시된 5개 도시 모두 꾸준히 감소하였다.

13 다음은 거처종류별 A 지역 거주 외국인 수에 대한 자료이다. A 지역에 거주하는 전체 외국인 수에서 기숙사에 거주하는 외국인 여성이 차지하는 비중은 얼마인가?

[거처종류별 A 지역 거주 외국인 수]

(단위: 명)

구분	일반주택	아파트	기숙사	기타
전체	830	260	190	120
남성	440	106	148	88
여성	390	154	42	32

① 2%   ② 3%   ③ 4%   ④ 5%

[14-16] 다음은 A 국의 학교급별 학생 수 및 사교육비 총액에 대한 자료이다. 각 물음에 답하시오.

[학교급별 학생 수]

(단위: 명)

구분	초등학교	중학교	고등학교
2021년	2,670	1,350	1,300
2022년	2,560	1,350	1,250

[학교급별 사교육비 총액]

(단위: 천 원)

구분	초등학교	중학교	고등학교
2021년	105,000	63,400	65,000
2022년	119,000	70,800	69,400

14 다음 중 자료에 대한 설명으로 옳지 않은 것을 고르시오.

① 2021년 A 국 전체 사교육비 총액은 2022년 A 국 중학교 사교육비의 3배 이상이다.

② A 국의 전체 학생 수는 2021년이 2022년보다 많다.

③ A 국의 초등학교 학생 1명당 사교육비는 2021년이 2022년보다 크다.

④ 2022년 A 국 고등학교 학생 수의 전년 대비 감소율은 5% 미만이다.

15 2021년 A 국 고등학교 학생 1명당 평균 사교육비는 얼마인가?

① 40천 원   ② 50천 원   ③ 60천 원   ④ 70천 원

16 2022년 A 국 학교급별 사교육비 총액의 평균은 얼마인가?

① 84,400천 원   ② 86,400천 원   ③ 88,400천 원   ④ 90,400천 원

[17 - 19] 다음은 국가별 하계 올림픽 메달 획득 수에 대한 자료이다. 각 물음에 답하시오.

[국가별 하계 올림픽 메달 획득 수]

(단위: 개)

구분	2006년	2010년	2014년	2018년	2022년
A 국	130	105	120	100	113
B 국	52	35	40	25	20
C 국	51	60	55	70	88
D 국	44	55	30	35	46
E 국	56	70	67	46	58
F 국	60	50	53	72	65
G 국	34	20	22	26	8
H 국	52	35	36	44	40
I 국	28	50	68	52	36
J 국	33	20	58	89	102

17 제시된 기간 중 E 국의 하계 올림픽 메달 획득 수가 다른 국가에 비해 두 번째로 많은 해에 제시된 전체 국가의 하계 올림픽 메달 획득 수에서 E 국의 하계 올림픽 메달 획득 수가 차지하는 비중은 얼마인가?

① 13% ② 14% ③ 15% ④ 16%

18 다음 중 자료에 대한 설명으로 옳은 것을 고르시오.

① 제시된 기간 동안 하계 올림픽 메달 획득 수가 4년마다 꾸준히 감소한 국가는 총 1개국이다.

② 2022년 하계 올림픽 메달 획득 수가 다른 국가에 비해 가장 적은 국가의 2022년 하계 올림픽 메달 획득 수의 4년 전 대비 감소량은 17개이다.

③ 제시된 기간 동안 J 국이 획득한 하계 올림픽 메달 개수의 총합은 300개 미만이다.

④ 2018년 A 국 하계 올림픽 메달 획득 수의 4년 전 대비 감소율은 16% 이상이다.

19 다음 중 자료에 대한 설명으로 옳지 않은 것을 고르시오.

① 2006년 하계 올림픽 메달 획득 수가 다른 국가에 비해 가장 많은 국가와 가장 적은 국가의 2006년 메달 획득 수의 차이는 102개이다.

② 제시된 기간 동안 C 국과 D 국의 하계 올림픽 메달 획득 수의 총합은 A 국의 하계 올림픽 메달 획득 수의 총합보다 많다.

③ 2014년 E 국과 F 국의 하계 올림픽 메달 획득 수의 4년 전 대비 변화량은 서로 동일하다.

④ 2014년 하계 올림픽 메달 획득 수는 I 국이 G 국의 3배 이상이다.

[20 - 22] 다음은 연령대별 감염병 감염자 수에 대한 자료이다. 각 물음에 답하시오.

[연령대별 감염병 감염자 수]

(단위: 명)

구분	A 시	B 시	C 시	D 시	E 시
10대 미만	80	14	76	25	34
10대	275	58	228	103	136
20대	1,985	534	1,157	760	922
30대	2,398	1,325	2,598	1,758	2,217
40대	3,846	1,879	3,561	2,410	2,801
50대	2,698	2,147	2,789	2,084	2,132
60대	4,621	4,286	3,899	3,856	4,248
70대 이상	5,891	8,695	2,876	5,432	6,646

20 지역별 30대 감염자 수와 40대 감염자 수의 차이가 가장 적은 지역은?

① B 시   ② C 시   ③ D 시   ④ E 시

21 C 시의 10대 감염자 수는 10대 미만 감염자 수의 몇 배인가?

① 2배   ② 2.5배   ③ 3배   ④ 3.5배

22 다음 중 자료에 대한 설명으로 옳지 않은 것을 고르시오.

① A 시와 B 시의 50대 감염자 수의 차이는 500명 이상이다.

② 제시된 지역별 10대 감염자 수는 모두 20대 감염자 수보다 적다.

③ 40대 감염자 수가 가장 많은 지역과 60대 감염자 수가 가장 많은 지역은 동일하다.

④ 지역별 감염자 수가 가장 많은 연령대는 모두 70대 이상이다.

최신기출변형문제

1 수리

2 추리

3 지각

4 실전모의고사

해커스 GSAT 5급 고졸채용 삼성직무적성검사 한권완성 최신기출유형 + 실전모의고사

[23 - 25] 다음은 도시별 종량제 쓰레기봉투 가격에 대한 자료이다. 각 물음에 답하시오.

[도시별 종량제 쓰레기봉투 가격]

(단위: 원)

구분	5L	10L	20L	30L	50L	75L	100L
A 시	130	250	490	740	1,250	1,880	3,020
B 시	150	270	510	780	1,240	1,830	2,600
C 시	190	350	680	1,110	1,700	2,220	3,300
D 시	120	240	470	1,040	1,170	1,730	2,320
E 시	80	140	270	400	650	1,000	1,300
F 시	120	240	700	1,050	1,750	1,730	2,320
G 시	85	150	300	450	750	1,200	1,500
H 시	160	310	620	820	1,540	2,170	3,060
I 시	150	300	550	850	1,400	2,080	2,800
J 시	150	300	600	810	1,500	2,250	2,700
K 시	190	340	640	1,150	1,580	2,310	3,080
L 시	75	130	250	420	620	930	1,230
M 시	130	250	500	740	1,250	1,880	2,500
N 시	150	290	560	850	1,400	2,080	2,770
O 시	200	380	740	1,110	1,830	2,730	3,070

23 50L 종량제 쓰레기봉투 가격이 가장 비싼 지역은?

① C 시   ② F 시   ③ K 시   ④ O 시

24 5L와 10L 종량제 쓰레기봉투 가격의 차이가 가장 작은 지역은?

① E 시   ② G 시   ③ L 시   ④ O 시

25 30L 종량제 쓰레기봉투 가격이 가장 비싼 지역과 가장 저렴한 지역의 가격 차이는 얼마인가?

① 700원   ② 750원   ③ 800원   ④ 850원

[26-27] 다음은 Z 국의 연도별 1인당 연간 양곡 소비량에 대한 자료이다. 각 물음에 답하시오.

[연도별 1인당 연간 양곡 소비량]

(단위: kg)

구분	2013년	2014년	2015년	2016년	2017년	2018년	2019년	2020년	2021년	2022년
소비량	80	74	73	72	70	69	67	66	65	68

26 제시된 기간 동안 Z 국의 연도별 1인당 연간 양곡 소비량의 총합은 얼마인가?

① 695kg ② 696kg ③ 704kg ④ 706kg

27 2022년 Z 국 1인당 연간 양곡 소비량의 9년 전 대비 감소율은 얼마인가?

① 8% ② 10% ③ 12% ④ 15%

[연령별 최소 및 적정 노후생활비]

(단위: 만 원)

구분	부부 기준 최소 노후생활비	개인 기준 최소 노후생활비	부부 기준 적정 노후생활비	개인 기준 적정 노후생활비
50세 미만	210	129	283	180
50대	215	130	296	182
60대	199	118	275	167
70대	172	104	236	147
80세 이상	155	91	214	130

[취업 상태별 최소 및 적정 노후생활비]

(단위: 만 원)

구분	부부 기준 최소 노후생활비	개인 기준 최소 노후생활비	부부 기준 적정 노후생활비	개인 기준 적정 노후생활비
임금근로자	207	125	284	176
비임금근로자	197	118	270	170
비취업자	186	111	258	157

※ 출처: KOSIS(국민연금공단, 국민노후보장패널조사)

28 다음 중 자료에 대한 설명으로 옳은 것을 고르시오.

① 모든 연령대에서 개인 기준 적정 노후생활비는 부부 기준 적정 노후생활비보다 많다.

② 임금근로자와 비임금근로자의 개인 기준 최소 노후생활비의 차이는 7만 원이다.

③ 개인 기준 적정 노후생활비는 연령대가 증가할수록 감소한다.

④ 비취업자의 부부 기준 최소 노후생활비는 개인 기준 최소 노후생활비의 2배 이상이다.

29 부부 기준 최소 노후생활비와 부부 기준 적정 노후생활비의 차이가 가장 큰 연령대는?

① 50세 미만 　　② 50대 　　③ 60대 　　④ 70대

30 비임금근로자와 비취업자의 노후생활비 차이가 가장 작은 항목은?

① 부부 기준 최소 　　② 개인 기준 최소 　　③ 부부 기준 적정 　　④ 개인 기준 적정

31 어머니와 아들의 나이를 합한 값은 52이다. 어머니의 나이는 아들의 나이에 4배를 한 값보다 8만큼 적을 때, 어머니와 아들의 나이 차이는 얼마인가?

① 25세　　　　　　② 27세　　　　　　③ 28세　　　　　　④ 31세

32 세 개의 톱니바퀴 A, B, C가 서로 맞물려 회전하고 있다. 톱니 수는 A 톱니바퀴가 8개, B 톱니바퀴가 14개, C 톱니바퀴가 16개로 구성되어 있을 때, 세 개의 톱니바퀴가 처음 맞물렸던 위치로 되돌아오려면 B 톱니바퀴는 최소 몇 번 회전해야 하는가?

① 7번　　　　　　② 8번　　　　　　③ 9번　　　　　　④ 10번

33 남학생 5명과 여학생 3명 중에서 반장을 1명 선출하려고 한다. 그 후 남은 인원 중에서 부반장 1명을 선출하려고 할 때 반장은 남학생, 부반장은 여학생이 될 확률은 얼마인가? (단, 소수점 셋째 자리에서 반올림한다.)

① 0.18　　　　　　② 0.27　　　　　　③ 0.32　　　　　　④ 0.36

34 원가가 20,000원인 운동화에 20%의 이윤을 붙여 판매하다가, 할인기간에 판매가의 20%를 할인해서 팔았다. 할인기간의 운동화 판매가는 얼마인가?

① 18,400원　　　　② 19,200원　　　　③ 20,300원　　　　④ 21,600원

35 영화 표를 예매하는데 한 장씩 예매하면 한 장당 13,500원이고, 24명 단체 예매를 하면 한 장당 25%가 할인된다고 한다. 단체 예매가 유리하려면 최소 몇 명이 영화를 관람해야 하는가?

① 19명　　　　　　② 20명　　　　　　③ 21명　　　　　　④ 22명

36 갑이 혼자서 일할 때에는 4일이 걸리고, 을이 혼자서 일할 때에는 8일이 걸린다고 한다. 을이 혼자서 2일 동안 일한 후 다음 날부터 갑과 함께 일하여 일을 마쳤다면, 갑과 을이 함께 일한 날은 며칠인가?

① 1일　　　　　　② 2일　　　　　　③ 3일　　　　　　④ 4일

37 두 개의 LCD 생산 기계가 있다. A 기계는 1분에 70개, B 기계는 1분에 80개를 생산한다. 30개의 지점에서 150개씩 LCD 주문이 들어와 최단시간에 생산해야 할 때, B 기계는 몇 개의 지점에 보낼 LCD를 생산하는가?

① 13개　　　　　　② 16개　　　　　　③ 18개　　　　　　④ 22개

38 시속 108km로 달리는 기차가 270m 길이의 터널을 완전히 통과하는 데 25초가 걸렸다고 할 때, 기차의 길이는 얼마인가?

① 360m　　　　　　② 480m　　　　　　③ 600m　　　　　　④ 720m

39 g, a, l, a, x, y 6개의 알파벳을 가지고 순열을 만들 때, 동일한 알파벳이 인접하는 경우의 수는 몇 가지인가?

① 60가지　　　　　　② 95가지　　　　　　③ 120가지　　　　　　④ 240가지

40 올해 사과의 수확량은 3,500개이고, 배의 수확량은 3,250개이다. 사과의 수확량이 매년 4%씩 증가하고 배의 수확량도 매년 일정한 비율로 증가한다. 두 과일의 수확량이 모두 3,640개로 같아지려면 배의 수확량은 매년 몇 %씩 증가해야 하는가?

① 8%　　　　　　② 9%　　　　　　③ 11%　　　　　　④ 12%

약점 보완 해설집 p.88

[01-10] 일정한 규칙으로 나열된 수를 통해 빈칸에 들어갈 알맞은 숫자를 고르시오.

01

$$-5 \quad -3 \quad -1 \quad 1 \quad (\quad)$$

① 2   ② 3   ③ 4   ④ 5

02

$$14 \quad 28 \quad 26 \quad 13 \quad 15 \quad 30 \quad (\quad) \quad 14$$

① 15   ② 28   ③ 32   ④ 60

03

$$\frac{2}{3} \quad 1 \quad \frac{5}{3} \quad 3 \quad \frac{17}{3} \quad (\quad)$$

① $\frac{26}{3}$ ② 9   ③ $\frac{32}{3}$ ④ 11

04

$$7.2 \quad 7.5 \quad 7.7 \quad 6 \quad 8.2 \quad 4.5 \quad (\quad)$$

① 6.4   ② 6.5   ③ 8.7   ④ 8.8

05

$$1 \quad 20 \quad 43 \quad 70 \quad 101 \quad (\quad)$$

① 124   ② 128   ③ 132   ④ 136

06

$$200 \quad 600 \quad 120 \quad 360 \quad 72 \quad (\quad)$$

① 24　　　　② 36　　　　③ 144　　　　④ 216

07

$$8 \quad 9 \quad 18 \quad 20 \quad 40 \quad 43 \quad (\quad)$$

① 66　　　　② 86　　　　③ 126　　　　④ 176

08

$$\frac{1}{2} \quad \frac{1}{3} \quad \frac{2}{9} \quad \frac{4}{27} \quad (\quad)$$

① $\frac{8}{81}$　　　② $\frac{1}{9}$　　　③ $\frac{10}{81}$　　　④ $\frac{11}{81}$

09

$$212 \quad 100 \quad 44 \quad 16 \quad 2 \quad (\quad)$$

① -13　　　② -9　　　③ -5　　　④ -1

10

$$8 \quad 8 \quad 9 \quad 13 \quad 22 \quad 38 \quad (\quad)$$

① 54　　　　② 63　　　　③ 68　　　　④ 76

[11 - 16] 일정한 규칙으로 나열된 문자를 통해 빈칸에 들어갈 알맞은 문자를 고르시오.

11

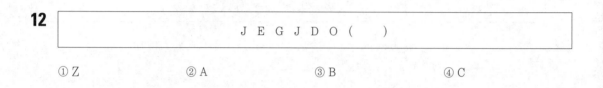

E G I K (   )

① M   ② N   ③ O   ④ P

12

J E G J D O (   )

① Z   ② A   ③ B   ④ C

13

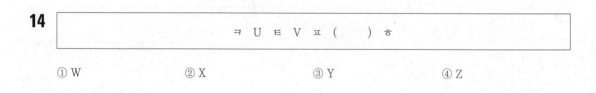

ㄱ ㄴ ㄹ ㅇ (   )

① ㄴ   ② ㅁ   ③ ㅈ   ④ ㅍ

14

ㅋ U ㅌ V ㅍ (   ) ㅎ

① W   ② X   ③ Y   ④ Z

15

ㅠ ㅡ ㅛ ㅜ ㅕ (   )

① ㅏ   ② ㅓ   ③ ㅗ   ④ ㅜ

16

$$HIMTD(\quad)$$

① O ② P ③ Q ④ R

[17-20] 다음은 일정한 규칙으로 나열된 숫자 또는 문자이다. 다음 중 적용된 규칙이 나머지 세 개와 다른 하나를 고르시오.

17 ① D G K P ② ㅏ ㅓ ㅠ ㅓ ③ 15 18 22 27 ④ ㄴ ㅁ ㅇ ㅋ

18 ① 5 10 0.2 0.04 ② E A W S ③ ㅎ ㅊ ㅂ ㄴ ④ ㅣ ㅛ ㅑ ㅠ

19 ① E J K V ② ㄱ ㄴ ㄷ ㅂ ③ B D C F ④ 2 4 5 10

20 ① $\frac{1}{2}$ 1 2 4 ② ㅠ ㅕ ㅑ ㅏ ③ X L F C ④ ㅇ ㄹ ㄴ ㄱ

[21 - 22] 다음 전제를 읽고 각 문제의 진위를 판별하시오.

┌─[전제]───┐
- 교통카드를 사용하는 사람은 신용카드를 사용하지 않는다.
- 현금을 사용하지 않는 사람은 체크카드를 사용한다.
- 카드지갑을 사용하는 사람은 신분증을 소지한다.
- 체크카드를 사용하지 않는 사람은 교통카드를 사용한다.
- 신용카드를 사용하지 않는 사람은 신분증을 소지하지 않는다.
└───┘

21 체크카드를 사용하지 않는 사람은 신용카드를 사용한다.

    ① 참   ② 거짓   ③ 파악할 수 없음

22 카드지갑을 사용하는 사람은 교통카드를 사용하지 않는다.

    ① 참   ② 거짓   ③ 파악할 수 없음

23 다음 제시된 명제가 참일 때 추론할 수 있는 것을 고르시오.

- 지우는 여행을 좋아한다.
- 여행을 좋아하는 사람은 여권이 있다.
- 혜수는 여권이 없다.

---

① 지우는 여권이 없다.

② 지우는 여권이 있다.

③ 혜수는 여행을 좋아한다.

④ 여권이 있는 사람은 여행을 좋아한다.

24 갑, 을, 병, 정 4명은 달리기 시합을 했다. 다음 조건을 모두 고려하였을 때, 1등을 고르시오.

- 갑과 병 사이에 결승선을 통과한 사람은 1명이다.
- 병은 정보다 늦게 결승선을 통과했다.
- 을은 3등이 아니다.
- 을과 병은 연달아 결승선을 통과했다.

---

① 갑   ② 을   ③ 병   ④ 정

[25 - 28] 한 방송국에서 A, B, C, D, E, F, G, H, I 9명의 인원을 찬성팀 4명, 반대팀 4명, 사회자 1명으로 구성하여 찬반 토론을 하고자 한다. 다음 제시된 조건을 읽고 각 물음에 답하시오.

- A, B, C는 법학 전공이고 D, E, F는 문학 전공이며 G, H, I는 공학 전공이다.
- 찬성팀과 반대팀에는 각 전공자가 최소 1명씩 있어야 한다.
- A는 찬성팀, H는 반대팀의 팀장이고 I는 사회자이다.
- C와 D는 서로 다른 팀이다.

---

25 다음 중 반드시 찬성팀이 되어야 하는 사람은?

① C   ② E   ③ F   ④ G

26 C와 G가 같은 팀일 경우, 다음 중 C와 같은 팀이 될 수 없는 사람은?

① A, B   ② B, D   ③ D, E   ④ A, D

27 찬성팀과 반대팀을 구성하는 경우의 수는 총 몇 가지인가?

① 2가지   ② 3가지   ③ 4가지   ④ 5가지

28 A와 D가 같은 팀일 경우, 항상 참인 것을 고르시오.

① B와 E는 같은 팀이다.
② F와 G는 같은 팀이다.
③ 팀을 구성하는 경우의 수는 총 3가지이다.
④ F와 H는 같은 팀이 될 수 없다.

[29 - 32] A, B, C, D, E 5명의 재산은 서로 다르다. 다음 조건을 모두 고려하였을 때, 각 문제의 진위를 판별하시오.

- B는 C보다 재산이 적다.
- A와 B의 재산 차이는 1억 원, B와 C의 재산 차이는 9,000만 원, C와 D의 재산 차이는 3억 원, D와 E의 재산 차이는 1억 2,000만 원이다.
- A의 재산이 가장 많다.

29 B와 E의 재산 차이가 1억 원 미만일 때, D의 재산이 가장 적다.

① 참　　　　　　　　② 거짓　　　　　　　　③ 알 수 없음

30 A와 D의 재산 차이는 1억 9,000만 원이다.

① 참　　　　　　　　② 거짓　　　　　　　　③ 알 수 없음

31 E는 B보다 재산이 많을 수 없다.

① 참　　　　　　　　② 거짓　　　　　　　　③ 알 수 없음

32 재산이 가장 많은 사람과 가장 적은 사람의 재산 차이는 3억 1,000만 원이다.

① 참　　　　　　　　② 거짓　　　　　　　　③ 알 수 없음

[33 - 36] 소프트웨어 A 팀, 소프트웨어 B 팀, 하드웨어 A 팀, 하드웨어 B 팀, 환경안전 A 팀, 환경안전 B 팀 총 6팀을 101동과 102동에 배정한다. 다음 제시된 조건을 읽고 각 물음에 답하시오.

- 101동 1층은 수리 중이므로 어떤 팀도 배정할 수 없다.
- 101동과 102동 모두 각 층에는 한 팀만 배정할 수 있다.
- 5층에는 한 팀만 배정한다.
- 소프트웨어팀은 모두 102동에 배정하며 서로 이웃한 층에 배정한다.
- 하드웨어팀을 배정한 층과 이웃한 층에 소프트웨어팀을 배정하며, 그 팀은 소프트웨어 A 팀이다.
- 하드웨어 A, B 팀을 같은 층에 배정한다.
- 환경안전 A, B 팀은 서로 다른 동의 홀수 층에 배정하며, 환경안전 B 팀은 환경안전 A 팀보다 위층으로 배정한다.

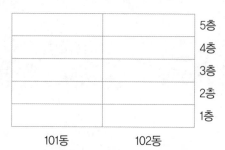

33 하드웨어 A 팀이 2층에 배정받았을 때, 소프트웨어 B 팀이 배정받는 위치는?

① 102동 1층   ② 102동 3층   ③ 102동 4층   ④ 102동 5층

34 1층에 어떤 팀도 배정받지 않았을 때, 환경안전 A 팀이 배정받는 위치는?

① 101동 3층   ② 101동 4층   ③ 102동 3층   ④ 102동 5층

35 다음 중 항상 거짓인 것을 고르시오.

① 101동에 배정받는 팀은 2개 팀이다.
② 하드웨어 B 팀이 가장 낮은 층에 배정받는다.
③ 환경안전 B 팀은 가장 높은 층에 배정받는다.
④ 102동 4층에 배정받는 팀은 소프트웨어 A 팀이다.

36 환경안전 A 팀이 하드웨어 A 팀보다 위층에 배정받았을 때, 가능한 경우의 수는 몇 가지인가?

① 1가지   ② 2가지   ③ 3가지   ④ 4가지

[37 - 40] H 백화점에서는 구매 고객에게 추첨 상자 안의 공 하나를 뽑게 한 후, 공 색깔마다 정해져 있는 등수에 따라 각기 다른 경품과 백화점 상품권을 증정하고 있다. 다음 제시된 조건을 읽고 각 물음에 답하시오.

- 추첨 상자에는 빨간색, 노란색, 초록색, 파란색, 보라색 공이 들어있다.
- 경품은 A, B, C, D, E 다섯 종류가 있다.
- 초록색 공은 3등에 해당한다.
- C를 경품으로 받을 때 함께 받는 상품권의 금액과 E를 경품으로 받을 때 함께 받는 상품권의 금액은 노란색 공을 뽑았을 때 받는 상품권 금액보다 많다.
- 보라색 공을 뽑았을 때 받는 상품권의 금액은 D를 경품으로 받을 때 함께 받는 상품권의 금액보다 많고, B를 경품으로 받을 때 함께 받는 상품권의 금액보다 적다.
- 2등은 A를 경품으로 받는다.
- 경품 A를 증정하는 등수와 경품 C를 증정하는 등수는 연속하지 않는다.

[등수에 따른 상품권 금액]

등수	1등	2등	3등	4등	5등
상품권 금액	25만 원	20만 원	15만 원	10만 원	5만 원

37 다음 중 보라색 공을 뽑았을 때 받을 수 있는 경품은?

① B ② C ③ D ④ E

38 1등이 E를 경품으로 받는다고 할 때, 경품 B의 상품권 금액과 보라색 공의 상품권 금액의 합은?

① 35만 원 ② 30만 원 ③ 25만 원 ④ 15만 원

39 보라색 공이 4등에 해당할 때, 공의 색과 받을 수 있는 경품이 잘못 짝지어진 것은?

① 빨간색 - A ② 파란색 - B ③ 보라색 - C ④ 노란색 - E

40 다음 중 항상 거짓인 것을 고르시오.

① A를 경품으로 받을 때 함께 받는 상품권의 금액은 20만 원이다.
② 4등은 C를 경품으로 받는다.
③ 노란색 공은 5등에 해당한다.
④ 초록색 공을 뽑았을 때 D를 경품으로 받는다.

약점 보완 해설집 p.93

[01 - 05] 다음 좌우 기호, 숫자, 문자의 배열을 비교하여 서로 같으면 ①, 다르면 ②를 고르시오.

01

ごちそうさまでした	ごちそうさまでした

①   ②

02

아산울산광천충청진주	아산울산광천충청진주

①   ②

03

☆♡♡☆♤○♡♤	☆♡♡☆♤○♡♤

①   ②

04

WHTKRGHBZ	WHTKRGHBZ

①   ②

05

86854163541685	86854163451685

①   ②

[06 - 08] 다음 중 좌우 기호, 숫자, 문자의 배열이 서로 다른 것을 고르시오.

06
① ♩♪♫♬♪♩♪ - ♩♪♫♬♪♩♪
② ♫♪♩♪♬♫♫ - ♫♪♩♪♬♫♫
③ ♪♩♪♩♪♫♬ - ♪♩♪♩♪♫♬
④ ♬♪♩♩♪♫♫ - ♬♪♩♩♪♫♫

07
① 5325609855 - 5325609855
② 5432392173 - 5432392173
③ 2043352068 - 2043532068
④ 0292456811 - 0292456811

08
① DIIBCULAE - DIIBCULAE
② 야흠쟐직튜늦츄핍 - 야흠쟐직튜늦츄핍
③ ㅂㅇㄴㅈㅁㅈㄴ - ㅂㅇㄴㅈㅁㅈㄷ
④ ★▼■◇△▼◆ - ★▼■◇△▼◆

[09 - 10] 다음 제시된 기호, 문자의 배열과 같은 것을 고르시오.

09

&^@#%$‼†우$‼#%†

① &^@#%$‼†우$‼#%†
② &^@#%$‼†우#‼$%†
③ &^@#%$!†우$‼#%†
④ &^@#%$‼††$‼#%†

10

가시리가시리가시리잇고

① 가시리가시리가시리고잇
② 가시리가리시가시리잇고
③ 가시라기시리가시리잇고
④ 가시리가시리가시리잇고

최신
기출변형문제

1
수리

2
추리

3
지각

4
실전모의고사

해커스 GSAT 5급 고졸채용 삼성직무적성검사 한권완성 최신기출유형 + 실전모의고사

[11 - 12] 다음 규칙을 참고하여 제시된 숫자가 속하는 범주를 고르시오.

범주	①	②	③	④
기준	89912~90701	90702~91491	91492~92281	92282~93071

11

91352

①   ②   ③   ④

12

90123

①   ②   ③   ④

[13 - 14] 다음 규칙을 참고하여 제시된 단어가 속하는 범주를 고르시오.

범주	①	②	③	④
기준	트~뎌	추~터	가~로	오~파
	Mb~Rg	At~Ha	Gp~Lk	Qc~Wn

13

참외

①   ②   ③   ④

14

Good

①   ②   ③   ④

15 다음 규칙을 참고하여 합이 12가 되는 알파벳이 바르게 연결된 것을 고르시오.

A	B	C	D	E	F	G	H
2	7	9	4	6	5	3	8

① A, C   ② C, D   ③ B, F   ④ E, H

16 다음과 같이 모양과 크기가 같은 블록이 빈틈없이 쌓여 있을 때, 블록의 개수는 몇 개인가?

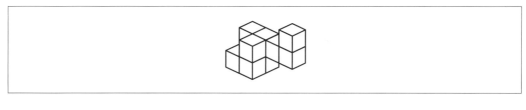

① 9개   ② 10개   ③ 11개   ④ 12개

다음과 같이 두 종류의 블록이 빈틈없이 쌓여 있을 때, 블록의 개수는 몇 개인가?

17

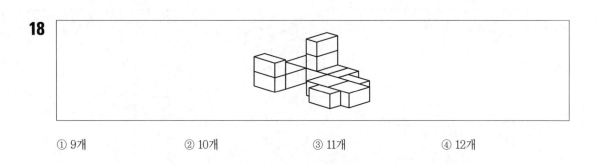

① 9개   ② 10개   ③ 11개   ④ 12개

18

① 9개   ② 10개   ③ 11개   ④ 12개

19 다음과 같이 모양과 크기가 같은 블록이 빈틈없이 쌓여 있을 때, 어느 방향에서 보아도 보이지 않는 블록의 개수는 몇 개인가?

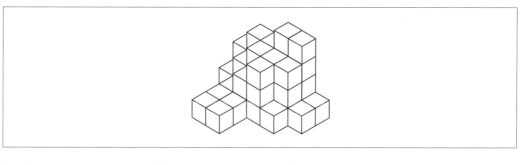

① 1개　　　　　　② 2개　　　　　　③ 3개　　　　　　④ 4개

20 다음 제시된 블록의 밑면을 빼고 페인트칠을 할 때, 3개의 면이 칠해지는 블록의 개수는 몇 개인가?

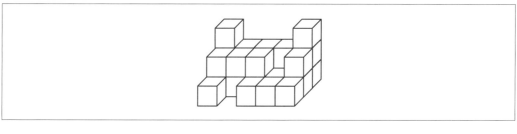

① 2개　　　　　　② 3개　　　　　　③ 4개　　　　　　④ 5개

[21-24] 다음과 같이 모양과 크기가 같은 블록이 빈틈없이 쌓여 있을 때, 각 물음에 답하시오.

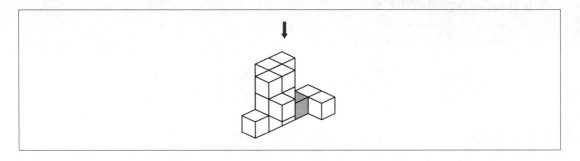

21 블록의 개수는 몇 개인가?

① 17개   ② 18개   ③ 19개   ④ 20개

22 색칠된 블록과 접해 있는 면의 개수는 몇 개인가?

① 1개   ② 2개   ③ 3개   ④ 4개

23 화살표 방향에서 바라볼 때, 보이는 블록의 개수는 몇 개인가?

① 8개   ② 9개   ③ 10개   ④ 11개

24 블록을 추가로 쌓아 직육면체를 만들려고 할 때, 추가로 필요한 블록의 개수는 최소 몇 개인가?

① 22개   ② 26개   ③ 28개   ④ 32개

25

①  ② ③ ④

26

① 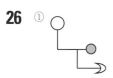 ② ③ ④

27

① 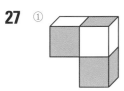 ② ③ 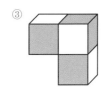 ④

28

①  ② ③ ④

29

① 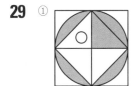 ② ③ 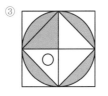 ④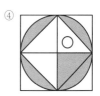

해커스 GSAT 5급 고졸채용 삼성직무적성검사 한권완성 최신기출유형 + 실전모의고사

[30 - 34] 다음에 제시된 도형과 같은 것을 고르시오. (단, 도형은 회전 가능하다.)

30

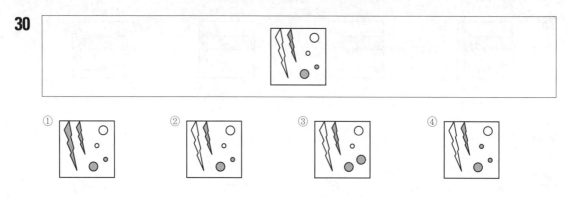

31

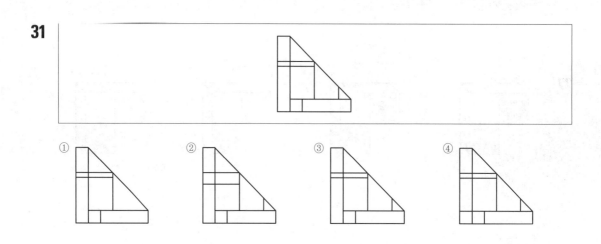

32

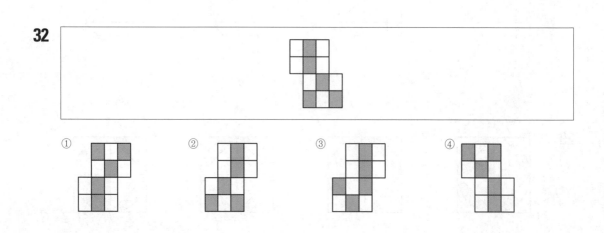

33

 ①   ②   ③   ④

34

①   ②   ③   ④

[35 - 40] 다음에 제시된 그림 조각들을 순서대로 알맞게 배열한 것을 고르시오.

35

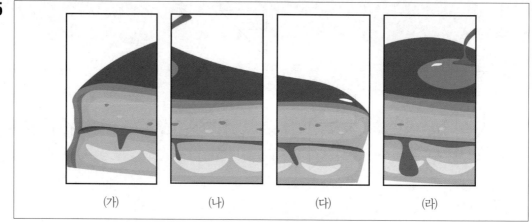

① (가) - (나) - (라) - (다)
③ (나) - (기) - (리) - (다)

② (가) - (라) - (나) - (다)
④ (다) - (가) - (라) - (나)

36

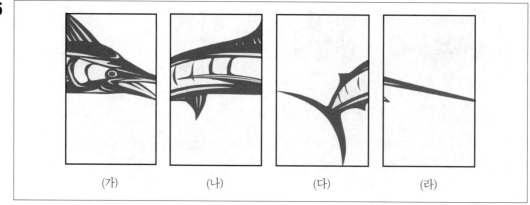

① (다) - (가) - (라) - (나)
③ (라) - (가) - (다) - (나)

② (다) - (나) - (가) - (라)
④ (라) - (나) - (가) - (다)

37

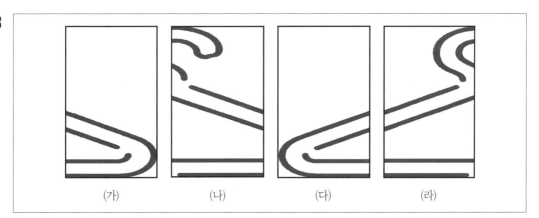

| (가) | (나) | (다) | (라) |

① (나) - (가) - (라) - (다)　　　② (나) - (라) - (가) - (다)

③ (다) - (가) - (나) - (라)　　　④ (다) - (나) - (라) - (가)

38

| (가) | (나) | (다) | (라) |

① (가) - (다) - (라) - (나)　　　② (나) - (가) - (다) - (라)

③ (다) - (라) - (나) - (가)　　　④ (라) - (다) - (가) - (나)

39

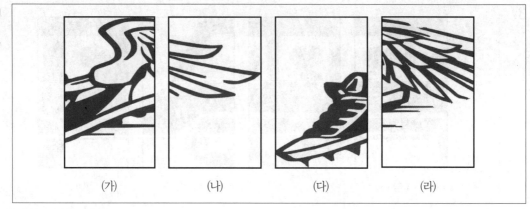

(가)　　　　　(나)　　　　　(다)　　　　　(라)

① (다) – (가) – (라) – (나)　　　　② (다) – (나) – (라) – (가)

③ (라) – (가) – (다) – (나)　　　　④ (라) – (다) – (나) – (가)

40

(가)　　　　(나)　　　　(다)　　　　(라)

① (가) – (라) – (나) – (다)　　　② (나) – (다) – (가) – (라)

③ (나) – (다) – (라) – (가)　　　④ (라) – (가) – (다) – (나)

약점 보완 해설집 p.98

무료 바로 채점 및 성적 분석 서비스 바로 가기
QR코드를 이용해 모바일로 간편하게 채점하고 나의 실력이
어느 정도인지, 취약 부분이 어디인지 바로 파악해 보세요!

GLOBAL SAMSUNG APTITUDE TEST

해커스 **GSAT** 5급 고졸채용 삼성직무적성검사 한권완성
최신기출유형 + 실전모의고사

인성검사&면접

인성검사 합격 가이드

모의 인성검사

면접 합격 가이드

면접 출제 예상 문제

인성검사 합격 가이드

인성검사 소개

인성검사는 지원자의 기본적인 인간성과 사회생활에서 필요한 사교성, 대인관계능력, 사회규범에 대한 적응력 등과 같은 사회성을 파악하고 기업의 인재상에 부합하는 인재인지를 객관적으로 검증하기 위한 검사로, 면접전형에서 시행한다.

인성검사 출제 경향

삼성 고졸 채용의 인성검사는 두 가지 유형으로 출제된다. ① 제시된 3개의 문장 중 자신의 성향과 가장 가까운 것과 가장 먼 것을 선택하는 문제, ② 제시된 문장을 읽고 '예' 또는 '아니요'를 선택하는 문제가 출제된다.

인성검사 특징

유사한 문제가 일정한 간격을 두고 반복되어 나오며, 인성검사의 각 문항에 대해 명확하게 제시된 정답은 없으나, 일반적으로 인성검사에서는 제시된 문항에 대해 정직성과 허구성을 검출하는 방식으로 채점을 한다.

인성검사 Tip

일관성 있게 답변한다.

인성검사에서는 유사한 내용의 문항들에 대한 응답이 상반될 경우 거짓으로 답변한 것으로 간주할 가능성이 있다. 이로 인해 지원자의 검사 결과에 신뢰도가 낮다고 판단하여 탈락 요인이 될 수 있으므로, 자신의 성향에 따라 솔직하고 일관성 있게 답변하는 것이 좋다.

오래 고민하지 않는다.

인성검사는 많은 문항이 제시되지만, 모든 문항에 대해 빠짐없이 응답하는 것이 좋다. 따라서 주어진 시간 내에 모든 문항에 응답할 수 있도록 오래 고민하지 말고 바로 답변을 선택하도록 한다.

삼성그룹의 인재상을 파악해둔다.

인성검사는 지원자가 기업의 인재상에 부합하는 인물인지를 객관적으로 검증하기 위한 목적도 존재한다. 따라서 시험 전에 삼성그룹의 인재상(p.14)을 숙지해두는 것이 좋다.

[1 - 60] 제시된 3개의 문장 중 자신의 성향과 가장 가까운 것과 가장 먼 것을 하나씩 선택하여 자신의 성향과 가장 가까운 것은 ①, 가장 먼 것은 ②에 표기하시오.

1	A	큰일보다는 작은 일에 우선순위를 둔다.	①	②
	B	앞장서서 일하는 것보다 도와주는 일을 좋아하는 성향이다.	①	②
	C	작은 소리에도 민감한 편이다.	①	②
2	A	내가 보고 느낀 것은 정확한 편이다.	①	②
	B	일 처리를 정확하게 하는 편이다.	①	②
	C	좋은 자리가 있어도 지정된 자리에 앉는다.	①	②
3	A	활동적인 성향이다.	①	②
	B	혼자 있기를 싫어한다.	①	②
	C	짓궂은 장난을 좋아한다.	①	②
4	A	문제를 해결하는 데는 힘보다 지적 능력이 중요하다.	①	②
	B	성과를 거두기 위해 목표를 명확히 설정한다.	①	②
	C	단조로운 일보다는 생각을 많이 하는 일을 선호한다.	①	②
5	A	미리 계획하고 행동하는 편이다.	①	②
	B	법도 사회 변화에 따라 달라져야 한다.	①	②
	C	행동하기 전에 생각을 많이 하다,	①	②
6	A	옳다고 판단하면 끝까지 주장을 굽히지 않는다.	①	②
	B	온정을 지나치게 베푸는 것은 좋지 않다.	①	②
	C	융통성이 부족한 편이다.	①	②
7	A	현실보다 이상을 추구하는 성향이다.	①	②
	B	간혹 엉뚱한 말을 해서 사람들을 웃긴다.	①	②
	C	경험보다는 직관으로 판단한다.	①	②
8	A	문제를 해결하기 위해 여러 사람과 상의한다.	①	②
	B	궁금한 것이 있으면 반드시 알고 넘어가야 한다.	①	②
	C	다른 사람의 의견을 모두 듣고 자신의 의견을 말하는 편이다.	①	②
9	A	모임이나 조직에서 분위기를 이끌어 나가는 편이다.	①	②
	B	경쟁의식이 남달리 강하다.	①	②
	C	나에게 의지하고 기대는 사람들이 많다.	①	②
10	A	한번 실패해도 포기하지 않고 끝까지 하는 편이다.	①	②
	B	늦게까지 일하더라도 주어진 일은 끝내는 편이다.	①	②
	C	감당하기 어려운 일은 일단 피하고 본다.	①	②

11	A	변화에 적응하는 데에 시간이 걸린다.	①	②
	B	모든 일을 이성적으로 처리한다.	①	②
	C	계획한 대로 일이 진행되지 않는 것을 견딜 수 없다.	①	②
12	A	남에게 빌린 것은 반드시 기한 내에 돌려준다.	①	②
	B	좋아하는 것과 싫어하는 것을 명확히 나눌 수 있다.	①	②
	C	어떠한 상황에서도 즐거운 일을 찾을 수 있다.	①	②
13	A	사소한 문제에 대해서도 신경을 많이 쓴다.	①	②
	B	유혹에 잘 현혹되는 편이다.	①	②
	C	남들 앞에서 허세 부리기를 좋아한다.	①	②
14	A	같은 일이라도 다양한 방식을 시도해 보는 것을 좋아한다.	①	②
	B	사소한 거짓말을 자주 한다.	①	②
	C	규범과 질서를 폭넓게 수용하고 준수한다.	①	②
15	A	기회는 스스로 만들어 나가는 것이라고 생각한다.	①	②
	B	정직하게 살면 손해 볼 일이 많이 생길 수밖에 없다.	①	②
	C	하던 일을 마무리하지 못하면 그것 때문에 다른 일에 집중하기 어렵다.	①	②
16	A	주위에 관심을 많이 기울인다.	①	②
	B	여러 사람이 있는 곳에 가면 거북해진다.	①	②
	C	나의 예감은 틀림없이 맞다.	①	②
17	A	일을 잘 못하는 사람에게 비난을 퍼부은 적이 있다.	①	②
	B	부정적 사고가 높은 편이다.	①	②
	C	충동이나 자극을 받으면 집중이 안 된다.	①	②
18	A	문제가 생기면 나보다 상대의 처지를 생각한다.	①	②
	B	결과보다 역할에 대한 생각을 많이 한다.	①	②
	C	새로운 것을 접하면 생각을 많이 하지 않는다.	①	②
19	A	부정과 긍정은 분류되어 있다.	①	②
	B	계획에 변화가 생기면 적응하기 어렵다.	①	②
	C	어떤 것에 몰두하면서도 다른 생각을 한다.	①	②
20	A	미래 예측 확률이 부족하다.	①	②
	B	현실을 잘못 파악하여 어려움에 처한 경우가 많다.	①	②
	C	거짓말로 협박한 적이 있다.	①	②
21	A	주어진 문제를 폭넓게 이해하는 편이다.	①	②
	B	의사소통이 원만하지 못한 경우가 간혹 있다.	①	②
	C	단조로운 일보다는 생각을 많이 하는 일을 선호한다.	①	②

22	A	토론에서 나의 의견을 표현한다.	①	②
	B	무슨 일이든 조급해서 안절부절못한다.	①	②
	C	이해가 되는 주장을 들으면 자신의 의견을 쉽게 바꾼다.	①	②
23	A	다른 사람들의 생각도 내 생각보다 좋은 것이 많다.	①	②
	B	다른 사람보다 노력을 많이 한다고 생각한다.	①	②
	C	다른 사람과 일을 할 때 호흡이 잘 맞는다.	①	②
24	A	친구가 많지 않다.	①	②
	B	생각이 같은 친구가 많다.	①	②
	C	의견 충돌이 있으면 생각을 다시 한번 해 본다.	①	②
25	A	또래가 많더라도 의사소통을 잘한다.	①	②
	B	한번 생각한 것을 바꾸기가 힘들다.	①	②
	C	상대의 표정에 민감한 반응을 느낀다.	①	②
26	A	낯선 장소에서는 불안감을 느낀다.	①	②
	B	하고 싶은 일을 해도 성취감을 강하게 느끼지 않는다.	①	②
	C	코미디 프로그램을 봐도 웃음이 별로 나지 않는다.	①	②
27	A	주의 집중이 잘 안된다.	①	②
	B	처음 만나는 사람과도 쉽게 친숙해진다.	①	②
	C	명작이라는 그림을 보아도 실감이 나지 않는다.	①	②
28	A	서민들의 생활에 관심이 많다.	①	②
	B	슬픈 영화를 보면 나도 모르게 눈물이 난다.	①	②
	C	경쟁에서 앞서가기를 선호한다.	①	②
29	A	실제보다는 개념이나 이론을 좋아한다.	①	②
	B	기후 변화에 따라 느낌이 뚜렷하다.	①	②
	C	어두운 것도 별로 무서워하지 않는다.	①	②
30	A	불리한 자극을 받아도 심하게 억압되지 않는다.	①	②
	B	좋은 소식을 들어도 그저 그렇다.	①	②
	C	몸이 상한 동물을 보면 애처로운 느낌이 든다.	①	②
31	A	혼자 있어도 별로 외롭지 않다.	①	②
	B	억울한 일을 당하면 복수하고 싶어진다.	①	②
	C	칭찬을 들어도 담담하다.	①	②
32	A	깔끔하고 단정한 것을 선호한다.	①	②
	B	운동보다는 여행하기를 좋아한다.	①	②
	C	법도 사회 변화에 따라 달라져야 한다.	①	②

33	A	꽃보다는 도자기를 좋아한다.	①	②
	B	분위기에 쉽게 동화된다.	①	②
	C	자연환경보다는 기계 문명을 선호한다.	①	②
34	A	별 이유 없이 잘 놀란다.	①	②
	B	지적 흥미보다는 정서(생활)에 흥미를 느낀다.	①	②
	C	가끔 일부러 색다른 음식을 먹는다.	①	②
35	A	환경보다는 자신의 느낌이 중요하다고 생각한다.	①	②
	B	예측되는 상황을 긍정적으로 인식한다.	①	②
	C	경험한 것을 참고하여 생각하는 편이다.	①	②
36	A	어려운 상황에서는 판단이 신속하게 되지 않는다.	①	②
	B	판단을 잘못하여 실수한 적이 더러 있다.	①	②
	C	바르다고 판단하면 끝까지 주장을 굽히지 않는다.	①	②
37	A	일 처리를 힘들지 않게 진행하지 못한다.	①	②
	B	다른 사람의 의견을 많이 듣는다.	①	②
	C	판단이 서지 않아 망설일 때가 많다.	①	②
38	A	논리적으로 생각하는 것은 판단에 도움이 안 된다.	①	②
	B	일정한 것보다는 변화가 있는 것을 선호한다.	①	②
	C	난처한 일이 생길 경우 유머 있게 대응하지 못한다.	①	②
39	A	행동하기 전에 생각을 많이 한다.	①	②
	B	융통성이 부족한 성향이다.	①	②
	C	비판하기를 좋아한다.	①	②
40	A	운동 신경이 둔한 편이다.	①	②
	B	충동이나 자극이 주어지면 망설여진다.	①	②
	C	문제가 주어지면 확인하는 편이다.	①	②
41	A	일을 하고 나서 후회할 때가 많다.	①	②
	B	행동에 앞서 대화로 문제를 해결하는 성향이다.	①	②
	C	표정이 부드럽지 않은 인상을 준다는 평을 듣는다.	①	②
42	A	상대에게 기회를 주는 성향이다.	①	②
	B	친구들에게 양보심이 많다는 평을 듣는다.	①	②
	C	많은 사람과 대화하기를 싫어한다.	①	②
43	A	온정을 지나치게 베푸는 것은 좋지 않다.	①	②
	B	자유로운 일보다는 틀에 박힌 일을 선호한다.	①	②
	C	상대가 인사하기 전에 내가 먼저 하는 성향이다.	①	②

44	A	계획을 미리 하고 행동하는 편이다.	①	②
	B	꾸준한 것보다는 변화가 있는 것을 선호한다.	①	②
	C	현실보다 이상을 추구하는 성향이다.	①	②
45	A	간혹 엉뚱한 말을 해서 사람들을 웃긴다.	①	②
	B	친절성이 다소 부족하다고 생각한다.	①	②
	C	사람들이 같이 있어 주기를 원하는 편이다.	①	②
46	A	분수에 넘치는 행동을 간혹 한다.	①	②
	B	친절이 지나친 것은 별로 좋은 것이 아니다.	①	②
	C	문장 쓰기보다는 대화하기를 좋아한다.	①	②
47	A	지나친 요구는 단호히 거절한다.	①	②
	B	직관보다는 경험으로 판단한다.	①	②
	C	상대가 어떻게 생각하는지 신경을 많이 쓴다.	①	②
48	A	표정이 밝다는 평을 듣는 편이다.	①	②
	B	지나간 일을 후회할 때가 많다.	①	②
	C	상대에게 불쾌한 자극을 준 적이 별로 없다.	①	②
49	A	다소 화가 나더라도 웃음으로 넘긴다.	①	②
	B	사소한 일에도 걱정이 많다.	①	②
	C	앞으로의 일에 대해서 크게 생각하지 않는다.	①	②
50	A	모르는 사람이라도 최선을 다해 응대한다.	①	②
	B	자신이 스스로 정했거나 하고 싶은 일을 지키려고 애쓴다.	①	②
	C	주변 일에 관심을 많이 갖는다.	①	②
51	A	자신에게 주어진 일은 반드시 해낸다.	①	②
	B	사람의 얼굴과 생김새의 특징을 잘 기억하는 편이다.	①	②
	C	외향적이며 모험을 좋아한다.	①	②
52	A	화가 날 때 무엇을 때려 부수고 싶은 충동이 생긴다.	①	②
	B	나는 내가 성공할 것이라고 믿는다.	①	②
	C	어떤 함정에 빠져 헤어날 수 없는 기분이 든다.	①	②
53	A	손해 보는 일이 없도록 신경을 많이 쓴다.	①	②
	B	덜렁대는 성격이다.	①	②
	C	변화를 싫어하고 완고하지만, 책임감이 강하다.	①	②
54	A	모임에 잘 참석하는 편이다.	①	②
	B	다른 사람의 좋은 점을 말하고 칭찬하기를 좋아한다.	①	②
	C	다른 사람의 말을 들을 때, 신중히 듣지 않는 경향이 있다.	①	②

55	A	기분 변화에 민감하여 상황에 잘 대처한다.	①	②
	B	음식을 신속하게 먹는 편이다.	①	②
	C	마음에 드는 일이 흔치 않다고 생각한다.	①	②
56	A	남들과 서로 도와가면서 지내기를 좋아한다.	①	②
	B	반복적인 업무보다는 새로운 것을 찾는다.	①	②
	C	평범함 속에서 행복을 찾고 싶다.	①	②
57	A	나에게 의리는 중요한 덕목이다.	①	②
	B	자신의 분야에서 최고가 되기 위해 노력하는 편이다.	①	②
	C	꾸준하다는 평가를 듣는다.	①	②
58	A	다양한 문화를 인정하는 것을 중요하게 생각한다.	①	②
	B	혼자 일하는 것보다 팀으로 일하는 것을 선호한다.	①	②
	C	부지런한 성격이다.	①	②
59	A	다른 나라에서 새로운 경험을 하는 것을 좋아한다.	①	②
	B	상대방의 기분을 잘 파악한다.	①	②
	C	목표가 매우 뚜렷한 편이다.	①	②
60	A	리더 역할을 자주 하는 편이다.	①	②
	B	변화를 즐기는 성향이다.	①	②
	C	새로운 아이디어를 많이 내는 편이다.	①	②

[61 - 160] 다음 문항을 읽고 '예'라고 생각되면 ①, '아니요'라고 생각되면 ②에 표기하시오.

61	지금보다 더 나아질 수 있다고 생각한다.	①	②
62	남에게 주목받는 걸 좋아한다.	①	②
63	나는 상상 속의 친구가 있다.	①	②
64	화가 나면 상대를 비난하는 말을 한다.	①	②
65	사람의 얼굴을 잘 기억하는 편이다.	①	②
66	모든 호의에는 이유가 있다.	①	②
67	가위바위보에서 한 번도 이겨본 적이 없다.	①	②
68	위험한 일을 하지 않는다.	①	②
69	팀의 성공을 내가 아닌 팀원들에게 돌린다.	①	②
70	'정말' 또는 '진짜'라는 말을 많이 쓴다.	①	②
71	반복적인 업무보다는 새로운 것을 찾는다.	①	②
72	다른 사람을 볼 때 장점보다 단점이 더 잘 보인다.	①	②
73	나는 방랑벽이 있다.	①	②
74	처음 가는 장소라도 길을 잘 찾는다.	①	②
75	내가 주장하는 바를 조리 있게 설명할 수 있다.	①	②
76	남의 이야기를 잘 들어주는 편이다.	①	②
77	업무를 빨리 처리하는 것보다 정확하게 해내는 것이 중요하다.	①	②
78	엉뚱한 발상은 문제 해결에 전혀 도움이 되지 않는다.	①	②
79	나는 즉흥적인 사람이다.	①	②
80	주변에서 일어나는 일에 관심이 많다.	①	②
81	이상적인 방안보다는 실현 가능한 방안을 선호한다.	①	②
82	나는 결단력이 있다.	①	②
83	일의 의미를 충분히 납득해야 그 일을 시작할 수 있다.	①	②
84	남의 실수를 발견하면 곧바로 지적하여 바로잡는다.	①	②
85	이미 지나간 일을 후회하는 것은 무의미하다.	①	②
86	나는 연기자를 하면 잘 할 것 같다.	①	②
87	나와 정반대되는 생각에도 귀를 기울인다.	①	②
88	쉽게 해결되지 않는 문제에 시간을 쓰는 것은 비효율적이다.	①	②
89	말로 하는 것보다 글로 생각을 표현하는 것이 좋다.	①	②
90	내가 속한 팀의 성취가 곧 나의 성취이다.	①	②
91	새로운 사람을 만나는 것이 좋다.	①	②
92	어제 있었던 일보다는 내일 일어날 일에 관심이 많다.	①	②
93	언제 어디서나 정리 정돈을 철저히 한다.	①	②

94	타인에게 일을 맡기기보다는 혼자서 처리하는 것이 마음이 편하다.	①	②
95	나는 집중력이 좋은 편이다.	①	②
96	철저한 계획보다는 상황에 따른 융통성이 중요하다.	①	②
97	남들이 기억하지 못하는 사소한 일까지 잘 기억해낸다.	①	②
98	스트레스가 쌓일 때는 잠을 잔다.	①	②
99	경험이 많은 사람보다는 창의적인 사람과 함께 일하는 것이 좋다.	①	②
100	결정을 내릴 때 객관적 근거보다는 주관적 판단을 따른다.	①	②
101	외부의 상황으로부터 스트레스를 잘 받지 않는 편이다.	①	②
102	한번 시작한 일은 끝장을 본다.	①	②
103	자살하는 사람의 심리를 이해할 수 있다.	①	②
104	혼자보다는 여럿이 함께 일을 할 때 성취감이 크다.	①	②
105	나는 종종 예지몽을 꾼다.	①	②
106	정해진 계획에 따라 일을 처리하는 편이다.	①	②
107	다른 사람들이 나를 어떻게 생각하는지 신경 쓰인다.	①	②
108	예기치 못한 일이 일어나더라도 침착하게 대처한다.	①	②
109	나무보다 숲을 보는 것이 중요하다.	①	②
110	피로감을 자주 느낀다.	①	②
111	한 대 맞으면 그대로 갚아줘야 하는 성격이다.	①	②
112	불쾌한 자극을 받아도 쉽게 잊어버린다.	①	②
113	모임(단체)에서의 표현이 자연스럽지 않다.	①	②
114	도와주는 일보다 앞장서서 일하는 것을 좋아하는 성향이다.	①	②
115	잘못하는 것을 보면 바로 지적한다.	①	②
116	외모에 관심을 많이 갖는 편이다.	①	②
117	작은 소리에도 민감한 편이다.	①	②
118	책임이 주어져도 지나치게 신경을 쓰지 않는다.	①	②
119	나는 나의 권리를 지키기 위해서라면 필요에 따라 폭력을 쓸 수 있다.	①	②
120	사람들이 외향성이라고 평을 많이 한다.	①	②
121	어려운 문제가 주어지면 슬그머니 피한다.	①	②
122	주위 사람들을 많이 의식하는 편이다.	①	②
123	문제 해결을 잘한다는 평을 듣는다.	①	②
124	무슨 일을 하든지 의욕이 없다.	①	②
125	넓은 공간보다는 작은 공간을 선호한다.	①	②
126	생각보다 행동으로 해결하는 편이다.	①	②
127	다른 사람에게 지적을 당하면 매우 불쾌해진다.	①	②

128	다른 사람과 함께 있을 때는 나의 언행에 신경을 쓰게 된다.	①	②
129	여럿이 같이 있기를 좋아한다.	①	②
130	취미가 다양하지 않다.	①	②
131	나에게 무슨 일이 주어지면 걱정이 먼저 된다.	①	②
132	다른 사람이 하지 않는 독창적인 일을 하고 싶다.	①	②
133	어려운 일이 있을 때는 다른 사람에게 도움을 청한다.	①	②
134	할 말이 있으면 망설이지 않고 말한다.	①	②
135	작은 일에는 별로 관심을 갖지 않는다.	①	②
136	한자리에 오래 있는 성향이다.	①	②
137	새로운 환경에도 쉽게 적응한다.	①	②
138	규칙이나 질서가 바뀌는 것을 싫어한다.	①	②
139	누가 나를 때릴 때 나도 맞서서 때린 적이 있다.	①	②
140	어려운 여건에도 포기하지 않고 헤쳐나간다.	①	②
141	매사를 신중하게 처리하는 성향이다.	①	②
142	상대가 요구하면 양보를 많이 한다.	①	②
143	대인관계가 부담스럽다.	①	②
144	나는 다소 낙천적인 성향이다.	①	②
145	하고자 하는 일이 뜻대로 안 되고 막히는 기분이 들 때가 있다.	①	②
146	몸에 이상이 있으면 큰 병이 생기지 않았는지 불안하다.	①	②
147	잘하지 못하는 것은 시작을 하지 않는다.	①	②
148	나는 내 의견과 반대되는 의견은 반박해버리는 경우가 있다.	①	②
149	남이 억울한 일을 당하면 내가 당한 것 같다.	①	②
150	활동적인 성향이다.	①	②
151	토론에서 내 주장을 관철하는 것이 부족하다.	①	②
152	짜증스러운 일이 많다.	①	②
153	예기치 못한 일이 생기면 땀이 난다.	①	②
154	혼자 있기를 싫어한다.	①	②
155	의논해서 하기보다는 스스로 해결한다.	①	②
156	해봐서 안 되면 쉽게 포기한다.	①	②
157	내가 하는 일 외에는 별 관심이 없다.	①	②
158	내 의견과 상반되면 무시한다.	①	②
159	상대를 의심하기보다 신뢰하는 편이다.	①	②
160	일을 해 놓고 후회할 때가 많다.	①	②

* 인성검사는 기업마다 채점기준이 다르며, 이 채점기준을 공개하지 않기 때문에 본 교재에서도 문제만 제공되며 정답은 제공되지 않습니다.

면접 합격 가이드

면접 소개

삼성그룹의 면접은 서류전형과 필기시험을 보완하여, 삼성그룹이 추구하는 인재상과의 부합 여부 및 지원자의 잠재적 역량과 열정 등을 평가하는 단계이다.

삼성그룹 5급 면접 구성 및 특징

삼성그룹 5급의 면접은 인성면접과 직무면접으로 진행된다.

인성면접	기본 인성, 지원 동기 등 공통 질문과 개별 질문에 대한 답변 내용을 평가하며, 약 20분간 진행된다.
직무면접	실무와 관련된 기술을 평가하며, 직무와 관련된 내용의 질문에 대한 답변 내용을 평가하며, 약 10~15분간 진행된다.

면접 Tip

자신을 분명하게 드러낼 수 있는 자기소개를 준비한다.

약 1분 동안의 짧은 시간 내에 자신을 분명하게 드러낼 수 있는 자기소개를 미리 준비한다. 자신의 개별 신상과 관련된 내용을 나열하기보다는 자신을 표현할 수 있는 키워드를 준비하거나 삼성그룹의 인재상 및 비전과 관련지어 자신의 입사 후 포부를 포함하여 마무리하는 식의 자기소개를 준비하는 것이 좋다.

삼성그룹의 최근 사업 방향 및 삼성그룹 관련 시사 이슈를 파악한다.

면접 전에 삼성그룹의 최근 사업부 변화나 삼성그룹과 관련된 사회적 이슈에 대해 미리 찾아보고, 이와 관련된 기본적인 내용을 숙지해두어야 한다.

직무 상식에 대한 기본 개념을 학습한다.

직무와 관련된 분야의 상식에 대한 기본적인 개념을 물어보는 경우가 있으므로 기본적인 직무 관련 개념을 학습해두어야 한다.

두괄식으로 답변하는 연습을 한다.

자신의 의견을 명확하게 전달하기 위해 결론부터 먼저 말하고, 그 이후에 결론을 뒷받침하는 근거를 말하는 연습을 해야 한다.

1. 인성면접

- 1분 자기소개를 해보시오.
- 지원동기는 무엇인가?
- 자신의 장단점은 무엇인가?
- 자신의 장점은 무엇인가?
- 자신의 단점은 무엇인가?
- 남들과 다른 본인의 강점이 있는가?
- 자신의 특기는 무엇인가?
- 입사 후 포부에 대해 말해보시오.
- 입사 후 하고 싶은 일은 무엇인가?
- 어떤 각오로 삼성그룹에서 일할 것인가?
- 삼성그룹에 지원하기로 결심한 계기는 무엇인가?
- 성장 과정에 대해 말해보시오.
- 학교생활을 하면서 무엇을 하였는가?
- 학창 시절에 가장 집중적으로 준비한 것은 무엇인가?
- 동아리 활동을 해 본 적이 있는가? 맡았던 직책과 어려웠던 점은 무엇이었는가?
- 공백 기간에 무엇을 하였는가?
- 삼성그룹에 입사하기 위해 어떤 노력을 했는가?
- 입사를 위해 준비한 것은 무엇인가?
- 다른 회사에 지원한 적이 있는가? 있다면 왜 불합격했다고 생각하는가?
- 자기계발활동으로 무엇을 하고 있는가?
- 생활의 신조는 무엇인가?
- 본인 삶의 가치관이 무엇인가?
- 자신이 생각하는 성실함이란 무엇인가?
- 존경하는 인물은 누구이며, 그 사람으로 인해 어떤 영향을 받았는가?
- 부모님이 바라는 것과 반대로 본인의 의지대로 나아간 적이 있는가?
- 살면서 가장 후회되는 것은 무엇인가?
- 인생의 멘토는 누구인가?
- 가장 감명 깊게 읽은 책은 무엇인가?
- 체력(건강)관리는 어떻게 하는가?
- 스트레스를 받는 편인가?
- 일을 제외하고 개인적으로 이루고 싶은 일은 무엇인가?

· 성공의 기준은 무엇인가?

· 조직 생활이란 무엇이라고 생각하는가?

· 시키는 업무만 하는 것이 아니라 더 효율적으로 업무를 한 경험이 있는가?

· 시키는 업무를 더 효율적으로 할 수 있는가?

· 상사와 갈등이 있다면 어떻게 해결할 것인가?

· 자신이 손해를 보게 되더라도 정직하게 행동했던 경험이 있는가?

· 바람직한 직장 분위기 조성을 위해 필요한 것은 무엇인가?

· 힘들었던 경험이 있는가? 있다면 어떤 일이었으며 어떻게 극복하였는가?

· 친구나 부모님과 다투어본 경험이 있는가? 있다면 어떤 일이었으며 어떻게 해결하였는가?

· 인간관계에서의 중요한 점은 무엇이라고 생각하는가?

· 회사 업무가 힘들면 어떻게 할 것인가?

· 힘든 일을 하게 될 수도 있는데 할 수 있겠는가?

· 희망하는 부서가 아닌 다른 부서에 배치된다면 어떻게 할 것인가?

· 삼성그룹에서 어떻게 역량을 향상시킬 것인가?

· 삼성그룹과 SK그룹에 동시에 합격하게 된다면, 어디에 입사할 것인가?

2. 직무면접

- 자기소개를 해보시오.
- 전공은 무엇이고, 어떤 자격증을 취득했는가?
- 이 직무에 지원한 이유는 무엇인가?
- 자신이 지원한 부서에 대해 알고 있는 것을 말해보시오.
- 입사 후 포부에 대해 말해보시오.
- 삼성그룹에 입사하면 어떤 업무를 하고 싶은가?
- 삼성그룹에서 어떤 일을 하고 싶고, 어떻게 성장할 것인가?
- 삼성그룹에 대해 어떻게 생각하는가?
- 삼성그룹의 단점은 무엇이라고 생각하는가?
- 삼성전자 매장에 방문해 본 적이 있는가?
- 삼성그룹은 어떤 제품을 생산하는지 말해보시오.
- 삼성전자의 향후 발전 방향은 어떨 것이라고 생각하는가?
- 삼성그룹에 대해 자신이 알고 있는 것을 말해보시오.
- 삼성그룹이 하는 사업에 대해 자신이 알고 있는 것을 말해보시오.
- 삼성그룹이 하는 사업에 대해 어떻게 생각하는가?
- 삼성 직원으로서 갖춰야 할 품성(덕목)은 무엇이라고 생각하는가?
- 우리 회사에서 어떤 업무를 하고 있는지 말해보시오.
- 회사 사업장이 어디에 있는지 말해보시오.
- 해외 사업장이 어디에 있는지 말해보시오.
- 여러 업무 중 자신이 싫어하는 업무에 배정되었을 때 어떻게 할 것인가?
- 회사 홈페이지를 들어간 적이 있는가? 있다면 어떤 느낌을 받았는지 말해보시오.
- 교대근무가 가능한가?
- 엔지니어가 어떤 일을 하는지 말해보시오.
- 반도체에 관해 공부한 것이 있는가? 있다면 말해보시오.
- 8대 공정 중 가장 잘 아는 공정을 말해보시오.
- BM과 PM이 무엇인지 말해보시오.
- 인터락이 무엇인지 말해보시오.
- 열역학 제0법칙에 대해 설명해 보시오.
- 열역학 제1법칙에 대해 설명해 보시오.
- 열역학 제2법칙에 대해 설명해 보시오.
- 열역학 제3법칙에 대해 설명해 보시오.
- 재료역학에 대해 설명해 보시오.
- 유체역학에 대해 설명해 보시오.
- 베르누이 법칙에 대해 설명해 보시오.

해커스 GSAT

GSAT

삼성직무적성검사

한권완성

5급 고졸채용

최신기출유형+실전모의고사

개정 2판 1쇄 발행 2024년 3월 8일

지은이	해커스 GSAT 취업교육연구소
펴낸곳	(주)챔프스터디
펴낸이	챔프스터디 출판팀

주소	서울특별시 서초구 강남대로61길 23 (주)챔프스터디
고객센터	02-537-5000
교재 관련 문의	publishing@hackers.com
	해커스잡 사이트(ejob.Hackers.com) 교재 Q&A 게시판
학원 강의 및 동영상강의	ejob.Hackers.com

ISBN	978-89-6965-473-1 (13320)
Serial Number	02-01-01

취업강의 1위,
해커스잡(ejob.Hackers.com)

해커스잡

- 전 회차 온라인 응시 서비스 & GSAT 온라인 모의고사(교재 내 응시권 수록)
- 영역별 전문 스타강사의 본 교재 인강(교재 내 할인쿠폰 수록)
- 시험장에서 통하는 김소원의 수리능력 3초 풀이법 강의
- 왕초보를 위한 응용수리 기초이론 자료집
- 내 점수와 석차를 확인하는 무료 바로 채점 및 성적 분석 서비스

19년 연속 베스트셀러 1위*
대한민국 영어강자 해커스!

"1분 레벨테스트"로
바로 확인하는 내 토익 레벨! ▶

▌토익 교재 시리즈

유형+문제				
~450점 왕기초	**450~550점** 입문	**550~650점** 기본	**650~750점** 중급	**750~900점 이상** 정규

현재 점수에 맞는 교재를 선택하세요! ⇨ : 교재별 학습 가능 점수대

해커스 토익
왕기초 리딩 / 해커스 토익 왕기초 리스닝

해커스 첫토익
LC+RC+VOCA

해커스 토익
스타트 리딩 / 해커스 토익 스타트 리스닝

해커스 토익 700+
[LC+RC+VOCA]

해커스 토익 750+ RC / 해커스 토익 750+ LC

해커스 토익 리딩 / 해커스 토익 리스닝

해커스 토익
Part 7 집중공략 777

실전모의고사

해커스 토익
실전 LC+RC

해커스 토익
실전 1200제 리딩

해커스 토익
실전 1200제 리스닝

해커스 토익
실전 1000제 1 리딩/리스닝
(문제집 + 해설집)

해커스 토익
실전 1000제 2 리딩/리스닝
(문제집 + 해설집)

해커스 토익
실전 1000제 3 리딩/리스닝
(문제집 + 해설집)

보카 | 문법·독해

해커스 토익
기출 보카

그래머
게이트웨이
베이직

그래머
게이트웨이
베이직
Light Version

그래머
게이트웨이
인터미디엇

해커스
그래머 스타트

해커스
구문독해 100

▌토익스피킹 교재 시리즈

해커스 토익스피킹
스타트

만능 템플릿과 위기탈출 표현으로
해커스 토익스피킹
5일 완성

해커스 토익스피킹

해커스 토익스피킹
실전모의고사 15회

▌오픽 교재 시리즈

해커스 오픽 스타트
[Intermediate 공략]

서베이부터 실전까지
해커스 오픽 매뉴얼

해커스 오픽
[Advanced 공략]

*[해커스 어학연구소] 교보문고 종합 베스트셀러 토익/토플 분야 1위
(2005~2023 연간 베스트셀러 기준, 해커스 토익 보카 11회/해커스 토익 리딩 8회)

해커스

GSAT

삼성직무적성검사
한권완성

5급 고졸채용

최신기출유형+실전모의고사

약점 보완 해설집

해커스
GSAT
삼성직무적성검사
한권완성

5급 고졸채용

최신기출유형+실전모의고사

약점 보완 해설집

🏛 해커스잡

GSAT 최신기출변형문제

정답

I 수리

p.24

01	02	03	04	05	06	07	08	09	10
①	①	②	④	①	④	④	②	①	③

II 추리

p.27

01	02	03	04	05	06	07	08	09	10
①	①	③	③	②	①	②	②	①	③

III 지각

p.30

01	02	03	04	05	06	07	08	09	10
④	①	④	④	②	③	③	④	②	③

해설

I 수리

p.24

01 사칙연산
정답 ①

$(250 - 90 \times 2) \div \dfrac{7}{5} = (250 - 180) \div \dfrac{7}{5} = 70 \times \dfrac{5}{7} = 50$

빠른 문제 풀이 Tip

마지막에 계산하는 수와 선택지를 비교한다.

주어진 식에서 $\div \dfrac{7}{5}$을 가장 마지막에 계산하고, 제시된 선택지는 모두 자연수이다. 이때 괄호 안 식의 계산값도 자연수이므로 자연수에 $\dfrac{5}{7}$를 곱하여 자연수가 나오기 위해서는 괄호 안의 식은 7의 배수이어야 한다. 또한, $\dfrac{5}{7}$를 곱하여 나올 수 있는 값은 5의 배수이므로 정답은 ①이 된다.

02 사칙연산
정답 ①

A: $\dfrac{7}{18} = \dfrac{245}{630}$

B: $\dfrac{13}{35} = \dfrac{234}{630}$

→ A > B

빠른 문제 풀이 Tip

분모가 작은 수를 큰 수와 비슷한 수로 만든 후 분자와 분모의 증가율을 비교한다.

A의 분모와 분자에 각각 2를 곱한 후 B와 비교하면 A = $\dfrac{7}{18}$ = $\dfrac{14}{36}$, B = $\dfrac{13}{35}$이다. 이처럼 분자와 분모 모두 A가 B보다 큰 경우에는 분자와 분모 각각 작은 수 대비 큰 수의 증가율을 계산하여 분자의 증가율이 분모의 증가율보다 크면 A가 B보다 크고, 분자의 증가율이 분모의 증가율보다 작으면 A가 B보다 작다. 분자의 증가율은 $\dfrac{14-13}{13} \times 100 = \dfrac{1}{13} \times 100$, 분모의 증가율은 $\dfrac{36-35}{35} \times 100 = \dfrac{1}{35} \times 100$으로, $\dfrac{1}{13} > \dfrac{1}{35}$이므로 분자의 증가율 > 분모의 증가율임을 알 수 있다.

따라서 정답은 A > B인 ①이 된다.

[03 - 04]

03 자료해석
정답 ②

제시된 라면 중 열량이 가장 높은 E 라면과 가장 낮은 D 라면의 나트륨 함량 차이는 1,860 − 1,690 = 170mg이다.

빠른 문제 풀이 Tip

제시된 선택지의 십의 자리 수가 모두 다르므로 십의 자리 수만 계산한다.

열량이 가장 높은 E 라면의 나트륨 함량은 1,860mg으로 십의 자리 수가 6이고, 열량이 가장 낮은 D 라면의 나트륨 함량은 1,690mg으로 십의 자리 수가 9이므로 나트륨 함량 차이의 십의 자리 수는 x,x60 − x,x90 = x70임을 알 수 있다.

따라서 정답은 ②가 된다.

04 자료해석
정답 ④

제시된 라면 중 나트륨 함량이 1,700mg 이상인 B 라면과 E 라면의 평균 열량은 (500 + 510) / 2 = 505kcal이다.

빠른 문제 풀이 Tip

나트륨 함량이 1,700mg 이상인 B 라면의 열량은 500kcal이고, E 라면의 열량은 500kcal보다 큰 510kcal이므로 두 라면의 평균 열량은 500kcal를 초과함을 알 수 있다.

따라서 정답은 ④가 된다.

[05 - 07]

05 자료해석
정답 ①

2023년 제시된 직원 중 계약 건수가 310건으로 가장 적은 C 직원의 2020년 계약 건수는 260건이다.

06 자료해석
정답 ④

2021년 이후 매년 계약 건수가 전년 대비 증가한 D 직원의 2020~2023년 연도별 계약 건수의 평균은 (330 + 350 + 370 + 390) / 4 = 360건이다.

해커스 GSAT 5급 고졸채용 삼성직무적성검사 한권완성 최신기출유형 + 실전모의고사

07 자료해석   정답 ④

B 직원의 계약 건수가 300건으로 A 직원의 계약 건수인 350건보다 적은 2022년에 C 직원의 계약 건수는 270건이므로 옳지 않은 설명이다.

오답 체크

① 2021년 이후 계약 건수의 전년 대비 증감 추이는 A 직원이 증가, 증가, 감소이고, B 직원이 감소, 감소, 증가로 매년 정반대이므로 옳은 설명이다.
② 2020년부터 2023년까지 C 직원의 계약 건수는 매년 A 직원의 계약 건수보다 적으므로 옳은 설명이다.
③ 2020년 B 직원과 D 직원 계약 건수의 합은 $380+330=710$건이므로 옳은 설명이다.

08 응용계산   정답 ②

현재 진우의 나이를 x라고 하면 형, 동생과 각각 2살씩 차이가 나므로 현재 형의 나이는 $x+2$살, 동생의 나이는 $x-2$살이다. 이때 6년 전 형의 나이는 $(x+2)-6=x-4$살, 동생의 나이는 $(x-2)-6=x-8$살이고, 6년 전 형의 나이는 동생의 나이의 2배이므로
$x-4=(x-8)\times2 \rightarrow x-4=2x-16 \rightarrow x=12$
이에 따라 현재 진우는 12살, 형은 14살, 동생은 10살이다.
따라서 현재 형과 동생 나이의 합은 $14+10=24$살이다.

09 응용계산   정답 ①

거리＝속력 × 시간임을 적용하여 구한다.
기차 길이를 $x$km라고 하면 터널 길이는 $10x$km이고, 기차가 터널을 완전히 통과하기까지 움직인 거리는 $x+10x=11x$km이다. 이때 22km/h 속력의 기차가 터널을 완전히 통과하기까지 총 3분($=0.05$시간)이 걸렸으므로
$11x=22\times0.05 \rightarrow x=0.1$
따라서 기차 길이는 0.1km이다.

10 응용계산   정답 ③

비가 올 확률이 $\frac{1}{2}$이므로 비가 오지 않을 확률도 $\frac{1}{2}$이다.
이때 월요일, 화요일, 수요일 중 이틀만 비가 올 경우의 수는 월요일과 화요일에만 비가 오는 경우, 월요일과 수요일에만 비가 오는 경우, 화요일과 수요일에만 비가 오는 경우로 총 3가지이다.
따라서 월요일, 화요일, 수요일 중 이틀만 비가 올 확률은
$\frac{1}{2}\times\frac{1}{2}\times\frac{1}{2}\times3=\frac{3}{8}$이다.

II 추리   p.27

01 수·문자추리   정답 ①

6   7   21   22   66   (67)
  └+1┘ └×3┘ └+1┘ └×3┘ └+1┘

제시된 각 숫자 간의 값이 +1, ×3으로 반복되므로 빈칸에 들어갈 알맞은 숫자는 '67'이다.

02 수·문자추리

| 18 | 22 | 30 | 42 | 58 | (78) |

└+4┘ └+8┘ └+12┘ └+16┘ └+20┘

└+4┘ └+4┘ └+4┘ └+4┘

제시된 각 숫자 간의 값이 +4, +8, +12, …와 같이 +4씩 변화하므로 빈칸에 들어갈 알맞은 숫자는 '78'이다.

03 수·문자추리   정답 ③

제시된 각 문자를 알파벳 순서에 따라 숫자로 변경한다.

B C F K (R) A

2 3 6 11 18 27

└+1┘ └+3┘ └+5┘ └+7┘ └+9┘

└+2┘ └+2┘ └+2┘ └+2┘

각 숫자 간의 값이 +1, +3, +5, …와 같이 +2씩 변화하므로 빈칸에 들어갈 알맞은 문자는 숫자 18에 해당하는 'R'이다.

04 수·문자추리   정답 ③

제시된 각 문자를 한글 모음 순서에 따라 숫자로 변경한다.

ㅑ ㅕ ㅓ ㅛ ㅗ (ㅣ)

2 4 3 6 5 10

└×2┘ └−1┘ └×2┘ └−1┘ └×2┘

각 숫자 간의 값이 ×2, −1로 반복되므로 빈칸에 들어갈 알맞은 문자는 숫자 10에 해당하는 'ㅣ'이다.

05 수·문자추리   정답 ②

제시된 각 문자를 한글 자음 순서에 따라 숫자로 변경한다.

ㄱ ㄷ ㅂ ㅊ

1 3 6 10

└+2┘ └+3┘ └+4┘

각 숫자 간의 값이 +2, +3, +4로 변화한다.

오답체크

①, ③, ④ 각 문자 또는 숫자 간의 값이 +2로 반복된다.

06 언어추리   정답 ①

첫 번째 명제와 세 번째 명제, 두 번째 명제의 '대우'를 차례로 결합하면 다음과 같다.

첫 번째 명제	김밥을 먹는 사람은	라면을 먹는다.		
세 번째 명제		라면을 먹는 사람은	순대를 먹지 않는다.	
두 번째 명제 (대우)			순대를 먹지 않는 사람은	떡볶이를 먹지 않는다.
결론	김밥을 먹는 사람은			떡볶이를 먹지 않는다.

07 언어추리   정답 ②

지하철에는 칸마다 노약자석 10자리와 일반석 30자리가 있고, 세 칸이 있는 지하철에 노약자는 총 25명이 있으며 모두 노약자석에 앉아 있다면, 지하철에 앉아 있는 사람이 총 110명일 때 비어 있는 좌석은 지하철 세 칸에 있는 노약자석 10×3=30자리 중 30−25=5자리와 일반석 30×3=90자리 중 90−(110−25)=5자리이므로 거짓인 결론이다.

빠른 문제 풀이 Tip

노약자석과 일반석 각각의 자리 개수를 계산하지 않고, 지하철 세 칸의 총 자리 개수를 계산한다.
지하철에는 칸마다 노약자석 10자리와 일반석 30자리가 있으므로 세 칸의 지하철에는 총 (10+30)×3=40×3=120자리가 있다. 이때 지하철에 앉아 있는 사람이 총 110명이면, 비어 있는 노약자석과 일반석의 합은 총 120−110=10자리이므로 제시문이 거짓임을 알 수 있다.

08 언어추리   정답 ②

제시된 조건에 따르면 가장 무거운 사탕의 무게는 6g이고, 가장 가벼운 사탕의 무게는 2g이다. 또한, 포도 맛 사탕은 사과 맛 사탕보다 무겁고, 사과 맛 사탕의 무게는 딸기 맛 사탕의 무게와 메론 맛 사탕의 무게를 합친 무게이므로 가장 무거운 사탕은 포도 맛 사탕, 두 번째로 무거운 사탕은 사과 맛 사탕, 세 번째로 무거운 사탕과 가장 가벼운 사탕은 딸기 맛 사탕 또는 메론 맛 사탕임을 알 수 있다. 이때 딸기 맛 사탕은 가장 가벼운 사탕이 아니므로 딸기 맛 사탕은 세 번째로 무거운 사탕이다.

구분	첫 번째	두 번째	세 번째	네 번째
맛	포도	사과	딸기	메론
무게	6g	5g	3g	2g

따라서 딸기 맛 사탕의 무게는 3g이다.

[09 - 10]

제시된 조건에 따르면 A의 전공은 기계과가 아니고, B의 전공은 토목과가 아니므로 A의 전공은 토목과 또는 미용과, B의 전공은 기계과 또는 미용과임을 알 수 있다. 이때 A, B, C의 전공은 서로 다르므로 C의 전공에 따라 가능한 경우는 다음과 같다.

구분	A	B	C
경우 1	미용과	기계과	토목과
경우 2	토목과	미용과	기계과
경우 3	토목과	기계과	미용과

09 언어추리   정답 ①

경우 1에 따라 C의 전공이 토목과라면 A의 전공은 미용과이므로 참인 설명이다.

10 언어추리   정답 ③

경우 1, 3에 따라 B의 전공이 기계과라면 C의 전공은 토목과 또는 미용과이므로 알 수 없는 설명이다.

Ⅲ 지각   p.30

01 사무지각   정답 ④

제시된 기호에 해당하는 번호는 ④이다.

02 사무지각   정답 ①

제시된 좌우 문자의 배열은 서로 같다.

03 사무지각   정답 ④

제시된 숫자의 배열과 같은 것은 ④이다.

오답 체크
① 591 - 84 - 3740
② 551 - 84 - 3940
③ 551 - 88 - 3740

04 사무지각   정답 ④

노사분쟁조정 - 노사분쟁주정

05 사무지각   정답 ②

제시된 숫자 '55440'은 '55341~62899'에 속한다.
55341~55440~62899

[06 - 07]

06 공간지각   정답 ③

4(3층) + 10(2층) + 14(1층) = 28개

07 공간지각   정답 ③

어느 방향에서 보아도 보이지 않는 블록의 개수는 2개이다.

08 공간지각

표시된 부분이 나머지와 달라 네 개의 도형 중 모양이 다른 도형은 ④이다.

09 공간지각

제시된 도형과 같은 것은 ②이다.

오답 체크

① ③

④

10 공간지각

제시된 그림 조각을 '(다) – (나) – (가) – (라)' 순으로 배열하면 다음과 같다.

해커스 GSAT 5급 고졸채용 삼성직무적성검사 한권완성 최신기출유형 + 실전모의고사

PART 1 수리

기출유형공략

유형 1 사칙연산 - 확인문제

p.39

01-1	01-2	02-1	02-2	03-1
②	①	②	②	④

03-2				
④				

01-1
정답 ②

$$\{3 \times (14+12)\} - (25-3) = (3 \times 26) - (25-3) = 78 - 22 = 56$$

> **빠른 문제 풀이 Tip**
>
> 제시된 선택지의 일의 자리 수가 모두 다르므로 일의 자리 수만 계산한다.
> 주어진 식에서 일의 자리 수만 계산하면 $\{3 \times (4+2)\} - (5-3) = (3 \times 6) - (5-3) = ✕8 - 2 = ✕6$이다.
> 따라서 정답은 ②가 된다.

01-2
정답 ①

$$2\sqrt{3} \times \sqrt{15} \div \sqrt{5} = \sqrt{2^2 \times 3} \times \sqrt{15} \div \sqrt{5}$$
$$= \sqrt{12} \times \sqrt{15} \div \sqrt{5} = \sqrt{180} \div \sqrt{5}$$
$$= \sqrt{\frac{180}{5}} = \sqrt{36} = 6$$

02-1
정답 ②

A와 B의 분모인 8과 14의 최소공배수는 56이므로
A: $\frac{5}{8} = \frac{35}{56}$, B: $\frac{9}{14} = \frac{36}{56}$
따라서 A < B이다.

> **빠른 문제 풀이 Tip**
>
> 최소공배수가 바로 떠오르지 않을 경우, A의 분자에 B의 분모를, B의 분자에 A의 분모를 곱해 비교한다.
> 이는 서로의 분모 값을 곱해 통분하는 방식으로, 서로 같아지는 분모 값은 계산하지 않고 분자 값만 계산한다. A의 분자에 B의 분모를 곱하면 $5 \times 14 = 70$이고, B의 분자에 A의 분모를 곱하면 $9 \times 8 = 72$이므로 A < B임을 알 수 있다.

02-2
정답 ②

A와 B의 분모인 11과 12의 최소공배수는 132이므로
A: $\frac{5}{11} = \frac{60}{132}$, B: $\frac{7}{12} = \frac{77}{132}$
따라서 A < B이다.

> **빠른 문제 풀이 Tip**
>
> 제시된 분수를 $\frac{1}{2}$, $\frac{1}{4}$, $\frac{1}{5}$ 등의 간단한 분수와 크기를 비교한다.
> A는 $\frac{5}{11} < \frac{5}{10} \left(= \frac{1}{2}\right)$이고, B는 $\frac{7}{12} > \frac{6}{12} \left(= \frac{1}{2}\right)$으로 A < $\frac{1}{2}$ < B이므로 A < B임을 알 수 있다.

03-1
정답 ④

60m는 6,000cm이고 5푼 2리는 0.052이므로 6,000cm의 5푼 2리는 $6,000 \times 0.052 = 312$cm이다.

03-2
정답 ④

주연이가 인터넷 강의 총 40강 중 34강을 이수했으므로 주연이의 이수율은 $\frac{34}{40} = 0.85$이다.
따라서 주연이의 인터넷 강의 이수율을 할푼리로 나타내면 8할 5푼이다.

유형 1 사칙연산 유형공략문제

p.42

01	02	03	04	05
④	①	②	③	②
06	**07**	**08**	**09**	**10**
②	①	④	④	②
11	**12**	**13**	**14**	**15**
②	③	①	①	②
16	**17**	**18**	**19**	**20**
④	④	②	③	④

01
정답 ④

$216 + 810 \div 9 + 81 = 216 + 90 + 81 = 387$

02
정답 ①

$327 \times 2 + 211 \times 2 = (327 + 211) \times 2 = 538 \times 2 = 1,076$

03
정답 ②

$(48 + 12 \times 6) - 26 \div 2 = (48 + 72) - 26 \div 2$
$= 120 - 26 \div 2 = 120 - 13 = 107$

04
정답 ③

$15,785 - 5,973 + 15.1 = 9,812 + 15.1 = 24,912$

05
정답 ②

$7 + 97 + 997 + 9,997$
$= (10 - 3) + (100 - 3) + (1,000 - 3) + (10,000 - 3)$
$= (10 + 100 + 1,000 + 10,000) - 12$
$= 11,110 - 12 = 11,098$

06
정답 ②

$\dfrac{1}{4} \times (121^2 - 49^2) \div 18$

$= \dfrac{1}{4} \times (121 + 49)(121 - 49) \div 18$

$= \dfrac{1}{4} \times 170 \times 72 \div 18$

$= 42.5 \times 72 \div 18 = 3,060 \div 18 = 170$

07
정답 ①

$193 + 421 - 247 = 367$

오답 체크
② $827 - 142 - 312 = 373$
③ $623 - 337 + 101 = 387$
④ $102 + 127 + 153 = 382$

08
정답 ④

$191 - 85 \times \dfrac{10}{17} = 191 - \dfrac{850}{17} = 191 - 50 = 141$

오답 체크
① $62 - 54 \times \dfrac{5}{18} = 62 - \dfrac{270}{18} = 62 - 15 = 47$
② $173 - 56 \times \dfrac{8}{7} = 173 - \dfrac{448}{7} = 173 - 64 = 109$
③ $138 - 68 \times \dfrac{9}{17} = 138 - \dfrac{612}{17} = 138 - 36 = 102$

09
정답 ④

$22.3 \times 4 - 90 = 89.2 - 90 = -0.8$

오답 체크
① $4.2 \times \dfrac{3}{4} + 1 = \dfrac{12.6}{4} + 1 = 3.15 + 1 = 4.15$
② $11 - 8 \div 5 - 5.25 = 11 - 1.6 - 5.25 = 9.4 - 5.25 = 4.15$
③ $(12.3 \div 2) - (3 \div 2) - 0.5 = 6.15 - 1.5 - 0.5 = 4.65 - 0.5 = 4.15$

10
정답 ②

$6.8 - 1.9 \times 2.5 = 6.8 - 4.75 = 2.05$
② $2.2 \times 0.65 + 0.62 = 1.43 + 0.62 = 2.05$

① $2.3 - 0.25 \times 0.4 = 2.3 - 0.1 = 2.2$

③ $3.8 \div 3 + 2.9 \fallingdotseq 1.27 + 2.9 \fallingdotseq 4.17$

④ $0.1 \times (5.7 + 2.6) = 0.1 \times 8.3 = 0.83$

11 　　　　　　　　　　　　　정답 ②

A: $\dfrac{1}{4} = \dfrac{7}{28}$

B: $\dfrac{2}{7} = \dfrac{8}{28}$

→ A < B

12 　　　　　　　　　　　　　정답 ③

A: $\dfrac{6}{13}$

B: $\dfrac{42}{91} = \dfrac{6}{13}$

→ A = B

13 　　　　　　　　　　　　　정답 ①

A: $-\dfrac{3}{5} = -\dfrac{21}{35}$

B: $-\dfrac{5}{7} = -\dfrac{25}{35}$

→ A > B

14 　　　　　　　　　　　　　정답 ①

A: 3^9

B: $9^3 = (3^2)^3 = 3^6$

→ A > B

15 　　　　　　　　　　　　　정답 ②

A: $3\dfrac{1}{6} = \dfrac{19}{6}$

B: $2\dfrac{3}{2} = \dfrac{7}{2} = \dfrac{21}{6}$

→ A < B

16 　　　　　　　　　　　　　정답 ④

$470 \times 0.38 = 178.6$

17 　　　　　　　　　　　　　정답 ④

$430 \times 0.4 = 172$

18 　　　　　　　　　　　　　정답 ②

3km=3,000m이므로

$3,000 \times 0.007 = 21m$

19 　　　　　　　　　　　　　정답 ③

30L=30,000mL이므로

$30,000 \times 0.304 = 9,120mL$

20 　　　　　　　　　　　　　정답 ④

할인율(%) $= \dfrac{\text{정가} - \text{할인가}}{\text{정가}} \times 100 = \dfrac{\text{할인 금액}}{\text{정가}} \times 100$임을 적용하여 구한다.

A 제품의 할인 금액은 200-150=50원이므로

할인율은 $\dfrac{50}{200} \times 100 = \dfrac{1}{4} \times 100 = 25\% = 0.25$이다.

따라서 A 제품의 할인율을 할푼리로 나타내면 2할 5푼이다.

유형 2 응용계산 - 확인문제

p.47

01-1	01-2	02-1	02-2	03-1
②	④	③	②	②
03-2	04-1	04-2	05-1	05-2
④	④	②	②	②
06-1	06-2			
①	④			

01-1
정답 ②

거리＝속력 × 시간임을 적용하여 구한다.

터널의 길이＝5분 동안 이동한 거리 － 기차의 길이이고,

5분 동안 이동한 거리는 $36 \times \frac{5}{60} = 3$km, 기차의 길이는

100m(=0.1km)이다.

따라서 터널의 길이는 $3 - 0.1 = 2.9$km이다.

01-2
정답 ④

시간＝$\frac{거리}{속력}$임을 적용하여 구한다.

R 쿠스의 거리를 x라고 하면

A 코스와 B 코스를 올라갈 때 걸린 시간이 같으므로

$\frac{2.4}{3} = \frac{x}{6} \rightarrow x = 4.8$

따라서 B 코스의 거리는 4.8km이다.

02-1
정답 ③

정가＝원가 × (1+이익률)임을 적용하여 구한다.

귀걸이의 원가가 15,000원이므로

원가의 36%만큼 이익을 얻으려면 정가는 $15,000 \times (1+0.36) = 20,400$원으로 정해야 한다.

02-2
정답 ②

정가＝원가 × (1+이익률)＝원가＋이익임을 적용하여 구한다.

연필의 정가는 300원, 이익률은 50%이므로

원가를 x라고 하면

$300 = x \times (1+0.5) \rightarrow x = \frac{300}{1.5} = 200$

이에 따라 연필 1개를 판매하여 얻는 이익은 $300 - 200 = 100$원이다.

따라서 연필을 판매하여 총 100,000원의 이익을 얻었을 때, 판매한 연필의 개수는 $\frac{100,000}{100} = 1,000$개이다.

03-1
정답 ②

소금의 양＝소금물의 양 × $\frac{소금물의 농도}{100}$임을 적용하여 구한다.

8%의 소금물 100g에 들어있는 소금의 양은 $100 \times \frac{8}{100} = 8$g이다.

추가한 물의 양을 x라고 하면

$\frac{8}{100+x} \times 100 = 5 \rightarrow x = 60$

따라서 추가한 물의 양은 60g이다.

03-2
정답 ④

소금의 양＝소금물의 양 × $\frac{소금물의 농도}{100}$임을 적용하여 구한다.

소금물의 양은 500g이고, 소금물의 농도는 10%이므로 소금의 양은 $500 \times \frac{10}{100} = 50$g이다.

여기에 소금 100g을 추가하면 소금물의 양은 $500 + 100 = 600$g, 소금의 양은 $50 + 100 = 150$g이 된다.

따라서 소금물의 농도는 $\frac{150}{600} \times 100 = 25$%이다.

04-1
정답 ④

시간당 작업량=$\dfrac{작업량}{시간}$임을 적용하여 구한다.

갑이 1시간 동안 하는 일의 양을 x, 을이 1시간 동안 하는 일의 양을 y, 전체 일의 양을 1이라고 하면
갑과 을이 함께 일하면 1시간이 소요되므로
$x+y=1$ ··· ⓐ
이 일을 갑이 혼자 하면 1시간 30분(=1.5시간)이 소요되므로
$x=\dfrac{1}{1.5}=\dfrac{10}{15}=\dfrac{2}{3}$ ··· ⓑ

ⓑ를 ⓐ에 대입하여 계산하면 $\dfrac{2}{3}+y=1 \rightarrow y=1-\dfrac{2}{3}=\dfrac{1}{3}$

이에 따라 을이 1시간 동안 하는 일의 양은 $\dfrac{1}{3}$이다.

따라서 이 일을 을이 혼자 하면 걸리는 시간은 $1\div\dfrac{1}{3}=1\times3=3$시간이다.

04-2
정답 ②

현재 지유의 나이를 x라고 하면
현재 수지의 나이는 지유의 나이보다 10살 더 많으므로 현재 수지의 나이는 $x+10$살이다.
이때 10년 전 수지의 나이는 $(x+10)-10=x$살, 지유의 나이는 $x-10$살이고, 10년 전 수지의 나이는 지유의 나이의 3배이므로
$x=(x-10)\times3 \rightarrow x=3x-30 \rightarrow 2x=30 \rightarrow x=15$
따라서 현재 지유의 나이는 15살이다.

05-1
정답 ②

20m 길이의 직선 도로에 5m 간격으로 가로등을 설치할 때 필요한 가로등 개수는 도로의 시작점(0m), 5m 지점, 10m 지점, 15m 지점, 도로의 마지막 지점(20m)에 하나씩 총 5개이고, 20m 길이의 원형 산책로에 2m 간격으로 가로등을 설치할 때 필요한 가로등 개수는 산책로의 시작점(0m), 2m, 4m, ···, 16m, 18m 지점에 하나씩 총 10개이다.
따라서 직선 도로와 원형 산책로에 필요한 가로등 개수의 차이는 10−5=5개이다.

빠른 문제 풀이 Tip

길이가 x인 공간에 일정한 간격인 y로 물건을 배치하는 문제는 시작점과 마지막 지점이 붙어있는지에 따라 적용하는 공식이 다르다. 직선과 같이 시작점과 마지막 지점이 붙어있지 않은 경우에는 $(x\div y)+1$개의 물건이 배치되고, 원이나 사각형과 같이 시작점과 마지막 지점이 붙어 있는 경우에는 $x\div y$개의 물건이 배치된다. 이에 따라 20m 길이의 직선 도로에 5m 간격으로 설치되는 가로등 개수는 $(20\div5)+1=4+1=5$개이고, 20m 길이의 원형 산책로에 2m 간격으로 설치되는 가로등 개수는 $20\div2=10$개이므로 직선 도로와 원형 산책로에 필요한 가로등 개수의 차이는 10−5=5개이다.

05-2
정답 ②

A 고등학교의 총 학생 수는 400명이고, 남학생과 여학생의 비율은 3:1이므로 남학생 수는 $400\times\dfrac{3}{3+1}=400\times\dfrac{3}{4}$=300명이다. 이때 남학생 중 문과와 이과의 비율은 4:6이므로 이과인 남학생 수는 $300\times\dfrac{6}{4+6}=300\times\dfrac{6}{10}$=180명이다.

06-1
정답 ①

서로 다른 n개에서 순서를 고려하지 않고 r개를 택하는 경우의 수 $_nC_r=\dfrac{n!}{r!(n-r)!}$임을 적용하여 구한다.
회원이 8명인 어느 동호회에서 3명의 임원을 선출하는 경우의 수는 8명에서 순서를 고려하지 않고 3명을 택하는 경우의 수와 같으므로 $_8C_3=\dfrac{8!}{3!5!}$=56가지이다.

06-2
정답 ④

어떤 사건 A가 일어날 확률=$\dfrac{사건\ A가\ 일어날\ 경우의\ 수}{모든\ 경우의\ 수}$임을 적용하여 구한다.
주사위를 세 번 던져 나오는 전체 경우의 수는 $(6\times6\times6)$가지이고, 주사위를 세 번 던져 나온 세 수가 모두 다른 경우의 수는 $(6\times5\times4)$가지이다.
따라서 주사위를 세 번 던져 서로 다른 세 수가 나오는 확률은 $\dfrac{6\times5\times4}{6\times6\times6}=\dfrac{5}{9}$이다.

유형 2 응용계산 - 유형공략문제

p.53

01	02	03	04	05
③	①	①	④	③
06	07	08	09	10
③	①	②	②	③
11	12	13	14	15
②	③	③	④	④
16	17	18	19	20
④	①	③	③	③

01 　　　　　　　　　　　　　　　　정답 ③

현재 A의 나이를 x, B의 나이를 y, C의 나이를 z라고 하면 3년 전 A, B, C 나이의 총합은 61살이므로 $(x-3)+(y-3)+(z-3)=61$, 현재 A의 나이와 B의 나이의 합은 C의 나이와 같으므로 $x+y=z$, 지금으로부터 5년 후 C의 나이는 A의 나이의 2배이므로 $2(x+5)=z+5$이다.

$(x-3)+(y-3)+(z-3)=61 \rightarrow x+y+z=70$ … ⓐ
$x+y=z$ … ⓑ
$2(x+5)=z+5 \rightarrow x=(z-5)\div2$ … ⓒ
ⓐ에 ⓑ를 대입하여 풀면 $2z=70 \rightarrow z=35$ … ⓓ
ⓒ에 ⓓ를 대입하여 풀면 $x=(35-5)\div2 \rightarrow x=15$ … ⓔ
ⓑ에 ⓓ와 ⓔ를 대입하여 풀면 $y=35-15 \rightarrow y=20$이다.
따라서 현재 B의 나이는 20살이다.

02 　　　　　　　　　　　　　　　　정답 ①

민형이가 구매한 초콜릿의 개수를 x, 사탕의 개수를 y라고 하면

$x+y=24$ … ⓐ
$3,000x+2,000y=63,000 \rightarrow 3x+2y=63$ … ⓑ
3ⓐ$-$ⓑ에서 $y=9$
따라서 민형이가 구매한 사탕의 개수는 9개이다.

03 　　　　　　　　　　　　　　　　정답 ①

운동장 1바퀴를 돌 때 걸리는 시간은 A가 $\frac{4}{2}=2$분, B가 $\frac{25}{5}=5$분, C가 $\frac{9}{3}=3$분이다. 이때 세 사람이 출발 지점에서 다시 만나는 시각은 세 사람이 각각 1바퀴를 돌 때 걸리는 시각의 최소공배수이므로 세 사람은 출발한 지 $2\times5\times3=30$분 후에 출발 지점에서 다시 만난다.
따라서 B는 최소한 $\frac{30}{5}=6$바퀴를 돌아야 한다.

04 　　　　　　　　　　　　　　　　정답 ④

거리=속력×시간임을 적용하여 구한다.
수진이가 집에서 학교까지 자전거를 타고 갈 때 걸리는 시간을 x시간이라고 하면
2km/h의 속력으로 18분($=0.3$시간) 동안 걸어간 거리와 5km/h의 속력으로 x시간 동안 자전거를 타고 간 거리는 같으므로
$2\times0.3=5x \rightarrow x=0.12$
따라서 수진이가 집에서 학교까지 자전거를 타고 갈 때 걸리는 시간은 0.12시간=7.2분이다.

05 　　　　　　　　　　　　　　　　정답 ③

1시간 동안 한 일의 양=$\frac{\text{전체 일의 양}}{\text{시간}}$임을 적용하여 구한다.
1시간 동안 형과 동생이 함께 심을 수 있는 꽃의 수는 $\frac{120}{2}=60$송이이고, 형이 1시간 동안 심은 꽃의 수는 $\frac{75}{1.5}=50$송이이므로 동생은 1시간 동안 $60-50=10$송이의 꽃을 심을 수 있다.
따라서 동생이 혼자서 500송이의 꽃을 심을 때 걸리는 시간은 $\frac{500}{10}=50$시간이다.

06 　　　　　　　　　　　　　　　　정답 ③

B가 1분 동안 이동한 거리를 x라고 하면
5분 동안 두 사람이 이동한 거리는 산책로의 거리와 같으므로
$(50+x)\times5=400 \rightarrow 250+5x=400 \rightarrow 5x=150$
$\rightarrow x=30$
따라서 B가 3분 동안 이동한 거리는 $30\times3=90$m이다.

07

X 회사의 전체 직원 수를 x라고 하면

X 회사 직원의 남녀비율은 8:5이므로 남자 직원 수는 $x \times \frac{8}{8+5} = \frac{8}{13}x$, 여자 직원 수는 $x \times \frac{5}{8+5} = \frac{5}{13}x$이다. 이때 남자 직원 중 기숙사에 사는 직원은 25%이므로 기숙사에 사는 남자 직원 수는 $\frac{8}{13}x \times 0.25 = \frac{2}{13}x$이고, 여자 직원 중 기숙사에 사는 직원은 20%이므로 기숙사에 사는 여자 직원 수는 $\frac{5}{13}x \times 0.2 = \frac{1}{13}x$로 X 회사 직원 중 기숙사에 사는 직원은 총 $\frac{2}{13}x + \frac{1}{13}x = \frac{3}{13}x = 60$명이다. 따라서 X 회사 전체 직원 수는 $x = 60 \times \frac{13}{3} = 260$명이다.

빠른 문제 풀이 Tip

X 회사의 전체 직원 수를 (8+5)의 배수로 임의 설정하여 풀이한다.
전체 직원 수를 130명, 남자 직원 수를 80명, 여자 직원 수를 50명으로 임의 설정하면, 남자 직원 중 기숙사에 사는 직원은 80×0.25=20명, 여자 직원 중 기숙사에 사는 직원은 50×0.2=10명으로 X 회사의 직원 중 기숙사에 사는 직원은 총 20+10=30명이 된다. 이는 문제에서 주어진 실제 기숙사에 사는 총직원 수 60명의 절반이다. 따라서 임의로 설정한 전체 직원 수 130명도 실제 X 회사의 전체 직원 수의 절반이므로 X 회사의 전체 직원 수는 260명이다.

08

300L 용량의 빈 수조에 A 호스로 1분에 2L씩 물을 채워 수조의 절반인 150L를 채우는 데에 걸리는 시간은 $\frac{150}{2}$ =75분이다. 그 후 수조에 금이 가서 1분에 1L씩 물이 새면 1분에 2−1=1L씩 물을 채울 수 있으므로 나머지 150L를 채우는 데에 걸리는 시간은 $\frac{150}{1}$=150분이다. 따라서 A 호스로 수조를 가득 채우는 데에 걸리는 시간은 총 75+150=225분이다.

09

통장의 잔고가 누적 식비의 3배가 되는 시점을 x개월 후라고 하면
x개월 동안의 누적 식비는 $50x$이고, x개월 후의 통장의 잔고는 $1,000-50x$이다.

$1,000-50x=3 \times 50x \rightarrow 1,000=150x+50x \rightarrow x=5$
따라서 통장의 잔고가 누적 식비의 3배가 되는 시점은 5개월 후이다.

10

소금의 양=소금물의 양×$\frac{소금물의\ 농도}{100}$임을 적용하여 구한다.

농도가 15%인 소금물 200g에 들어있는 소금의 양은 $200 \times \frac{15}{100} = 30$g

농도가 20%인 소금물 300g에 들어있는 소금의 양은 $300 \times \frac{20}{100} = 60$g이다.

따라서 두 소금물을 섞은 소금물의 농도는 $\frac{30+60}{200+300} \times 100 = 18$%이다.

11

정가=원가×(1+이익률), 할인가=정가×(1−할인율)임을 적용하여 구한다.

원가가 500원인 머리핀에 30%의 이익을 붙인 정가는 $500 \times (1+0.3) = 500 \times 1.3 = 650$원이므로 150개를 팔고 얻은 판매 이익은 $(650-500) \times 150 = 22,500$원이고, 정가의 20%를 할인한 할인가는 $650 \times (1-0.2) = 650 \times 0.8 = 520$원이므로 100개를 팔고 얻은 판매 이익은 $(520-500) \times 100 = 2,000$원이다.

따라서 민지가 얻은 판매 이익은 총 22,500+2,000=24,500원이다.

12

성인의 인원수를 x, 청소년의 인원수를 y라고 하면
$x+y=27$ ··· ⓐ
$3,000x+1,000y=45,000 \rightarrow 3x+y=45$ ··· ⓑ
3ⓐ−ⓑ에서 $y=18$
따라서 수목원에 간 청소년은 18명이다.

13

나누어 갖기 전의 구슬의 개수를 x라고 하면

지혜가 가져간 구슬은 $\frac{2}{5}x$개이고, 지아가 가져간 구슬은

$\left\{\left(x-\frac{2}{5}x\right)\times\frac{2}{3}\right\}$개이다.

$x-\frac{2}{5}x-\left\{\left(x-\frac{2}{5}x\right)\times\frac{2}{3}\right\}=5 \rightarrow x=25$

따라서 나누어 갖기 전의 구슬은 25개이다.

빠른 문제 풀이 Tip

남은 구슬만 고려하여 계산한다.

지혜가 전체 구슬의 $\frac{2}{5}$만큼을 먼저 가져갔으므로 지혜가 가져간 후 남은 구슬은 전체 구슬의 $\frac{3}{5}$이다. 또한, 지아가 남은 구슬의 $\frac{2}{3}$만큼을 가져갔으므로 지아가 가져간 후 남은 구슬은 지혜가 가져간 후 남은 구슬의 $\frac{1}{3}$이다.

나누어 갖기 전의 구슬의 개수를 x라고 하면

$x\times\frac{3}{5}\times\frac{1}{3}=5 \rightarrow x=5\times\frac{5}{3}\times3 \rightarrow x=25$

14

정답 ④

소금의 양=소금물의 양 $\times \frac{\text{소금물의 농도}}{100}$임을 적용하여 구한다.

농도가 20%인 소금물 200g에 들어있는 소금의 양은 $200\times\frac{20}{100}=40$g이다.

따라서 소금 90g과 물 210g을 첨가한 후 소금물의 농도는 $\frac{40+90}{200+90+210}\times100=26$%이다.

15

정답 ④

할인가=정가 $\times$ (1−할인율)임을 적용하여 구한다.

빵의 정가는 600원이고, 할인율은 25%이므로 할인가는 $600\times(1-0.25)=600\times0.75=450$원이다.

16

정답 ④

15시 이후에 두 채널에서 처음으로 동시에 광고가 송출되는 시각은 두 채널의 광고 주기의 공배수임을 적용하여 구한다.

40을 소인수분해하면 $2^3\times5$이고, 15를 소인수분해하면 3×5이다.

최소공배수는 적어도 한 숫자에 포함된 인수의 곱이므로 두 수의 최소공배수는 $2^3\times3\times5=120$이고, 공배수는 120, 240, 360, …이다.

이에 따라 두 채널에서 광고는 120분(=2시간)마다 동시에 송출되므로 오전 10시 이후에 동시에 광고가 송출되는 시각은 12시, 14시, 16시, …이다.

따라서 15시 이후에 두 채널에서 처음으로 동시에 광고가 송출되는 시각은 16시이다.

17

정답 ①

첫 번째에 A가 이길 확률은 $\frac{1}{3}$,

두 번째에 B가 이길 확률은 $\frac{1}{3}$,

세 번째에 서로 비길 확률은 $\frac{1}{3}$이다.

따라서 승자를 가리지 못할 확률은 $\frac{1}{3}\times\frac{1}{3}\times\frac{1}{3}=\frac{1}{27}$이다.

18

정답 ③

서로 다른 n개에서 중복을 허용하지 않고 r개를 택하여 한 줄로 배열하는 순열의 수 $_nP_r=\frac{n!}{(n-r)!}$임을 적용하여 구한다.

6명의 학생 중 1등, 2등, 3등의 당첨자를 뽑는 것은 서로 다른 6명 중에서 중복을 허용하지 않고 3명을 택하여 한 줄로 배열하는 것과 같으므로

$_6P_3=\frac{6!}{(6-3)!}=\frac{6!}{3!}=6\times5\times4=120$

따라서 당첨자를 뽑는 경우의 수는 120가지이다.

19

정답 ③

주사위를 한 번 던져서 홀수의 눈이 나오는 경우의 수는 눈이 1, 3, 5가 나오는 경우로 3가지이고, 주사위를 한 번 던져서 4의 배수의 눈이 나오는 경우의 수는 눈이 4가 나오는 경우로 1가지이다. 주사위를 한 번 던질 때, 홀수의 눈이 나오거나 4의 배수의 눈이 나오는 경우는 동시에 일어나지 않으므로 두 사건의 경우의 수를 더한다.

따라서 경우의 수는 $3+1=4$가지이다.

해커스 GSAT 5급 고졸채용 삼성직무적성검사 한권완성 최신기출유형+실전모의고사

PART 1 수리 기출유형공략 **15**

20

어떤 사건 A가 일어날 확률 = $\dfrac{\text{사건 A가 일어날 경우의 수}}{\text{모든 경우의 수}}$

임을 적용하여 구한다.

점심과 저녁에 4가지 음식이 적힌 돌림판을 돌려 점심과 저녁 메뉴를 정하는 전체 경우의 수는 $4 \times 4 = 16$가지이고, 점심과 저녁에 같은 음식이 나오는 경우의 수는 $4 \times 1 = 4$가지이다.

따라서 4가지 음식이 적힌 돌림판을 돌려 점심과 저녁에 같은 음식이 나올 확률은 $\dfrac{4}{16} = \dfrac{1}{4}$이다.

유형 3 자료해석 - 확인문제

p.59

01-1	01-2	02-1	02-2
①	③	②	③

01-1
정답 ①

2월 순이익이 A 지점은 2,750만 원, B 지점은 1,330만 원, C 지점은 1,040만 원, D 지점은 2,080만 원이다.

따라서 A~D 지점 중 2월 순이익이 다른 지점 대비 가장 큰 지점은 A 지점이고, 가장 작은 지점은 C 지점이다.

01-2
정답 ③

A당 B = B / A임을 적용하여 구한다.

제시된 기간 동안 순이익이 꾸준히 증가한 지점은 D 지점이고, D 지점의 평수는 25평, 3월 순이익은 2,150만 원이다.

따라서 D 지점의 평당 3월 순이익은 $2,150 / 25 = 86$만 원이다.

02-1
정답 ②

2021년 생산면적의 전년 대비 변화량은 딸기가 $6,000 - 5,500 = 500$ha, 수박이 $12,000 - 11,500 = 500$ha, 참외가 $3,800 - 3,500 = 300$ha로 생산면적의 변화량이 가장 작은 과일은 참외이므로 옳지 않은 설명이다.

오답 체크
① 2021년 딸기의 생산량은 전년 대비 $250,000 - 200,000 = 50,000$톤 증가하였으므로 옳은 설명이다.
③ 2020년과 2021년 생산면적이 넓은 순서에 따른 과일 순위는 수박, 딸기, 참외로 동일하므로 옳은 설명이다.
④ 2021년 참외의 생산면적 1ha당 생산량은 $105,000 / 3,500 = 30$톤이므로 옳은 설명이다.

02-2
정답 ③

2018년 업체 수의 전년 대비 증가율은 $\{(45 - 40) / 40\} \times 100 = 12.5$%이므로 옳은 설명이다.

오답 체크
① 2019년 품목 수는 전년 대비 감소하였으므로 옳지 않은 설명이다.
② 2021년 업체 1개소당 평균 생산 금액은 $7,500 / 50 = 150$억 원이므로 옳지 않은 설명이다.
④ 총 생산 금액의 전년 대비 변화량이 가장 큰 해는 $7,500 - 6,000 = 1,500$억 원 증가한 2021년이므로 옳지 않은 설명이다.

유형 3 자료해석 - 유형공략문제

p.62

01	02	03	04	05
②	④	③	①	④
06	07	08	09	10
③	②	③	③	②
11	12	13	14	15
④	③	①	③	④
16	17	18	19	20
③	②	③	①	③

[01 - 02]

01
정답 ②

A 지역의 일반 수급자 수는 시설 수급자 수의 $200 / 10 = 20$배이고, B 지역은 $50 / 4 = 12.5$배, C 지역은 $150 / 6 = 25$배, D 지역은 $100 / 5 = 20$배이다.

따라서 일반 수급자 수가 시설 수급자 수의 20배 미만인 지역은 B 지역이다.

02

일반 수급자 수와 시설 수급자 수의 차이는 A 지역이 200−10=190천 명, B 지역이 50−4=46천 명, C 지역이 150−6=144천 명, D 지역이 100−5=95천 명으로 일반 수급자 수와 시설 수급자 수의 차이가 가장 큰 지역은 A 지역이므로 옳지 않은 설명이다.

오답 체크
① 제시된 지역 중 국비와 지방비가 두 번째로 많은 지역은 모두 C 지역이므로 옳은 설명이다.
② 기초생활급여 수급자 수는 A 지역이 B 지역의 120,000 / 40,000=3배이므로 옳은 설명이다.
③ 국비와 지방비의 차이는 A 지역이 400,000−250,000= 150,000백만 원, B 지역이 150,000−20,000=130,000백만 원, C 지역이 350,000−40,000=310,000백만 원, D 지역이 280,000−30,000=250,000백만 원으로 국비와 지방비의 차이가 가장 적은 지역은 B 지역이므로 옳은 설명이다.

[03-04]
03
정답 ③

전체에서 A가 차지하는 비중(%)=(A / 전체) × 100임을 적용하여 구한다.
A 기업의 2022년 전체 매출액은 125억 원이고, 2분기 매출액은 20억 원이다.
따라서 A 기업의 2022년 전체 매출액에서 2분기 매출액이 차지하는 비중은 (20 / 125) × 100=16%이다.

04
정답 ①

기준연도 대비 비교연도 A의 증감률(%)={(비교연도 A−기준연도 A) / 기준연도 A} × 100임을 적용하여 구한다.
제시된 기업 중 2022년 전체 매출액이 가장 낮은 기업은 매출액이 120억 원인 C 기업이고, C 기업의 1분기 매출액은 20억 원, 2분기 매출액은 15억 원이다.
따라서 C 기업의 2022년 2분기 매출액의 직전 분기 대비 증감률은 {(15−20) / 20} × 100=(−5 / 20) × 100=−25%이다.

[05-07]
05
정답 ④

실업률이 3.2%로 동일한 2019년과 2020년의 경제성장률의 차이는 5.1−2.3=2.8%p이다.

06
정답 ③

최종소비 지출증가율이 가장 낮은 해는 2021년이다.
따라서 2021년 실업률의 전년 대비 증감률은 {(3.6−3.2) / 3.2} × 100=12.5%이다.

07
정답 ②

최종소비 지출증가율이 매년 양수로 최종소비 지출은 매년 증가하였으므로 옳은 설명이다.

오답 체크
① 실업률의 전년 대비 변화량이 가장 큰 해는 3.6−3.2=0.4%p 증가한 2021년이므로 옳지 않은 설명이다.
③ 2018년 경제성장률의 전년 대비 증가율은 {(5.2−4.0) / 4.0} × 100=30%이므로 옳지 않은 설명이다.
④ 2019년부터 2021년까지 실업률의 평균은 (3.2+3.2+3.6) / 3 ≒ 3.3%이므로 옳지 않은 설명이다.

[08-10]
08
정답 ③

인터넷 이용률(%)=(인터넷 이용자 수 / 인구수) × 100임을 적용하여 구한다.
2021년 20대의 인터넷 이용자 수는 609천 명이고, 인터넷 이용률은 87%이므로 2021년 S 시의 20대 인구수는 609 / 0.87=700천 명이다.

09
정답 ③

10~30대 전체 인터넷 이용자 수는 2019년에 348+468+612=1,428천 명, 2020년에 540+475+485=1,500천 명이다.
따라서 2020년 10~30대 전체 인터넷 이용자 수의 전년 대비 증가 인원은 1,500−1,428=72천 명이다.

10

30대의 인터넷 이용자 수는 2018년에 전년 대비 증가하였지만, 2019년 이후에는 매년 전년 대비 감소하였으므로 옳지 않은 설명이다.

오답 체크

① 10대와 20대의 인터넷 이용자 수의 차이는 2017년이 570 − 450 = 120천 명, 2020년이 540 − 475 = 65천 명으로 2017년이 2020년보다 크므로 옳은 설명이다.
③ 10대 인터넷 이용자 수의 전년 대비 증가폭은 2020년이 540 − 348 = 192천 명, 2021년이 665 − 540 = 125천 명으로 2020년이 2021년보다 크므로 옳은 설명이다.
④ 2017년 10대의 인터넷 이용자 수는 450천 명이고, 인터넷 이용률은 90%로 2017년 S 시의 10대 인구수는 450 / 0.9 = 500천 명이므로 옳은 설명이다.

[11-12]

11

정답 ④

주말 평균 여가 시간에서 토요일 평균 여가 시간이 차지하는 비중 $= \frac{토요일\ 평균\ 여가\ 시간}{주말\ 평균\ 여가\ 시간} \times 100$임을 적용하여 구한다.

C 직종에 종사하는 사람들의 주말 평균 여가 시간에서 토요일 평균 여가 시간이 차지하는 비중은 $\frac{2.86}{6.5} \times 100$ = 44%이다.

12

정답 ③

주말 평균 여가 시간이 가장 적은 직종은 주말 평균 여가 시간이 6.5시간인 C 직종이므로 옳지 않은 설명이다.

오답 체크

① 직종과 관계없이 항상 일요일 평균 여가 시간이 토요일 평균 여가 시간보다 많으므로 옳은 설명이다.
② 토요일과 일요일의 평균 여가 시간 차이는 D 직종이 3.61 − 3.59 = 0.02시간으로 가장 작으므로 옳은 설명이다.
④ B 직종에 종사하는 사람의 주말 평균 여가 시간은 10.1시간으로 다른 직종에 종사하는 사람보다 더 많은 주말 여가 시간을 보내므로 옳은 설명이다.

[13-15]

13

정답 ①

미점검 호수 = 총 호수 − 점검 호수임을 적용하여 구한다.
2021년 총 호수가 가장 많은 자치구는 12,500호인 E 구이고, 두 번째로 많은 자치구는 11,000호인 C 구이며, E 구의 미점검 호수는 12,500 − 10,250 = 2,250호, C 구의 미점검 호수는 11,000 − 9,300 = 1,700호이다.
따라서 2021년 E 구와 C 구의 전체 미점검 호수는 2,250 + 1,700 = 3,950호이다.

14

정답 ③

2020년 A 구의 점검률은 (6,650 / 7,000) × 100 = 95%이므로 옳지 않은 설명이다.

오답 체크

① 2021년 H 구 총 호수의 전년 대비 증가율은 {(6,000 − 5,000) / 5,000} × 100 = 20%이므로 옳은 설명이다.
② 2020년 점검 호수가 8,000호 이상인 자치구는 C 구, E 구, F 구로 총 3곳이므로 옳은 설명이다.
④ 2021년 점검 호수가 전년 대비 증가한 자치구는 A 구, B 구, H 구로 총 3곳이므로 옳은 설명이다.

15

정답 ④

미점검 호수 = 총 호수 − 점검 호수, 점검률 = (점검 호수 / 총 호수) × 100임을 적용하여 구한다.
2020년 자치구별 미점검 호수는 다음과 같다.

구분	미점검 호수
A 구	7,000 − 6,650 = 350호
B 구	6,200 − 4,960 = 1,240호
C 구	10,300 − 9,720 = 580호
D 구	6,500 − 6,000 = 500호
E 구	12,000 − 11,200 = 800호
F 구	11,500 − 10,800 = 700호
G 구	6,500 − 6,000 = 500호
H 구	5,000 − 4,800 = 200호

이에 따라 2020년 미점검 호수가 가장 적은 자치구는 H 구이고, H 구의 2020년 점검률은 (4,800 / 5,000) × 100 = 96%, 2021년 점검률은 (5,100 / 6,000) × 100 = 85%이다.

18 온/오프라인 취업강의·무료 취업자료 ejob.Hackers.com

따라서 H 구의 2020년과 2021년 점검률 차이는 96-85 =11%p이다.

[16-18]

16
정답 ③

2022년 5월 병의 광고 계약 금액은 전월 대비 6-2=4억 원 증가하였으므로 옳지 않은 설명이다.

오답 체크

① 2022년 2월 광고 계약 건수가 0건인 직원은 갑, 정 2명이므 로 옳은 설명이다.
② 2022년 1월 을의 광고 계약 1건당 평균 광고 계약 금액은 1/2 =0.5억 원이므로 옳은 설명이다.
④ 2022년 6월 전체 직원의 광고 계약 건수는 총 2+2+3+2= 9건이므로 옳은 설명이다.

17
정답 ②

2022년 상반기 직원별 전체 광고 계약 금액은 갑이 4+ 0+3+3+0+2=12억 원, 을이 1+2+0+2+3+4=12 억 원, 병이 5+2+4+2+6+6=25억 원, 정이 2+0+0 +1+1+1=5억 원이므로 병이 가장 많다.
따라서 병의 2022년 상반기 전체 광고 계약 건수는 5+1 +2+1+4+3=16건이다.

18
정답 ③

2022년 4월 광고 계약 건수가 2건 이상인 직원은 갑, 을, 정이다.
따라서 갑, 을, 정의 2022년 4월 총 광고 계약 금액은 3+2+1=6억 원이다.

[19-20]

19
정답 ①

B 산업의 전체 고용자 수는 2021년에 100+180=280천 명이고, 2022년에 225+125=350천 명이다.
따라서 2022년 B 산업의 전체 고용자 수의 전년 대비 증 가율은 {(350-280)/280}×100=25%이다.

20
정답 ③

2020년 D 산업의 전체 고용자 수는 200+200=400천 명, 여자 고용자 수는 200천 명으로 D 산업의 전체 고용 자 수에서 여자 고용자 수가 차지하는 비중은 (200/ 400)×100=50%이므로 옳은 설명이다.

오답 체크

① 2021년 D 산업의 남자 고용자 수는 전년 대비 감소하였지만, 2022년 D 산업의 남자 고용자 수는 전년 대비 증가하였으므 로 옳지 않은 설명이다.
② 2022년 여자 고용자 수가 전년 대비 감소한 산업은 B 산업, C 산업, D 산업이고, 2022년 여자 고용자 수의 전년 대비 감 소 인원은 B 산업이 180-125=55천 명, C 산업이 180- 140=40천 명, D 산업이 100-75=25천 명으로 2022년 여자 고용자 수가 전년 대비 가장 많이 감소한 산업은 B 산업이므 로 옳지 않은 설명이다.
④ 2021년 남자 고용자 수의 전년 대비 감소 인원은 A 산업이 150-120=30천 명, B 산업이 140-100=40천 명으로 B 산 업이 A 산업보다 많으므로 옳지 않은 설명이다.

해커스 GSAT 5급 고졸채용 삼성직무적성검사 한권완성 최신기출유형+실전모의고사

정답

p.70

01	02	03	04	05	06	07	08	09	10
사칙연산	사칙연산	사칙연산	사칙연산	사칙연산	사칙연산	사칙연산	사칙연산	사칙연산	사칙연산
④	④	②	④	②	②	①	①	④	④
11	12	13	14	15	16	17	18	19	20
사칙연산	사칙연산	사칙연산	사칙연산	사칙연산	사칙연산	사칙연산	사칙연산	사칙연산	사칙연산
②	①	②	①	④	③	④	④	②	①
21	22	23	24	25	26	27	28	29	30
응용계산	응용계산	응용계산	응용계산	응용계산	응용계산	응용계산	응용계산	응용계산	응용계산
①	②	②	②	①	②	②	③	③	④
31	32	33	34	35	36	37	38	39	40
자료해석	자료해석	자료해석	자료해석	자료해석	자료해석	자료해석	자료해석	자료해석	자료해석
④	③	①	②	④	①	③	②	③	②

취약 유형 분석표

유형별로 맞힌 개수, 정답률, 틀린 문제 번호와 풀지 못한 문제 번호를 적어보세요.

유형	맞힌 개수	정답률	틀린 문제 번호	풀지 못한 문제 번호
사칙연산	/20	%		
응용계산	/10	%		
자료해석	/10	%		

해설

01 사칙연산   정답 ④

$4 \times (5 + 15 \div 5) = 4 \times (5 + 3) = 4 \times 8 = 32$

02 사칙연산   정답 ④

$5.6 \div 0.8 + 1.3 \times 2.0 = 7.0 + 1.3 \times 2.0 = 7.0 + 2.6 = 9.6$

03 사칙연산   정답 ②

$150 \times \frac{1}{2} \div \frac{1}{3} - 50 = 75 \div \frac{1}{3} - 50 = 75 \times 3 - 50 = 225 - 50$
$= 175$

04 사칙연산   정답 ④

$12^2 \div 2^3 \times 3 = 144 \div 8 \times 3 = 18 \times 3 = 54$

05 사칙연산   정답 ②

$1.25 \times (2.3 - 1.5) = 1.25 \times 0.8 = 1$

06 사칙연산   정답 ②

$137 - 14 \div 0.2 \times \frac{6}{7} = 137 - 70 \times \frac{6}{7} = 137 - 60 = 77$

07 사칙연산   정답 ①

$\frac{8}{15} \times \frac{1}{2} + \frac{2}{3} \div \frac{4}{9} = \frac{4}{15} + \frac{2}{3} \times \frac{9}{4} = \frac{4}{15} + \frac{3}{2} = \frac{8}{30} + \frac{45}{30} = \frac{53}{30}$

08 사칙연산   정답 ①

$[\{28 \div (4 + 3)\} + 9 \times 2] + 13 = \{(28 \div 7) + 9 \times 2\} + 13$
$= (4 + 9 \times 2) + 13 = (4 + 18) + 13 = 22 + 13 = 35$

09 사칙연산   정답 ④

$-12 + 88 \div (12 - 8) = 10$

오답 체크
① $2 + 72 \div (10 - 2) = 11$
② $4 + 5 \times (14 \div 7) = 14$
③ $-5 + 8 \times (6 - 4) = 11$

10 사칙연산   정답 ④

$63 \div (15 - 6) + 2 = 9$

오답 체크
① $8 \times (7 + 1) - 61 = 3$
② $48 \div (13 - 7) = 8$
③ $3 \times (9 + 5) - 47 = -5$

11 사칙연산   정답 ②

A: $\frac{25}{36} = \frac{425}{612}$

B: $\frac{12}{17} = \frac{432}{612}$

→ A < B

12 사칙연산   정답 ①

A: $\frac{19}{25} = \frac{152}{200}$

B: $\frac{23}{40} = \frac{115}{200}$

→ A > B

13 사칙연산   정답 ②

A: $\frac{5}{12} = \frac{35}{84}$

B: $\frac{3}{7} = \frac{36}{84}$

→ A < B

14 사칙연산 정답 ①

A: $3^{15}=(3^3)^5=27^5$

B: $5^{10}=(5^2)^5=25^5$

→ A > B

15 사칙연산 정답 ④

$1,540 \times 0.25 = 385$

16 사칙연산 정답 ③

$925 \times 0.304 = 281.2$

17 사칙연산 정답 ④

25km = 25,000m이므로

$25,000 \times 0.425 = 10,625m$

18 사칙연산 정답 ④

1,500번의 추첨 중 975번 당첨되었으므로 당첨률은 $\frac{975}{1,500}$ = 0.65이다.

따라서 민호의 당첨률을 할푼리로 나타내면 6할 5푼이다.

[19-20]

19 사칙연산 정답 ②

$7 ◎ 12 = 7 \times 12 - 3 \times 7 = 84 - 21 = 63$

20 사칙연산 정답 ①

$2 ◎ (10 ◆ 5) = 2 ◎ (5^2 + 10) = 2 ◎ (25 + 10) = 2 ◎ 35$
$= 2 \times 35 - 3 \times 2 = 70 - 6 = 64$

21 응용계산 정답 ①

현재 갑의 나이를 x라고 하면

현재 을은 갑보다 10살 더 많으므로 현재 을의 나이는 $x+10$살이다. 3년 후 갑의 나이는 $x+3$살, 을의 나이는 $x+10+3=x+13$살이고, 3년 후 을의 나이는 갑의 나이의 2배이므로

$x+13=(x+3)\times 2 \rightarrow x+13=2x+6 \rightarrow x=7$

따라서 현재 갑의 나이는 7살이다.

22 응용계산 정답 ②

A 회사의 직원 수는 총 300명이고, 이 중 대리 직급인 사람은 40%이므로 대리 직급인 직원 수는 $300 \times 0.4=120$명이다. 이때 대리 직급인 사람 중 여자 직원은 35%이므로 여자 직원은 $120 \times 0.35=42$명이다.

따라서 A 회사 직원 중 대리 직급인 남자 직원은 $120-42=78$명이다.

빠른 문제 풀이 Tip

대리 직급인 사람 중 여자 직원이 35%이므로 대리 직급인 남자 직원은 100−35=65%이다. 이때 대리 직급인 직원 수는 120명이므로 대리 직급인 남자 직원 수는 $120 \times 0.65=78$명임을 알 수 있다.

23 응용계산 정답 ②

정가 = 원가 × (1 + 이익률) = 원가 + 이익임을 적용하여 구한다.

가방의 원가를 x라고 하면

가방의 원가에 20%의 이익을 붙여서 정가를 정했으므로 가방의 정가는 $x \times (1+0.2)=1.2x$이다. 이때 정가에서 3,000원 할인하여 판매했으므로 판매가는 $1.2x-3,000$이다. 이에 따라 가방을 1개 판매하면 1,600원의 이익을 얻으므로

$1.2x-3,000-x=1,600 \rightarrow 0.2x=4,600 \rightarrow x=23,000$

따라서 가방의 원가는 23,000원이다.

24 응용계산　　정답 ②

시간당 작업량 = $\frac{작업량}{시간}$임을 적용하여 구한다.

10명의 직원이 1시간 동안 제작할 수 있는 곰인형의 개수는 $\frac{300}{15}$=20개이므로 1명의 직원이 1시간 동안 제작할 수 있는 곰인형의 개수는 $\frac{20}{10}$=2개이다. 곰인형 400개를 제작하는 데 50시간이 걸렸을 때, 1시간 동안 제작한 곰인형의 개수는 $\frac{400}{50}$=8개이다.

따라서 작업에 참여한 직원은 $\frac{8}{2}$=4명이다.

25 응용계산　　정답 ①

두 케이블카가 운행을 시작하여 최초로 만나는 시각은 운행시간의 최소공배수임을 적용하여 구한다.

8을 소인수분해하면 8=2×2×2이고, 6을 소인수분해하면 6=2×3이다.

최소공배수는 적어도 한 숫자에 포함된 인수의 곱이므로 두 수의 최소공배수는 2×2×2×3=24이고, 공배수는 24, 48, 72, …이다.

따라서 두 케이블카가 두 번째로 만날 때의 시각은 48분 후인 2시 48분이다.

26 응용계산　　정답 ②

n개 중 순서를 고려하지 않고 서로 다른 r개를 택하는 조합의 수 $_nC_r = \frac{n!}{r!(n-r)!}$임을 적용하여 구한다.

검은색 바둑돌 4개와 흰색 바둑돌 6개를 모두 사용하여 일렬로 나열하려고 할 때 가능한 경우의 수는 10개의 바둑돌 자리에서 순서를 고려하지 않고 검은색 바둑돌이 위치할 자리 4개를 택하는 경우와 같으므로

$$_{10}C_4 = \frac{10!}{4!(10-4)!} = \frac{10 \times 9 \times 8 \times 7}{4 \times 3 \times 2 \times 1} = 210$$

따라서 검은색 바둑돌 4개와 흰색 바둑돌 6개를 모두 사용하여 일렬로 나열하는 경우의 수는 210가지이다.

27 응용계산　　정답 ②

사용하기 전 상자에 들어있던 연필의 수를 x, 볼펜의 수를 y라고 하면

연필 3자루와 볼펜 1자루를 꺼내서 사용한 후, 총 17자루가 남았으므로

$(x-3)+(y-1)=17$　　… ⓐ

사용하기 전 상자에 들어있던 볼펜의 수가 연필의 수의 2배이므로

$y=2x$　　… ⓑ

ⓐ의 y에 $2x$를 대입하면

$(x-3)+(2x-1)=17 \rightarrow 3x=21 \rightarrow x=7$

따라서 사용하기 전 상자에 들어있던 연필은 7자루이다.

28 응용계산　　정답 ③

소금물의 양 = $\frac{소금의 양}{소금물의 농도}$ × 100임을 적용하여 구한다.

농도가 5%인 소금물에 물을 추가하여 농도가 1% 줄었으므로, 최종적으로 소금물의 농도는 4%이다.

이때 소금의 양은 10g으로 변함이 없으므로 소금물의 양은 $\frac{10}{4}$ × 100=250g이다.

29 응용계산　　정답 ③

A 임무를 수행한 후 아이템이 나올 확률은 20%= $\frac{1}{5}$,

A 임무를 수행한 후 아이템이 나오지 않을 확률은 80%= $\frac{4}{5}$,

B 임무를 수행한 후 아이템이 나올 확률은 40%= $\frac{2}{5}$,

B 임무를 수행한 후 아이템이 나오지 않을 확률은 60%= $\frac{3}{5}$이므로

혜민이가 A 임무에서 아이템을 얻고, B 임무에서 아이템을 얻지 못할 확률은 $\frac{1}{5} \times \frac{3}{5} = \frac{3}{25}$이고, A 임무에서 아이템을 얻지 못하고, B 임무에서 아이템을 얻을 확률은 $\frac{4}{5} \times \frac{2}{5} = \frac{8}{25}$이다.

따라서 혜민이가 A, B 임무를 모두 완료한 후 얻은 아이템이 하나일 확률은 $\frac{3}{25} + \frac{8}{25} = \frac{11}{25}$이다.

30 응용계산

거리＝속력 × 시간임을 적용하여 구한다.

기차의 속력＝48km/h＝48,000m/60분＝800m/분

기차의 길이를 x라고 하면

3분 동안 기차가 터널을 완전히 통과하는 데 이동한 거리＝터널의 길이＋기차의 길이이므로

$2,000＋x＝800 × 3 → 2,000＋x＝2,400 → x＝400$

따라서 기차의 길이는 400m이다.

31 자료해석

기준연도 대비 비교연도 A의 증감률(%)＝{(비교연도 A － 기준연도 A) / 기준연도 A} × 100임을 적용하여 구한다.

A 고등학교의 남학생 수가 여학생 수보다 많은 해는 여학생 수가 140명, 남학생 수가 160명인 2021년이다. 이때 A 고등학교의 전체 학생 수는 2021년에 140＋160＝300명, 2020년에 130＋120＝250명이다.

따라서 2021년 전체 학생 수의 전년 대비 증감률은 {(300－250) / 250} × 100＝(50 / 250) × 100＝20%이다.

[32 - 33]

32 자료해석

2021년 D 국의 외국인 유학생 수＝2020년 D 국의 외국인 유학생 수 × (1＋2021년 D 국의 외국인 유학생 수의 전년 대비 증감률 / 100)임을 적용하여 구한다.

2020년 D 국의 외국인 유학생 수는 4,500명이고, 2021년 D 국의 외국인 유학생 수의 전년 대비 증감률은 －40%이므로 2021년 D 국의 외국인 유학생 수는 4,500 × (1－0.4)＝4,500 × 0.6＝2,700명이다.

33 자료해석

2020년 학위과정과 연수과정 외국인 유학생 수의 차이는 B 국이 700－200＝500명, D 국이 2,000－1,500＝500명으로 B 국과 D 국이 같으므로 옳지 않은 설명이다.

② 제시된 국가 중 2021년 외국인 유학생 수가 전년 대비 감소한 국가는 증감률이 마이너스인 A 국과 D 국으로 총 2개국이므로 옳은 설명이다.

③ A~E 국 중 2020년 외국인 유학생 수가 가장 적은 국가는 670명인 C 국이므로 옳은 설명이다.

④ 2020년 A 국과 E 국의 학위과정 외국인 유학생 수의 차이는 1,000－450＝550명으로 연수과정 외국인 유학생 수의 차이인 1,200－150＝1,050명보다 작으므로 옳은 설명이다.

빠른 문제 풀이 Tip

④ 계산을 하지 않고 차이의 크기를 비교한다.

2020년 A 국의 학위과정 외국인 유학생 수는 연수과정 외국인 유학생 수보다 적고, 2020년 E 국의 학위과정 외국인 유학생 수는 연수과정 외국인 유학생 수보다 많으므로 2020년 A 국과 E 국의 학위과정 외국인 유학생 수의 차이는 연수과정 외국인 유학생 수의 차이보다 작음을 알 수 있다.

[34 - 35]

34 자료해석

2018년 이후 전체 출장 건수의 전년 대비 변화량이 가장 큰 해는 전년 대비 364－298＝66건 증가한 2019년이다.

따라서 2019년 전체 출장 건수에서 6급 이하의 출장 건수가 차지하는 비중은 (91 / 364) × 100＝25%이다.

35 자료해석

2019년 4급 이상의 출장 건수의 전년 대비 증가율은 {(116－80) / 80} × 100＝45%이므로 옳은 설명이다.

① 2019년과 2021년에 6급 이하의 출장 건수는 전년 대비 증가하였으므로 옳지 않은 설명이다.

② 2017년 전체 출장 건수 중 4급 이상의 출장 건수가 차지하는 비중은 (72 / 288) × 100＝25%이므로 옳지 않은 설명이다.

③ 2018년 5급의 출장 건수는 4급 이상의 출장 건수의 128 / 80＝1.6배이므로 옳지 않은 설명이다.

36 자료해석   정답 ①

1세대 가구의 응답 비율이 가장 높은 항목은 '보통'이므로 옳은 설명이다.

[오답 체크]

② '비교적 안전하지 않음'에 응답한 비율은 고졸이 대졸 이상보다 29.6−24.8=4.8%p 더 높으므로 옳지 않은 설명이다.

③ '매우 안전'에 응답한 비율은 중졸이 고졸보다 높으므로 옳지 않은 설명이다.

④ 실업 및 비경제활동에 해당하는 사람의 경우, '매우 안전하지 않음'에 응답한 비율이 '매우 안전'에 응답한 비율의 12.0 / 4.0 =3배이므로 옳지 않은 설명이다.

[37 - 38]

37 자료해석   정답 ③

2021년 C 브랜드는 매출액 기준 상위 5위에 들지 못하여 매출액은 82천만 원 미만이고, Z 브랜드의 매출액은 90천만 원으로 C 브랜드와 Z 브랜드의 매출액 차이는 90−82=8천만 원 이상이므로 옳은 설명이다.

[오답 체크]

① 2020년 D 브랜드의 매출액은 전년 대비 감소하였으므로 옳지 않은 설명이다.

② 제시된 기간 동안 G 브랜드의 연평균 매출액은 (120+105+105) / 3=110천만 원이므로 옳지 않은 설명이다.

④ 2021년 Q 브랜드 매출액의 2년 전 대비 감소율은 {(100−87) / 100} × 100=13%이므로 옳지 않은 설명이다.

38 자료해석   정답 ②

2021년 B 브랜드 매출액의 전년 대비 증가량은 82−80 =2천만 원이고, 2022년 이후 B 브랜드 매출액은 매년 전년 대비 증가하고, 전년 대비 증가량이 2021년 B 브랜드 매출액의 전년 대비 증가량과 동일하다면 2022년 B 브랜드 매출액은 82+2=84천만 원, 2023년 B 브랜드의 매출액은 84+2=86천만 원이다.

[39 - 40]

39 자료해석   정답 ③

문화체육관광 관련 산업 신규 채용 인력 중 회사법인 상용종사자 수와 회사외법인 상용종사자 수의 차이는 63,127−8,629=54,498명이므로 옳지 않은 설명이다.

[오답 체크]

① 2020년 하반기 문화산업의 전체 신규 채용 인력은 55,275+11,248+0=66,523명이므로 옳은 설명이다.

② 문화체육관광 관련 산업의 기타종사자 신규 채용 인력은 모두 개인사업체에 해당되며, 개인사업체의 기타 종사자 수에서 스포츠산업의 기타 종사자 수가 차지하는 비중은 (72 / 213) × 100 ≒ 33.8%이므로 옳은 설명이다.

④ 문화체육관광 관련 산업 신규 채용 인력 중 관광산업 임시·일용종사자 수는 스포츠산업 임시·일용종사자 수의 6,857 / 3,168 ≒ 2.2배이므로 옳은 설명이다.

40 자료해석   정답 ②

상용종사자 수와 임시·일용종사자 수의 합은
개인사업체가 10,323+9,450=19,773명,
회사법인이 63,127+7,590=70,717명,
회사외법인이 8,629+3,733=12,362명,
비법인단체가 1,170+500=1,670명이다.
따라서 상용종사자 수와 임시·일용종사자 수의 합이 가장 큰 조직 형태는 회사법인이다.

[빠른 문제 풀이 Tip]

조직 형태별 상용종사자 수와 임시·일용종사자 수의 크기를 각각 비교한다.
상용종사자 수가 가장 많은 조직 형태는 회사법인이고, 두 번째로 많은 개인사업체의 상용종사자 수와의 차이는 50,000명 이상이다. 또한, 임시·일용종사자 수가 가장 많은 조직 형태는 개인사업체이고, 두 번째로 많은 회사법인의 임시·일용종사자 수와의 차이는 2,000명 미만이다. 따라서 상용종사자 수와 임시·일용종사자 수의 합이 가장 큰 조직 형태는 회사법인임을 알 수 있다.

PART 2 추리

기출유형공략

유형 1 수·문자추리 - 확인문제 p.87

01-1	01-2	02-1	02-2
③	①	①	②

01-1 정답 ③

1   3   7   13   (21)   31
└+2┘└+4┘└+6┘└+8┘└+10┘
　　└+2┘└+2┘└+2┘└+2┘

제시된 각 숫자 간의 값이 +2, +4, +6, …과 같이 +2씩 변화하므로 빈칸에 들어갈 알맞은 숫자는 '21'이다.

01-2 정답 ①

3   12   48   (192)   768
└×4┘└×4┘└×4┘└×4┘

제시된 각 숫자 간의 값이 ×4로 반복되므로 빈칸에 들어갈 알맞은 숫자는 '192'이다.

02-1 정답 ①

제시된 각 문자를 알파벳 순서에 따라 숫자로 변경한다.
C   G   K   O   (S)   W
3   7   11   15   19   23
└+4┘└+4┘└+4┘└+4┘└+4┘

각 숫자 간의 값이 +4로 반복되므로 빈칸에 들어갈 알맞은 문자는 숫자 19에 해당하는 'S'이다.

02-2 정답 ②

…	ㅌ	ㅍ	ㅎ	ㄱ	ㄴ	ㄷ	ㄹ
…	-2	-1	0	1	2	3	4
ㅁ	ㅂ	ㅅ	ㅇ	ㅈ	ㅊ	ㅋ	ㅌ
5	6	7	8	9	10	11	12
ㅍ	ㅎ	ㄱ	ㄴ	ㄷ	ㄹ	ㅁ	…
13	14	15	16	17	18	19	…

제시된 각 문자를 한글 자음 순서에 따라 숫자로 변경한다.
ㄷ   ㅂ   ㅈ   ㅌ   ㄱ   (ㄹ)
3   6   9   12   15   18
└+3┘└+3┘└+3┘└+3┘└+3┘

각 숫자 간의 값이 +3으로 반복되므로 빈칸에 들어갈 알맞은 문자는 숫자 18에 해당하는 'ㄹ'이다.

유형 1 수·문자추리 - 유형공략문제 p.89

01	02	03	04	05
④	④	①	④	④
06	07	08	09	10
④	①	①	②	②
11	12	13	14	15
②	④	③	④	③
16	17	18	19	20
①	④	④	③	①

01 정답 ④

135　117　99　81　(63)　45
└─18─┘└─18─┘└─18─┘└─18─┘└─18─┘

제시된 각 숫자 간의 값이 −18로 반복되므로 빈칸에 들어갈 알맞은 숫자는 '63'이다.

02 정답 ④

3　2　4　7　6　12　15　14　(28)
└−1┘└×2┘└+3┘└−1┘└×2┘└+3┘└−1┘└×2┘

제시된 각 숫자 간의 값이 −1, ×2, +3으로 반복되므로 빈칸에 들어갈 알맞은 숫자는 '28'이다.

03 정답 ①

제시된 각 숫자는 2^2, 3^2, 4^2, …으로 변화하므로 빈칸에 들어갈 알맞은 숫자는 '36'이다.

04 정답 ④

4　9　19　39　79　(159)
└×2+1┘└×2+1┘└×2+1┘└×2+1┘└×2+1┘

제시된 각 숫자 간의 값이 ×2+1로 반복되므로 빈칸에 들어갈 알맞은 숫자는 '159'이다.

05 정답 ④

4　8　16　32　64　(128)
└×2┘└×2┘└×2┘└×2┘└×2┘

제시된 각 숫자 간의 값이 ×2로 반복되므로 빈칸에 들어갈 알맞은 숫자는 '128'이다.

06 정답 ④

3　2　6　4　3　12　5　4　20　6　5　(30)
　　　3×2　　　4×3　　　5×4　　　6×5

제시된 숫자를 세 개씩 한 군으로 묶었을 때, 각 군의 세 번째 항에 해당하는 숫자는 앞의 두 숫자의 곱이라는 규칙이 적용되므로 빈칸에 들어갈 알맞은 숫자는 '30'이다.

07 정답 ①

−2　6　2　−6　−10　30　26　−78　(−82)
└×(−3)┘└−4┘└×(−3)┘└−4┘└×(−3)┘└−4┘└×(−3)┘└−4┘

제시된 각 숫자 간의 값이 ×(−3), −4로 반복되므로 빈칸에 들어갈 알맞은 숫자는 '−82'이다.

08 정답 ①

분자의 각 숫자 간의 값이 +4로 반복되고, 분모의 각 숫자 간의 값이 −4로 반복되므로 빈칸에 들어갈 알맞은 숫자는 '$-\frac{22}{11}$'이다.

09 정답 ②

제시된 각 숫자는 소수 나열이라는 규칙이 적용되므로 빈칸에 들어갈 알맞은 숫자는 '19'이다.

10 정답 ②

5　3　9　6　18　(14)　42　37
└−2┘└×3┘└−3┘└×3┘└−4┘└×3┘└−5┘

제시된 각 숫자 간의 값이 −2, ×3, −3, ×3, −4, ×3, …으로 변화하므로 빈칸에 들어갈 알맞은 숫자는 '14'이다.

11 정답 ②

13　15　18　22　27　(33)　40
└+2┘└+3┘└+4┘└+5┘└+6┘└+7┘
　└+1┘└+1┘└+1┘└+1┘└+1┘

제시된 각 숫자 간의 값이 +2, +3, +4, …와 같이 +1씩 변화하므로 빈칸에 들어갈 알맞은 숫자는 '33'이다.

12 정답 ④

−2　4　−8　16　−32　(64)
└×(−2)┘└×(−2)┘└×(−2)┘└×(−2)┘└×(−2)┘

제시된 각 숫자 간의 값이 ×(−2)로 반복되므로 빈칸에 들어갈 알맞은 숫자는 '64'이다.

13 정답 ③

제시된 각 문자를 알파벳 순서에 따라 숫자로 변경한다.

A B D E J (T)
1 2 4 5 10 20

각 숫자는 20의 약수 나열이라는 규칙이 적용되므로 빈칸에 들어갈 알맞은 문자는 숫자 20에 해당하는 'T'이다.

14 정답 ④

제시된 각 문자를 알파벳 순서에 따라 숫자로 변경한다.

I N H O T N (U)
9 14 8 15 20 14 21
└+5┘└−6┘└+7┘└+5┘└−6┘└+7┘

각 숫자 간의 값이 +5, −6, +7로 반복되므로 빈칸에 들어갈 알맞은 문자는 숫자 21에 해당하는 'U'이다.

15 정답 ③

제시된 각 문자를 알파벳 순서에 따라 숫자로 변경한다.

Z M R I N (G)
26 13 18 9 14 7
└÷2┘└+5┘└÷2┘└+5┘└÷2┘

각 숫자 간의 값이 ÷2, +5로 반복되므로 빈칸에 들어갈 알맞은 문자는 숫자 7에 해당하는 'G'이다.

16 정답 ①

제시된 각 문자를 알파벳 순서에 따라 숫자로 변경한다.

C F E H G J (I)
3 6 5 8 7 10 9
└+3┘└−1┘└+3┘└−1┘└+3┘└−1┘

각 숫자 간의 값이 +3, −1로 반복되므로 빈칸에 들어갈 알맞은 문자는 숫자 9에 해당하는 'I'이다.

17 정답 ④

제시된 각 문자를 알파벳 순서에 따라 숫자로 변경한다.

P R F J B (H)
16 18 6 10 2 8
└+2┘└÷3┘└+4┘└÷5┘└+6┘

각 숫자 간의 값이 +2, ÷3, +4, ÷5, …로 변화하므로 빈칸에 들어갈 알맞은 문자는 숫자 8에 해당하는 'H'이다.

18 정답 ④

제시된 각 문자를 알파벳 및 한글 자음 순서에 따라 숫자로 변경한다.

F ㄷ H ㄹ (J) ㅁ
6 3 8 4 10 5

홀수항에 제시된 각 숫자 간의 값은 +2로 반복되고, 짝수항에 제시된 각 숫자 간의 값은 +1로 반복되므로 빈칸에 들어갈 알맞은 문자는 숫자 10에 해당하는 'J'이다.

19 정답 ③

제시된 각 문자를 한글 자음 순서에 따라 숫자로 변경한다.

ㄱ ㅎ ㄷ ㅌ ㅁ ㅊ (ㅅ)
1 14 3 12 5 10 7

홀수항에 제시된 각 숫자 간의 값은 +2로 반복되고, 짝수항에 제시된 각 숫자 간의 값은 −2로 반복되므로 빈칸에 들어갈 알맞은 문자는 숫자 7에 해당하는 'ㅅ'이다.

20 정답 ①

제시된 각 문자를 한글 자음 순서에 따라 숫자로 변경한다.

나 다 바 (카) 라
2 3 6 11 18
└+1┘└+3┘└+5┘└+7┘
  └+2┘ └+2┘ └+2┘

각 숫자 간의 값이 +1, +3, +5, …와 같이 +2씩 변화하므로 빈칸에 들어갈 알맞은 문자는 숫자 11에 해당하는 '카'이다.

유형 2 언어추리 - 확인문제

p.95

01-1	01-2	02-1	02-2
①	③	①	③

01-1
정답 ①

두 번째 명제와 첫 번째의 '대우'를 차례로 결합한 결론과 일치하므로 참인 결론이다.

두 번째 명제	모든 수학자는	과학자이다.	
첫 번째 명제 (대우)		모든 과학자는	소설가이다.
결론	모든 수학자는		소설가이다.

01-2
정답 ③

소설가와 과학자의 관계를 파악할 수 없다.

02-1
정답 ①

제시된 조건에 따르면 주호와 신지는 수미보다 나이가 많고, 수미는 지호보다 나이가 적으므로 4명 중 나이가 가장 적은 사람은 수미이다. 따라서 참인 설명이다.

02-2
정답 ③

제시된 조건에 따르면 신지는 지호보다 나이가 적고, 수미보다 나이가 많으므로 신지가 두 번째로 나이가 많으면 지호는 첫 번째로 나이가 많고, 수미는 세 번째 또는 네 번째로 나이가 많으며, 신지가 세 번째로 나이가 많으면 지호는 첫 번째 또는 두 번째로 나이가 많고, 수미는 네 번째로 나이가 많다. 이때 준호는 수미보다 나이가 많으므로 수미는 4명 중 나이가 가장 적음을 알 수 있다. 나이가 많은 순서에 따라 가능한 경우는 다음과 같다.

구분	첫 번째	두 번째	세 번째	네 번째
경우 1	준호	지호	신지	
경우 2	지호	준호	신지	수미
경우 3	지호	신지	준호	

따라서 준호는 지호보다 나이가 많거나 적으므로 알 수 없는 설명이다.

유형 2 언어추리 - 유형공략문제
p.98

01	02	03	04	05
④	④	①	②	①
06	07	08	09	10
④	③	③	④	①
11	12	13	14	15
③	②	④	①	①
16	17	18	19	20
②	③	④	④	③

01
정답 ④

세 번째 명제와 두 번째 명제, 첫 번째 명제의 '대우'를 차례로 결합하면 다음과 같다.

세 번째 명제	현지는	수학을 좋아한다.		
두 번째 명제		수학을 좋아하는 사람은	국어를 좋아하지 않는다.	
첫 번째 명제 (대우)			국어를 좋아하지 않는 사람은	독서를 좋아하지 않는다.
결론	현지는			독서를 좋아하지 않는다.

오답체크
① 두 번째 명제의 '이'이므로 추론할 수 없다.
② 세 번째 명제와 두 번째 명제, 첫 번째 명제의 '대우'를 차례로 결합하면 현지는 독서를 좋아하지 않으므로 옳지 않은 결론이다.
③ 세 번째 명제와 두 번째 명제를 차례로 결합하면 현지는 국어를 좋아하지 않으므로 옳지 않은 결론이다.

02
정답 ④

두 번째 명제의 '대우'와 세 번째 명제의 '대우'를 차례로 결합하면 다음과 같다.

두 번째 명제 (대우)	초콜릿을 좋아하는 사람은	치과를 자주 가지 않는다.	
세 번째 명제 (대우)		치과를 자주 가지 않는 사람은	사탕을 좋아하지 않는다.
결론	초콜릿을 좋아하는 사람은		사탕을 좋아하지 않는다.

오답 체크
① 세 번째 명제와 두 번째 명제를 차례로 결합하면 사탕을 좋아하는 사람은 초콜릿을 좋아하지 않으므로 옳지 않은 결론이다.
② 첫 번째 명제와 두 번째 명제의 '대우'를 차례로 결합하면 갑은 치과를 자주 가지 않으므로 옳지 않은 결론이다.
③ 두 번째 명제의 '이'이므로 추론할 수 없다.

03
정답 ①

두 번째 명제와 세 번째 명제를 차례로 결합하면 다음과 같다.

두 번째 명제	지각을 하는 사람은	늦잠을 잔다.	
세 번째 명제		늦잠을 자는 사람은	게임을 한다.
결론	지각을 하는 사람은		게임을 한다.

오답 체크
② 세 번째 명제의 '이'이므로 추론할 수 없다.
③ 성실한 사람과 게임을 하는 사람과의 관계를 파악할 수 없으므로 추론할 수 없다.
④ 세 번째 명제의 '역'과 두 번째 명제의 '역'을 결합한 것이므로 추론할 수 없다.

04
정답 ②

첫 번째 조건과 두 번째 조건을 통해 핸드폰은 전자파를 방출하여 장시간 사용할 경우 우리 몸에 피해를 준다는 것을 알 수 있으므로 거짓인 결론이다.

05
정답 ①

첫 번째 조건의 '대우'와 두 번째 조건, 세 번째 조건을 차례로 결합한 결론과 일치하므로 참인 결론이다.

첫 번째 조건 (대우)	C가 부자라면	A도 부자이다.	
두 번째 조건		A가 부자라면	B도 부자이다.
세 번째 조건			B가 부자라면	D도 부자이다.
결론	C가 부자라면		D도 부자이다.

06
정답 ④

제시된 조건에 따르면 C는 A보다 연봉이 적지만, 세 사람 중에 가장 적은 것은 아니므로 연봉 순위는 2위이며, A는 현재 거주지가 아닌 서울이나 성남으로 이사할 계획이므로 현재 거주지는 인천이다. 이에 따라 세 사람의 연봉 순위 및 거주지는 다음과 같다.

구분	A	B	C
연봉 순위	1	3	2
거주지	인천	서울 또는 성남	서울 또는 성남

따라서 연봉이 가장 많은 사람은 은행원이므로 연봉 순위가 1위인 A가 은행원이다. 하지만 B와 C의 현재 거주지는 파악할 수 없으므로 B의 직업은 알 수 없다.

07
정답 ③

제시된 조건에 따르면 을은 갑과 정보다 등수가 높으므로 1등 또는 2등이지만, 을은 2등이 아니므로 1등이다. 이때 을과 정의 등수는 이웃하므로 정은 2등이며, 갑은 병보다 등수가 낮으므로 병이 3등, 갑이 4등임을 알 수 있다.

1등	2등	3등	4등
을	정	병	갑

따라서 3등은 병이다.

08

제시된 조건에 따르면 A와 B 사이에 줄을 서 있는 사람은 2명이므로 C와 D이고, C는 A보다 왼쪽에 서 있으므로 가장 왼쪽에 서 있는 사람은 B, 가장 오른쪽에 서 있는 사람은 A이다. 이때 D는 C보다 오른쪽에 서 있으므로 C는 B와 이웃하고, D는 A와 이웃한다.

따라서 왼쪽부터 줄을 서 있는 순서대로 나열하면 'B − C − D − A'이다.

09

정답 ④

제시된 조건에 따르면 A, B, C 3명은 과자를 1개 이상씩 구입했고, A와 B가 구입한 과자 개수는 같으므로 A, B, C 3명이 구입한 과자 개수로 가능한 경우는 (1, 1, 8), (2, 2, 6), (3, 3, 4), (4, 4, 2)이다. 이때 C가 구입한 과자는 4개 미만이므로 C가 구입한 과자는 2개임을 알 수 있다.

따라서 A가 구입한 과자 개수는 4개이다.

[10 - 13]

제시된 조건에 따르면 F는 B보다 한 달 먼저 스터디룸 대여를 담당하므로 F, B 순으로 대여 담당자가 정해진다. 이때 E가 3월의 스터디룸 대여 담당자이고, D는 6월이나 7월에 스터디룸 대여를 담당하므로 F는 3월과 6월의 대여 담당자가 될 수 없다. 이에 따라 3월부터 8월까지 스터디룸 대여 담당자는 다음과 같다.

경우 1. F−4월, A−6월인 경우

3월	4월	5월	6월	7월	8월
E	F	B	A	D	C

경우 2. F−4월, A−7월인 경우

3월	4월	5월	6월	7월	8월
E	F	B	D	A	C

경우 3. F−5월, A−4월인 경우

3월	4월	5월	6월	7월	8월
E	A	F	B	D	C

경우 4. F−7월, A−4월인 경우

3월	4월	5월	6월	7월	8월
E	A	C	D	F	B

경우 5. F−7월, A−5월인 경우

3월	4월	5월	6월	7월	8월
F	C	A	D	F	B

10

정답 ①

경우 3에 따르면 B가 6월에 스터디룸 대여를 담당할 때, 4월에 A, 5월에 F, 7월에 D, 8월에 C가 스터디룸 대여 담당자이다.

11

정답 ③

경우 4에 따르면 C가 5월에 스터디룸 대여를 담당할 때, F는 7월에 스터디룸 대여를 담당한다.

12

정답 ②

경우 1~5에 따르면 월별 스터디룸 대여 담당자를 정할 수 있는 경우는 모두 5가지이다.

13

정답 ④

경우 1~5에 따르면 7월에 스터디룸 대여를 담당할 수 없는 조원은 B, C, E이므로 항상 참인 설명이다.

오답체크
① 경우 1~3에 따르면 C가 8월에 스터디룸 대여를 담당하면 월별 대여 담당자를 정할 수 있는 경우의 수는 3가지이므로 항상 거짓인 설명이다.
② 경우 1, 2에 따르면 F가 4월에 스터디룸 대여를 담당하면 D는 6월 또는 7월에 스터디룸 대여를 담당하므로 항상 참인 설명은 아니다.
③ 경우 1~5에 따르면 E는 3월에만 스터디룸 대여를 담당할 수 있으며, A는 8월, B는 4, 7월, C는 6, 7월, D는 4, 5, 8월, F는 6, 8월에 스터디룸 대여를 담당할 수 없으므로 항상 거짓인 설명이다.

PART 2 추리 기출유형공략   31
해커스 GSAT 5급 고졸채용 삼성직무적성검사 한권완성 최신기출유형+실전모의고사

[14-15]

제시된 조건에 따르면 A는 B보다 많이 걸었고, C는 D보다 많이 걸었으므로 가장 많이 걸은 사람은 A 또는 C이다. 이때 A가 걸은 거리는 D와 3km 차이가 났고, C는 D보다 5km 더 많이 걸었으므로 가장 많이 걸은 사람은 C임을 알 수 있다. 많이 걸은 순서에 따라 가능한 경우는 다음과 같다.

경우 1. A가 D보다 많이 걸은 경우

가장 많이 걸은 사람	두 번째로 많이 걸은 사람	세 번째로 많이 걸은 사람	가장 적게 걸은 사람
C	A	D	B
	2km 차이	3km 차이	12km 차이

경우 2. D가 A보다 많이 걸은 경우

가장 많이 걸은 사람	두 번째로 많이 걸은 사람	세 번째로 많이 걸은 사람	가장 적게 걸은 사람
C	D	A	B
	5km 차이	3km 차이	15km 차이

14 정답 ①

오늘 하루 가장 많이 걸은 사람은 C이므로 참인 설명이다.

15 정답 ①

B와 C가 오늘 하루 걸은 거리의 차이는 2+3+12=17km이거나 5+3+15=23km이므로 참인 설명이다.

[16-17]

제시된 조건에 따르면 유라는 아침 7시에 도착했고, 민아는 유라보다 12분 늦게 도착했으므로 7시 12분에 도착했다. 또한, 헤리와 유라의 도착 시각의 차는 9분이므로 헤리는 6시 51분 또는 7시 9분에 도착했다. 이때 소진이와 유라의 도착 시각의 차는 19분이므로 소진이는 6시 41분 또는 7시 19분에 도착했지만, 소진이가 가장 먼저 도착한 것은 아니었으므로 소진이는 7시 19분에 도착했다. 헤리가 도착한 시각에 따라 가능한 경우는 다음과 같다.

경우 1. 헤리가 첫 번째로 도착했을 경우

첫 번째	두 번째	세 번째	네 번째
헤리(6:51)	유라(7:00)	민아(7:12)	소진(7:19)

경우 2. 헤리가 두 번째로 도착했을 경우

첫 번째	두 번째	세 번째	네 번째
유라(7:00)	헤리(7:09)	민아(7:12)	소진(7:19)

16 정답 ②

민아는 세 번째로 도착했고, 헤리는 첫 번째 또는 두 번째로 도착했다.
따라서 헤리는 민아보다 먼저 도착했으므로 거짓인 설명이다.

17 정답 ③

4명 모두 아침 7시 이후에 도착했거나 헤리만 7시 이전에 도착했으므로 알 수 없는 설명이다.

[18-20]

18 정답 ④

일본어를 수강할 경우, 지구과학과 한문을 필수로 수강해야 하며 한문을 수강하면 중국어도 수강해야 한다. 다섯 과목을 초과해서 수강할 수는 없으므로 한 과목만 더 수강할 수 있지만, 문학을 선택하면 작문도 수강해야 하므로 총 여섯 과목을 수강하게 된다.
따라서 일본어를 수강하는 학생은 문학을 수강할 수 없다.

19

일본어를 수강하려면 한문을 필수로 수강해야 하며, 한문을 수강하면 중국어도 같이 수강해야 하므로 항상 참인 설명이다.

오답 체크
① 외국어 영역의 세 과목과 지구과학, 한문을 함께 수강할 수도 있으므로 항상 참인 설명은 아니다.
② 중국어, 일본어, 지구과학, 한문, 영어를 함께 수강할 경우, 작문을 함께 수강하지 않게 되므로 항상 참인 설명은 아니다.
③ 한문, 문학, 작문, 중국어, 지구과학을 함께 수강할 경우, 독서를 함께 수강하지 않게 되므로 항상 참인 설명은 아니다.

20

일본어와 한문을 수강할 경우 지구과학도 수강해야 하지만 공학도 함께 수강할 경우, 한 과목만 수강 가능한 과학 영역을 두 과목 수강하게 되므로 일본어와 한문을 공학과 함께 수강할 수 없다.

백발백중 적중문제

정답

01	02	03	04	05	06	07	08	09	10
수·문자 추리	수·문자 추리	수·문자 추리	수·문자 추리	수·문자 추리	수·문자 추리	수·문자 추리	수·문자 추리	수·문자 추리	수·문자 추리
②	④	③	④	④	②	①	②	③	②
11	12	13	14	15	16	17	18	19	20
수·문자 추리	수·문자 추리	수·문자 추리	수·문자 추리	수·문자 추리	수·문자 추리	수·문자 추리	수·문자 추리	수·문자 추리	수·문자 추리
②	②	②	①	①	②	④	④	②	①
21	22	23	24	25	26	27	28	29	30
언어추리	언어추리	언어추리	언어추리	언어추리	언어추리	언어추리	언어추리	언어추리	언어추리
④	③	②	①	④	①	③	①	②	②
31	32	33	34	35	36	37	38	39	40
언어추리	언어추리	언어추리	언어추리	언어추리	언어추리	언어추리	언어추리	언어추리	언어추리
①	②	②	③	①	①	③	②	①	①

취약 유형 분석표

유형별로 맞힌 개수, 정답률, 틀린 문제 번호와 풀지 못한 문제 번호를 적어보세요.

유형	맞힌 개수	정답률	틀린 문제 번호	풀지 못한 문제 번호
수·문자추리	/20	%		
언어추리	/20	%		

34 온/오프라인 취업강의·무료 취업자료 ejob.Hackers.com

해설

01 수·문자추리 정답 ②

$$-96 \quad 0 \quad 48 \quad 72 \quad 84 \quad 90 \quad (93)$$
$$\quad +96 \quad +48 \quad +24 \quad +12 \quad +6 \quad +3$$
$$\quad\quad \div 2 \quad \div 2 \quad \div 2 \quad \div 2 \quad \div 2$$

제시된 각 숫자 간의 값이 +96, +48, +24, …와 같이 ÷2 씩 변화하므로 빈칸에 들어갈 알맞은 숫자는 '93'이다.

02 수·문자추리 정답 ④

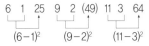

$$6 \quad 1 \quad 25 \quad 9 \quad 2 \quad (49) \quad 11 \quad 3 \quad 64$$
$$(6-1)^2 \quad\quad (9-2)^2 \quad\quad (11-3)^2$$

제시된 숫자를 세 개씩 한 군으로 묶었을 때, 각 군의 세 번째 항에 해당하는 숫자는 앞의 두 숫자의 차의 제곱이 라는 규칙이 적용되므로 빈칸에 들어갈 알맞은 숫자는 '49'이다.

03 수·문자추리 정답 ③

$$20 \quad 10 \quad 30 \quad 21 \quad 63 \quad 55 \quad 165 \quad 158 \quad (474)$$
$$\quad -10 \quad \times 3 \quad -9 \quad \times 3 \quad -8 \quad \times 3 \quad -7 \quad \times 3$$

제시된 각 숫자 간의 값이 −10, ×3, −9, ×3, −8, ×3, …으로 변화하므로 빈칸에 들어갈 알맞은 숫자는 '474'이다.

04 수·문자추리 정답 ④

$$32 \quad 38 \quad 20 \quad 74 \quad -88 \quad (398)$$
$$\quad +6 \quad -18 \quad +54 \quad -162 \quad +486$$
$$\quad\quad \times(-3) \quad \times(-3) \quad \times(-3) \quad \times(-3)$$

제시된 각 숫자 간의 값이 +6, −18, +54, …와 같이 ×(−3)씩 변화하므로 빈칸에 들어갈 알맞은 숫자는 '398' 이다.

05 수·문자추리 정답 ④

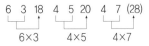

$$6 \quad 3 \quad 18 \quad 4 \quad 5 \quad 20 \quad 4 \quad 7 \quad (28)$$
$$6 \times 3 \quad\quad 4 \times 5 \quad\quad 4 \times 7$$

제시된 숫자를 세 개씩 한 군으로 묶었을 때, 각 군의 세 번째 항에 해당하는 숫자는 앞의 두 숫자의 곱이라는 규칙이 적용되므로 빈칸에 들어갈 알맞은 숫자는 '28'이다.

06 수·문자추리 정답 ②

$$8 \quad 9 \quad 11 \quad 14 \quad 18 \quad (23)$$
$$\quad +1 \quad +2 \quad +3 \quad +4 \quad +5$$
$$\quad\quad +1 \quad +1 \quad +1 \quad +1$$

제시된 각 숫자 간의 값이 +1, +2, +3, …과 같이 +1씩 변 화하므로 빈칸에 들어갈 알맞은 숫자는 '23'이다.

07 수·문자추리 정답 ①

홀수항에 제시된 각 숫자 간의 값은 ÷2로 반복되고, 짝 수항에 제시된 각 숫자 간의 값은 ÷3으로 반복되므로 빈 칸에 들어갈 알맞은 숫자는 '9'이다.

08 수·문자추리 정답 ②

$$250 \quad 50 \quad 100 \quad 20 \quad 40 \quad 8 \quad (16)$$
$$\quad \div 5 \quad \times 2 \quad \div 5 \quad \times 2 \quad \div 5 \quad \times 2$$

제시된 각 숫자 간의 값이 ÷5, ×2로 반복되므로 빈칸에 들어갈 알맞은 숫자는 '16'이다.

09 수·문자추리 정답 ③

분자의 각 숫자 간의 값이 ×3으로 반복되고, 분모의 각 숫자 간의 값이 +4로 반복되므로 빈칸에 들어갈 알맞은 숫자는 '$\frac{162}{19}$'이다.

10 수·문자추리 정답 ②

분자의 각 숫자 간의 값이 ×5+2로 반복되고, 분모의 각 숫자 간의 값이 ×5-2로 반복되므로 빈칸에 들어갈 알맞은 숫자는 '$\frac{1562}{1563}$'이다.

11 수·문자추리 정답 ②

제시된 각 문자를 알파벳 순서에 따라 숫자로 변경한다.

C   F   I   (L)   O   R
3   6   9   12   15   18
└+3┘└+3┘└+3┘└+3┘└+3┘

각 숫자 간의 값이 +3으로 반복되므로 빈칸에 들어갈 알맞은 문자는 숫자 12에 해당하는 'L'이다.

12 수·문자추리 정답 ②

제시된 각 문자를 알파벳 순서에 따라 숫자로 변경한다.

E   J   F   L   H   (P)
5   10   6   12   8   16
└×2┘└-4┘└×2┘└-4┘└×2┘

각 숫자 간의 값이 ×2, -4로 반복되므로 빈칸에 들어갈 알맞은 문자는 숫자 16에 해당하는 'P'이다.

13 수·문자추리 정답 ②

제시된 각 문자를 알파벳 순서에 따라 숫자로 변경한다.

F   H   K   O   T   (Z)
6   8   11   15   20   26
└+2┘└+3┘└+4┘└+5┘└+6┘
  └+1┘└+1┘└+1┘└+1┘

각 숫자 간의 값이 +2, +3, +4, …와 같이 +1씩 변화하므로 빈칸에 들어갈 알맞은 문자는 숫자 26에 해당하는 'Z'이다.

14 수·문자추리 정답 ①

제시된 각 문자를 한글 자음 순서에 따라 숫자로 변경한다.

ㄱ   ㄴ   ㄹ   ㅇ   (ㄴ)
1   2   4   8   16
└×2┘└×2┘└×2┘└×2┘

각 숫자 간의 값이 ×2로 반복되므로 빈칸에 들어갈 알맞은 문자는 숫자 16에 해당하는 'ㄴ'이다.

15 수·문자추리 정답 ①

제시된 각 문자를 한글 자음 순서에 따라 숫자로 변경한다.

ㅌ   ㅍ   ㅊ   ㄱ   ㅇ   ㄷ   (ㅂ)
12   13   10   15   8   17   6

홀수항에 제시된 각 숫자 간의 값은 -2로 반복되고, 짝수항에 제시된 각 숫자 간의 값은 +2로 반복되므로 빈칸에 들어갈 알맞은 문자는 숫자 6에 해당하는 'ㅂ'이다.

16 수·문자추리 정답 ②

제시된 각 문자를 한글 자음 순서에 따라 숫자로 변경한다.

ㅍ   ㅌ   ㄱ   ㅎ   ㄷ   (ㄴ)
13   12   15   14   17   16
└-1┘└+3┘└-1┘└+3┘└-1┘

각 숫자 간의 값이 -1, +3으로 반복되므로 빈칸에 들어갈 알맞은 문자는 숫자 16에 해당하는 'ㄴ'이다.

17 수·문자추리 정답 ④

제시된 각 문자를 한글 모음 순서에 따라 숫자로 변경한다.

ㅑ   ㅕ   ㅛ   ㅠ
2   4   6   8
└+2┘└+2┘└+2┘

각 숫자 간의 값이 +2로 반복된다.

오답체크
①, ②, ③ 각 문자 또는 숫자 간의 값이 +3으로 반복된다.

18 수·문자추리 정답 ④

제시된 각 문자를 알파벳 순서에 따라 숫자로 변경한다.

V	X	Z	B
22	24	26	28

└+2┘└+2┘└+2┘

제시된 각 숫자 간의 값이 +2로 반복된다.

오답 체크

①, ②, ③ 각 문자 또는 숫자 간의 값이 +3으로 반복된다.

19 수·문자추리 정답 ②

제시된 각 문자를 한글 모음 순서에 따라 숫자로 변경한다.

나	냐	노	니
1	2	5	10

└+1┘└+3┘└+5┘
　└+2┘└+2┘

각 숫자 간의 값이 +1, +3, +5, …와 같이 +2씩 변화한다.

오답 체크

①, ③, ④ 각 문자 또는 숫자 간의 값이 +1, +2, +3, …과 같이 +1씩 변화한다.

20 수·문자추리 정답 ①

제시된 각 문자를 한글 자음 순서에 따라 숫자로 변경한다.

ㅎ	ㅋ	ㅇ	ㅁ
14	11	8	5

└-3┘└-3┘└-3┘

각 숫자 간의 값이 -3으로 반복된다.

오답 체크

②, ③, ④ 각 문자 또는 숫자 간의 값이 -2로 반복된다.

21 언어추리 정답 ④

두 번째 명제의 '대우'와 세 번째 명제의 '대우'를 차례로 결합하면 다음과 같다.

두 번째 명제 (대우)	겨울을 좋아하는 사람은	여름을 좋아하지 않는다.	
세 번째 명제 (대우)		여름을 좋아하지 않는 사람은	봄을 좋아하지 않는다.
결론	겨울을 좋아하는 사람은		봄을 좋아하지 않는다.

오답 체크

① 세 번째 명제와 두 번째 명제를 차례로 결합하면 봄을 좋아하는 사람은 겨울을 좋아하지 않으므로 옳지 않은 결론이다.
② 두 번째 명제의 '대우'에서 겨울을 좋아하는 사람은 여름을 좋아하지 않으므로 옳지 않은 결론이다.
③ 가을을 좋아하는 사람과 봄을 좋아하는 사람과의 관계를 파악할 수 없으므로 추론할 수 없다.

22 언어추리 정답 ③

네 번째 명제와 다섯 번째 명제를 차례로 결합하면 다음과 같다.

네 번째 명제	갑은	영업부이다.	
다섯 번째 명제		영업부 직원은	여자이다.
결론	갑은		여자이다.

오답 체크

① 기획부 직원과 대리와의 관계를 파악할 수 없으므로 추론할 수 없다.
② 갑의 직급은 추론할 수 없다.
④ 두 번째 명제와 세 번째 명제를 차례로 결합하면 을은 남자이므로 옳지 않은 결론이다.

[23-26]

제시된 조건에 따르면 1층 2열에 위치한 우편함의 색은 초록색이고 같은 열에 위치한 우편함의 색은 서로 다르므로 2층 2열에 위치한 우편함의 색은 초록색이 될 수 없다. 또한, 2층 노란색 우편함의 오른쪽에는 파란색 우편함이 이웃해 있으므로 2층은 열 순서대로 빨간색, 노란색, 파란색, 초록색 우편함이 위치하게 된다. 2층 노란색 우편함과 파란색 우편함 바로 아래층에 위치한 두 우편함에는 우편물이 1개씩 들어있고, 노란색 우편함의 우편물의 개수는 1개가 아니므로 1층 3열에 위치한 우편함의 색은 빨간색이다. 마지막으로 초록색 우편함의 왼쪽 우편함에만 우편물이 2개 들어 있으므로 우편물이 2개 들어있는 우편함의 위치는 1층 1열, 2층 3열이다. 이에 따라 우편물의 위치에 따른 우편함의 색과 우편물의 개수는 다음과 같다.

구분	1열	2열	3열	4열
2층	**빨간색**	노란색 0개	파란색 2개	초록색
1층	2개	**초록색** 1개	빨간색 1개	

23 언어추리   정답 ②

제시된 조건에 따르면 선택지 중 색을 알 수 없는 우편함의 위치는 1층 4열이다.

24 언어추리   정답 ①

빨간색 우편함은 각각 1층 3열, 2층 1열에 위치하고, 초록색 우편함은 각각 1층 2열, 2층 4열에 위치하므로 같은 열에 위치할 수 없는 색은 빨간색과 초록색이다.

25 언어추리   정답 ④

1층 1열에 위치한 우편함의 색이 파란색일 경우, 파란색 우편함에 각각 우편물이 2개씩 들어있으므로 파란색 우편함에 들어있는 우편물의 총 개수는 4개이다.

26 언어추리   정답 ①

우편물이 들어있지 않은 2층 2열 우편함과 우편물이 2개 들어있는 1층 1열, 2층 3열 우편함을 제외한 우편함에는 모두 우편물이 1개 들어있을 수 있으므로 항상 참인 설명이다.

② 2층 4열에 위치한 우편함의 색은 초록색이고, 초록색 우편함의 왼쪽 우편함에만 우편물이 2개 들어있어 2층 3열에 위치한 우편함에 들어있는 우편물의 개수는 2개이므로 항상 거짓인 설명이다.

③ 같은 층에 위치한 우편함의 색은 서로 달라 색의 종류별로 우편함의 개수는 모두 2개씩이므로 항상 거짓인 설명이다.

④ 1층 1열, 1층 4열에 위치한 우편함의 색을 알 수 없어 색을 알 수 없는 우편함의 개수는 총 2개이므로 항상 거짓인 설명이다.

[27-28]

제시된 조건에 따르면 A는 던지기에서 1위를 기록했고, 턱걸이에서는 2위를 기록했다. 또한, D는 한 종목에서 4명 중 기록이 가장 좋았으므로 턱걸이에서 1위를 기록했고, B는 두 종목에서 동일한 순위를 기록했다. B의 순위에 따라 가능한 경우는 다음과 같다.

경우 1. B가 두 종목 모두 3위를 기록한 경우

구분	1위	2위	3위	4위
던지기	A	C	B	D
턱걸이	D	A	B	C

경우 2. B가 두 종목 모두 4위를 기록한 경우

구분	1위	2위	3위	4위
던지기	A	C 또는 D	C 또는 D	B
턱걸이	D	A	C	B

27 언어추리   정답 ③

B는 두 종목에서 모두 3위 또는 4위를 기록했으므로 알 수 없는 설명이다.

28 언어추리   정답 ①

D가 던지기에서 2위를 기록했을 때, C는 그 종목에서 3위를 기록했으므로 참인 설명이다.

[29 - 31]

제시된 조건에 따르면 A의 순위와 C의 순위의 차는 4이며, C가 먼저 우유를 모두 마신 후 A가 우유를 모두 마셨다. 이때 C와 F의 순위는 1위가 아니므로, C는 2위, A는 6위임을 알 수 있다. 또한, E는 D보다 먼저 우유를 모두 마셨으며, D는 B보다 먼저 우유를 모두 마셨다. F의 순위에 따라 가능한 경우는 다음과 같다.

경우 1. F의 순위가 3위인 경우

1위	2위	3위	4위	5위	6위
E	C	F	D	B	A

경우 2. F의 순위가 4위인 경우

1위	2위	3위	4위	5위	6위
E	C	D	F	B	A

경우 3. F의 순위가 5위인 경우

1위	2위	3위	4위	5위	6위
E	C	D	B	F	A

29 언어추리　　　　　　　　　　　　　　　정답 ②

6명 중 E, C, A 3명의 순위가 확정되므로 거짓인 설명이다.

30 언어추리　　　　　　　　　　　　　　　정답 ②

F의 순위는 3위 또는 4위 또는 5위이므로 거짓인 설명이다.

31 언어추리　　　　　　　　　　　　　　　정답 ①

C의 순위는 2위이므로 참인 설명이다.

[32 - 33]

제시된 조건에 따르면 하영이는 은지보다 자동차를 더 많이 가지고 있으며, 초롱이는 은지보다 자동차를 더 적게 가지고 있다. 또한, 남주와 하영이는 자동차를 각각 5대씩 가지고 있으며, 나은이는 남주보다 자동차를 더 많이 가지고 있다. 이에 따라 보미를 제외하고 가지고 있는 자동차 대수가 많은 순으로 나열하면 '나은 > 남주＝하영 > 은지 > 초롱'이다.

32 언어추리　　　　　　　　　　　　　　　정답 ②

보미가 남주와 나은이보다 자동차를 더 많이 가지고 있을 수도 있으므로 거짓인 설명이다.

33 언어추리　　　　　　　　　　　　　　　정답 ②

은지는 남주보다 자동차를 더 적게 가지고 있으므로 거짓인 설명이다.

[34 - 35]

제시된 조건에 따르면 A는 모든 경기를 마쳤으며 최종 승점이 4점이므로 1승 1무 2패 또는 4무이다. 이때 C가 계속 승리하고 있다고 하였으므로 A는 C와의 경기에서 패하였기 때문에 A는 1승 1무 2패를 하였다. D는 계속 패하고 있으므로 A는 D와의 경기에서 승리했고, E는 패한 경기가 없다고 하였으므로 A는 E와의 경기에서 무승부를 기록했으며, B와의 경기에서 패했다. 또한, E는 현재 승점이 7점이므로 현재 2승 1무이다. 그런데 C는 계속 승리하고 있다고 하였으므로 E는 C와 아직 경기를 하지 않았으며 B, D와의 경기에서 모두 승리하였음을 알 수 있다. B는 비긴 경기가 없고 패한 경기보다 승리한 경기가 더 많다고 하였으므로 B는 D와의 경기에서 승리했고 C와는 아직 경기를 하지 않았음을 알 수 있다.

구분	A	B	C	D	E	승점
A		B 승리	C 승리	A 승리	무승부	4
B	B 승리		남은 경기	B 승리	E 승리	6
C	C 승리	남은 경기		C 승리	남은 경기	6
D	A 승리	B 승리	C 승리		E 승리	0
E	무승부	E 승리	남은 경기	E 승리		7

34 언어추리　　　　　　　　　　　　　　　정답 ③

B는 현재 2승 1패이고 C는 현재 2승이므로 현재 승점이 같은 두 팀은 B와 C이다.

35 언어추리

정답 ①

B가 리그 최종 단독 우승팀이 되려면, 남은 경기 중 B는 C와의 경기에서 이겨야 하며, C와 E의 경기는 무승부여야 한다.

따라서 B의 최종 승점은 9점이고 E의 최종 승점은 8점이므로 B와 E의 승점 차이는 1점이다.

[36-38]

제시된 조건에 따르면 현숙이는 공항에 가장 늦게 도착했으며, 정호나 소영이가 공항에 가장 먼저 도착했다. 이때 소영이는 공항에 세 번째로 도착했으므로 정호가 공항에 첫 번째로 도착했다. 또한, 태평이와 진흥이는 연이어 도착했으므로 네 번째 또는 다섯 번째로 도착했음을 알 수 있다. 이에 따라 6명이 공항에 도착한 순서는 다음과 같다.

첫 번째	두 번째	세 번째	네 번째	다섯 번째	여섯 번째
정호	정희	소영	태평 또는 진흥	태평 또는 진흥	현숙

36 언어추리

정답 ①

정호는 첫 번째, 정희는 두 번째로 도착했으므로 참인 설명이다.

37 언어추리

정답 ③

태평이는 공항에 네 번째 또는 다섯 번째로 도착했으므로 알 수 없는 설명이다.

38 언어추리

정답 ②

진흥이와 현숙이 사이에 공항에 도착한 사람은 태평이 1명이거나 아무도 없으므로 거짓인 설명이다.

[39-40]

제시된 조건에 따르면 C는 앞에서 두 번째에 앉아 있고, A와 D 사이에 두 명이 앉아 있다. 또한, D 바로 앞에는 B가 앉아 있으므로 A는 첫 번째, B는 세 번째, D는 네 번째에 앉음을 알 수 있다. 이에 따라 5명의 면접자가 앞에서부터 한 줄로 앉은 순서는 다음과 같다.

첫 번째	두 번째	세 번째	네 번째	다섯 번째
A	C	B	D	E

39 언어추리

정답 ①

E는 가장 뒤에 앉아 있으므로 참인 설명이다.

40 언어추리

정답 ①

D는 앞에서 네 번째에 앉아 있으므로 참인 설명이다.

PART 3 지각

기출유형공략

유형 1 사무지각 - 확인문제
p.123

01-1	01-2	02-1	02-2
①	③	②	④

01-1
정답 ①

제시된 좌우 숫자의 배열은 서로 같다.

01-2
정답 ③

나머지 세 개의 배열과 다른 하나는 ③이다.
아에이**오우**으이 – 아에이**우오**으이

02-1
정답 ②

61578~6<u>1</u>755~65032

02-2
정답 ④

65488~65<u>8</u>72~65942

유형 1 사무지각 - 유형공략문제
p.125

01	02	03	04	05
①	①	②	②	①
06	07	08	09	10
④	①	②	④	④
11	12	13	14	15
④	④	④	②	③
16	17	18	19	20
②	④	④	①	③

01
정답 ①

제시된 좌우 문자의 배열은 서로 같다.

02
정답 ①

제시된 좌우 기호의 배열은 서로 같다.

03
정답 ②

마**다**주루차가아 – 마**디**주루차가아

04
정답 ②

7023768574 – 70237685<u>7</u>54

05
정답 ①

제시된 좌우 문자의 배열은 서로 같다.

06 정답 ④

하나<u>다</u>두리우리 – 하나<u>더</u>두리우리

07 정답 ①

wlrnq<u>u</u>fdp – wlrnq<u>n</u>fdp

08 정답 ②

가나다라마<u>바</u>사 – 가나다라마<u>버</u>사

09 정답 ④

제시된 기호 '◆'의 개수는 5개이다.

☆▷★<u>◆</u>●◎◈▲▷<u>◆</u>▶▣★◈■ ◇△▼<u>◆</u>○<u>◆</u>◀▣<u>◆</u>◇

10 정답 ④

제시된 문자 '정'의 개수는 4개이다.

장발장<u>정</u>발장<u>정</u>발장장발장<u>정</u>발장<u>정</u>발장

11 정답 ④

제시된 숫자의 배열과 같은 것은 ④이다.

① 49<u>9</u>1–92–7685
② 43<u>9</u>7–92–7685
③ 4391–92–7<u>8</u>85

12 정답 ④

제시된 문자의 배열과 같은 것은 ④이다.

① 가기구계고기<u>구</u>계구기구
② 가기구계고<u>거</u>구계고기구
③ 가기구계고기구계고기<u>고</u>

13 정답 ④

기호의 배열에서 없는 기호는 'ㄴ'이다.

① ‖ ╤ ⊥ ╝ ⊥
② ㄴ ╤ ⊥ ╝ ⊥
③ ㄴ ╤ ⊥ ╝ ⊥

14 정답 ②

서로 다른 부분의 개수는 1개이다.

DIIB<u>C</u>ULAE – DIIB<u>G</u>ULAE

15 정답 ③

서로 같은 부분의 개수는 3개이다.

ㅂㅇㄴㅈㅁ<u>ㅈㄴ</u>ㅇㅌㄹ – ㅁㄹㅇㅁ<u>ㅈㅈㄴ</u>ㅎㅌㄷ

16 정답 ②

M+S=2+10=12

① G+O=7+6=13
③ A+K=5+9=14
④ C+Q=8+3=11

17 정답 ④

♥(p) 우(e) ▽(m) ○(a) ■(b)
따라서 ♥우▽○■을 문자로 치환하면 'pemab'이다.

[18 – 20]

18 정답 ④

80502~<u>81020</u>~94366

19 정답 ①

남~<u>노고단</u>~단

20

초~칫솔질~크

유형 2 공간지각 - 확인문제

p.131

01-1	01-2	02-1	02-2	03-1
③	②	③	④	④

03-2				
②				

01-1

정답 ③

3(2층)+9(1층)=12개

01-2

정답 ②

블록을 추가로 쌓아 직육면체를 만들 때, 전체 블록의 개수는 최소 3×4×2=24개가 되어야 한다.
따라서 추가로 필요한 블록의 개수는 24−12=12개이다.

02-1

정답 ③

표시된 부분이 나머지와 달라 네 개의 도형 중 모양이 다른 도형은 ③이다.

02-2

정답 ④

제시된 도형과 같은 것은 제시된 도형을 시계 방향으로 90° 회전한 형태인 ④이다.

03-1

정답 ④

제시된 그림 조각을 '(다)−(나)−(가)−(라)' 순으로 배열하면 다음과 같다.

03-2

정답 ②

제시된 그림 조각을 '(나)−(가)−(라)−(다)' 순으로 배열하면 다음과 같다.

유형 2 공간지각 - 유형공략문제

p.136

01	02	03	04	05
③	②	②	①	②
06	07	08	09	10
②	③	②	③	①
11	12	13	14	15
④	②	③	③	④
16	17	18	19	20
②	①	③	③	④

01
정답 ③

두 종류의 블록의 개수는 다음과 같다.

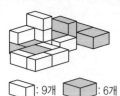

▱ : 9개   ▰ : 6개

9+6=15개

02
정답 ②

층별 블록 개수는 다음과 같다.
3층: 1개, 2층: 4개, 1층: 8개
따라서 블록의 개수는 1+4+8=13개이다.

03
정답 ②

블록마다 페인트칠해지는 면의 개수는 다음과 같다.

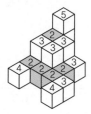

따라서 2개의 면이 칠해지는 블록의 개수는 5개이다.

04
정답 ①

어느 방향에서 보아도 보이지 않는 블록의 개수는 1개이다.

05
정답 ②

블록마다 다른 블록과 접하고 있는 면의 개수는 다음과 같다.

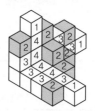

따라서 2개의 면이 다른 블록과 접해 있는 블록의 개수는 7개이다.

06
정답 ②

제시된 블록을 화살표 방향으로 아래에서 바라볼 때의 투상도는 다음과 같다.

따라서 아래에서 바라볼 때 보이는 블록의 개수는 7개이다.

07
정답 ③

네 개의 도형 중 모양이 다른 도형은 ③이다.

오답 체크
② ①을 반시계 방향으로 90° 회전한 형태이다.
④ ①을 180° 회전한 형태이다.

08
정답 ②

표시된 부분이 나머지와 달라 네 개의 도형 중 모양이 다른 도형은 ②이다.

오답 체크
③ ①을 반시계 방향으로 90° 회전한 형태이다.
④ ①을 반시계 방향으로 45° 회전한 형태이다.

09

정답 ③

표시된 부분이 나머지와 달라 네 개의 도형 중 모양이 다른 도형은 ③이다.

10

정답 ①

표시된 부분이 나머지와 달라 네 개의 도형 중 모양이 다른 도형은 ①이다.

오답 체크
③ ②를 반시계 방향으로 90° 회전한 형태이다.
④ ②를 180° 회전한 형태이다.

11

정답 ①

네 개의 도형 중 모양이 다른 도형은 ④이다.

오답 체크
② ①을 반시계 방향으로 90° 회전한 형태이다.
③ ①을 시계 방향으로 90° 회전한 형태이다.

12

정답 ②

제시된 도형과 같은 것은 제시된 도형을 시계 방향으로 90° 회전한 형태인 ②이다.

13

정답 ③

제시된 도형과 같은 것은 ③이다.

오답 체크

①   ②

④

14

정답 ③

제시된 도형과 같은 것은 ③이다.

15

정답 ④

제시된 도형과 다른 것은 제시된 도형을 상하 대칭한 형태인 ④이다.

오답 체크
① 제시된 도형을 반시계 방향으로 90° 회전한 형태이다.
② 제시된 도형을 180° 회전한 형태이다.
③ 제시된 도형을 시계 방향으로 90° 회전한 형태이다.

16

정답 ②

표시된 부분이 나머지와 달라 네 개의 도형 중 모양이 다른 도형은 ②이다.

17　　　　　　　　　　　　　　　정답 ①

제시된 그림 조각을 '(가) – (다) – (나) – (라)' 순으로 배열
하면 다음과 같다.

20　　　　　　　　　　　　　　　정답 ④

제시된 그림 조각을 '(다) – (나) – (가) – (라)' 순으로 배열
하면 다음과 같다.

18　　　　　　　　　　　　　　　정답 ③

제시된 그림 조각을 '(가) – (다) – (라) – (나)' 순으로 배열
하면 다음과 같다.

19　　　　　　　　　　　　　　　정답 ③

제시된 그림 조각을 '(라) – (나) – (가) – (다)' 순으로 배열
하면 다음과 같다.

정답

p.144

01	02	03	04	05	06	07	08	09	10
사무지각	사무지각	사무지각	사무지각	사무지각	사무지각	사무지각	사무지각	사무지각	사무지각
②	①	②	①	②	③	①	③	①	②
11	12	13	14	15	16	17	18	19	20
사무지각	사무지각	사무지각	사무지각	사무지각	공간지각	공간지각	공간지각	공간지각	공간지각
①	③	④	①	②	①	③	①	④	②
21	22	23	24	25	26	27	28	29	30
공간지각	공간지각	공간지각	공간지각	공간지각	공간지각	공간지각	공간지각	공간지각	공간지각
④	③	②	③	②	③	④	①	②	①
31	32	33	34	35	36	37	38	39	40
공간지각	공간지각	공간지각	공간지각	공간지각	공간지각	공간지각	공간지각	공간지각	공간지각
③	④	④	③	④	②	③	③	③	①

취약 유형 분석표

유형별로 맞힌 개수, 정답률, 틀린 문제 번호와 풀지 못한 문제 번호를 적어보세요.

유형	맞힌 개수	정답률	틀린 문제 번호	풀지 못한 문제 번호
사무지각	/15	%		
공간지각	/25	%		

01 사무지각　　　　　　　　　정답 ②

11121112<u>1</u>21212121 – 11121112<u>1</u>11212121

02 사무지각　　　　　　　　　정답 ①

제시된 좌우 문자의 배열은 서로 같다.

03 사무지각　　　　　　　　　정답 ②

히기큐퓨사나**바** – 히기큐퓨사나**비**

04 사무지각　　　　　　　　　정답 ①

제시된 좌우 문자의 배열은 서로 같다.

05 사무지각　　　　　　　　　정답 ②

도독도도독**독**독도도도독 – 도독도도독**도**독도도도독

06 사무지각　　　　　　　　　정답 ③

km²mm²nm m² μm<u>cm</u>² – km²mm²nm m² μm<u>cm</u>

07 사무지각　　　　　　　　　정답 ①

갈**럅**문절치 – 갈**락**문절치

08 사무지각　　　　　　　　　정답 ③

제시된 숫자의 배열과 같은 것은 ③이다.

오답 체크
① 88<u>19</u>–37–6357
② 8<u>99</u>1–37–6357
④ 8891–37–63<u>37</u>

09 사무지각　　　　　　　　　정답 ①

제시된 문자의 배열과 같은 것은 ①이다.

오답체크
② 바련바**롬**바랜바람발
③ 바란바**른**바랜바**란**발
④ 바란바**랜**바**름**바람**반**

[10 - 11]

10 사무지각　　　　　　　　　정답 ②

문류, 박경리 〈토지〉 도서의 도서 분류는 문학(800), 저자명의 맨 처음 글자는 박, 저자명에 따른 저자명 분류 번호는 52, 도서 제목에 따른 분류 문자는 CC이다.
800＋박＋52＋CC＝800박52CC
따라서 도서관 분류 번호 부여법에 따라 분류될 도서 번호가 바르게 연결된 것은 ②이다.

11 사무지각　　　　　　　　　정답 ①

역사, E.H. 카 〈역사란 부잇인가〉 노서의 노서 분류는 역사(900), 저자명의 맨 처음 글자는 E, 저자명에 따른 저자명 분류 번호는 55, 도서 제목에 따른 분류 문자는 BB이다.
900＋E＋55＋BB＝900E55BB
따라서 도서관 분류 번호 부여법에 따라 분류될 도서 번호가 바르게 연결된 것은 ①이다.

[12 - 13]

12 사무지각　　　　　　　　　정답 ③

사～<u>청소기</u>～토

13 사무지각　　　　　　　　　정답 ④

초～<u>휴대폰</u>～흐

[14 - 15]

14 사무지각　　　　　　　　　정답 ①

Y+M=3+5=8

오답체크
② W+J=1+9=10
③ D+Z=7+0=7
④ I+K=3+8=11

15 사무지각　　　　　　　　　정답 ②

B+X=2+9=11

오답체크
① R+C=7+8=15
③ U+S=4+6=10
④ F+V=6+7=13

[16 - 17]

16 공간지각　　　　　　　　　정답 ①

5(3층)+4(2층)+5(1층)=14개

17 공간지각　　　　　　　　　정답 ③

색칠된 블록과 접해 있는 면의 개수는 3개이다.

[18 - 20]

18 공간지각　　　　　　　　　정답 ①

3(3층)+4(2층)+7(1층)=14개

19 공간지각　　　　　　　　　정답 ④

블록을 추가로 쌓아 직육면체를 만들 때, 전체 블록의 개수는 최소 4×3×3=36개가 되어야 한다.
따라서 추가로 필요한 블록의 개수는 36-14=22개이다.

20 공간지각　　　　　　　　　정답 ②

색칠된 블록과 접해 있는 면의 개수는 2개이다.

21 공간지각　　　　　　　　　정답 ④

어느 방향에서 보아도 보이지 않는 블록의 개수는 8개이다.

22 공간지각　　　　　　　　　정답 ③

세 종류의 블록의 개수는 다음과 같다.

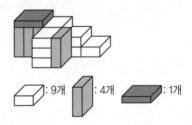

9+4+1=14개

23 공간지각　　　　　　　　　정답 ②

블록마다 다른 블록과 접하고 있는 면의 개수는 다음과 같다.

따라서 2개의 면이 다른 블록과 접해 있는 블록의 개수는 3개이다.

24 공간지각   정답 ③

블록마다 페인트칠해지는 면의 개수는 다음과 같다.

따라서 3개의 면이 칠해지는 블록의 개수는 3개이다.

25 공간지각   정답 ②

표시된 부분이 나머지와 달라 네 개의 도형 중 모양이 다른 도형은 ②이다.

26 공간지각   정답 ③

네 개의 도형 중 모양이 다른 도형은 ③이다.

[오답 체크]
② ①을 시계 방향으로 90° 회전한 형태이다.
④ ①을 180° 회전한 형태이다.

27 공간지각   정답 ④

네 개의 도형 중 모양이 다른 도형은 ④이다.

[오답 체크]
② ①을 시계 방향으로 90° 회전한 형태이다.
③ ①을 반시계 방향으로 90° 회전한 형태이다.

28 공간지각   정답 ①

네 개의 도형 중 모양이 다른 도형은 ①이다.

[오답 체크]
③ ②를 180° 회전한 형태이다.
④ ②를 반시계 방향으로 90° 회전한 형태이다.

29 공간지각   정답 ②

네 개의 도형 중 모양이 다른 도형은 ②이다.

[오답 체크]
③ ①을 반시계 방향으로 90° 회전한 형태이다.
④ ①을 180° 회전한 형태이다.

30 공간지각   정답 ①

제시된 도형과 같은 것은 ①이다.

31 공간지각   정답 ③

제시된 도형과 같은 것은 제시된 도형을 시계 방향으로 90° 회전한 형태인 ③이다.

32 공간지각   정답 ④

제시된 도형과 같은 것은 ④이다.

33 공간지각   정답 ④

제시된 도형과 같은 것은 제시된 도형을 180° 회전한 형태인 ④이다.

[오답 체크]
① 제시된 도형을 좌우 대칭한 형태이다.
② 제시된 도형을 상하 대칭한 형태이다.

34 공간지각   정답 ③

제시된 도형과 같은 것은 제시된 도형을 180° 회전한 형태인 ③이다.

35 공간지각

정답 ④

제시된 그림 조각을 '(라) – (다) – (가) – (나)' 순으로 배열하면 다음과 같다.

36 공간지각

정답 ②

제시된 그림 조각을 '(가) – (라) – (다) – (나)' 순으로 배열하면 다음과 같다.

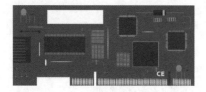

37 공간지각

정답 ③

제시된 그림 조각을 '(다) – (가) – (나) – (라)' 순으로 배열하면 다음과 같다.

38 공간지각

정답 ③

제시된 그림 조각을 '(다) – (나) – (라) – (가)' 순으로 배열하면 다음과 같다.

39 공간지각

정답 ③

제시된 그림 조각을 '(라) – (나) – (가) – (다)' 순으로 배열하면 다음과 같다.

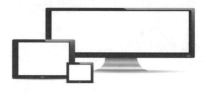

40 공간지각

정답 ①

제시된 그림 조각을 '(가) – (다) – (나) – (라)' 순으로 배열하면 다음과 같다.

PART 4 GSAT 실전모의고사

실전모의고사 1회

정답

I 수리

p.160

01	③	사칙연산	09	③	사칙연산	17	①	자료해석	25	①	자료해석	33	②	응용계산
02	②	사칙연산	10	①	사칙연산	18	①	자료해석	26	④	자료해석	34	④	응용계산
03	④	사칙연산	11	④	자료해석	19	②	자료해석	27	③	자료해석	35	③	응용계산
04	③	사칙연산	12	④	자료해석	20	③	자료해석	28	④	자료해석	36	④	응용계산
05	②	사칙연산	13	④	자료해석	21	②	자료해석	29	①	자료해석	37	③	응용계산
06	①	사칙연산	14	②	자료해석	22	③	자료해석	30	②	자료해석	38	②	응용계산
07	②	사칙연산	15	③	자료해석	23	①	자료해석	31	③	응용계산	39	②	응용계산
08	④	사칙연산	16	③	자료해석	24	②	자료해석	32	②	응용계산	40	①	응용계산

II 추리

p.172

01	④	수·문자추리	09	③	수·문자추리	17	②	수·문자추리	25	④	언어추리	33	③	언어추리
02	②	수·문자추리	10	①	수·문자추리	18	④	수·문자추리	26	①	언어추리	34	①	언어추리
03	④	수·문자추리	11	②	수·문자추리	19	①	수·문자추리	27	③	언어추리	35	②	언어추리
04	①	수·문자추리	12	①	수·문자추리	20	①	수·문자추리	28	③	언어추리	36	①	언어추리
05	②	수·문자추리	13	③	수·문자추리	21	②	언어추리	29	①	언어추리	37	③	언어추리
06	②	수·문자추리	14	①	수·문자추리	22	①	언어추리	30	①	언어추리	38	③	언어추리
07	③	수·문자추리	15	①	수·문자추리	23	③	언어추리	31	①	언어추리	39	①	언어추리
08	①	수·문자추리	16	②	수·문자추리	24	②	언어추리	32	②	언어추리	40	①	언어추리

III 지각

p.182

01	①	사무지각	09	③	사무지각	17	③	공간지각	25	③	공간지각	33	①	공간지각
02	②	사무지각	10	③	사무지각	18	②	공간지각	26	③	공간지각	34	④	공간지각
03	①	사무지각	11	④	사무지각	19	③	공간지각	27	①	공간지각	35	③	공간지각
04	②	사무지각	12	②	사무지각	20	②	공간지각	28	③	공간지각	36	③	공간지각
05	②	사무지각	13	③	사무지각	21	②	공간지각	29	③	공간지각	37	③	공간지각
06	④	사무지각	14	④	사무지각	22	②	공간지각	30	②	공간지각	38	①	공간지각
07	③	사무지각	15	②	사무지각	23	②	공간지각	31	②	공간지각	39	②	공간지각
08	④	사무지각	16	①	공간지각	24	④	공간지각	32	①	공간지각	40	④	공간지각

취약 유형 분석표

유형별로 맞힌 개수, 틀린 문제 번호와 풀지 못한 문제 번호를 직고 나서 취약한 유형이 무엇인지 파악해 보세요.
취약한 유형은 '기출유형공략'을 다시 한번 확인하고, 관련 이론을 복습하세요.

수리	유형	맞힌 개수	틀린 문제 번호	풀지 못한 문제 번호
	사칙연산	/10		
	자료해석	/20		
	응용계산	/10		
	TOTAL	/40		

추리	유형	맞힌 개수	틀린 문제 번호	풀지 못한 문제 번호
	수·문자추리	/20		
	언어추리	/20		
	TOTAL	/40		

지각	유형	맞힌 개수	틀린 문제 번호	풀지 못한 문제 번호
	사무지각	/15		
	공간지각	/25		
	TOTAL	/40		

합계	영역	제한 시간 내에 푼 문제 수	정답률
	수리	/40	%
	추리	/40	%
	지각	/40	%
	TOTAL	/120	%

I 수리

p.160

01 사칙연산
정답 ③

$(51+24 \times 8) \div 9 = (51+192) \div 9 = 243 \div 9 = 27$

02 사칙연산
정답 ②

$\dfrac{2}{9} \times \dfrac{3}{5} + \dfrac{1}{3} = \dfrac{2}{15} + \dfrac{1}{3} = \dfrac{2}{15} + \dfrac{5}{15} = \dfrac{7}{15}$

03 사칙연산
정답 ④

$7.2 \div 1.8 - 1.7 = 4.0 - 1.7 = 2.3$

04 사칙연산
정답 ③

$\left(3\dfrac{1}{3} - 2\dfrac{1}{2}\right) \div \dfrac{2}{3} = \left(\dfrac{10}{3} - \dfrac{5}{2}\right) \div \dfrac{2}{3} = \left(\dfrac{20}{6} - \dfrac{15}{6}\right) \div \dfrac{2}{3}$
$= \dfrac{5}{6} \div \dfrac{2}{3} = \dfrac{5}{6} \times \dfrac{3}{2} = \dfrac{5}{4}$

05 사칙연산
정답 ②

$(28 + 42 \div 7) - 5 = (28+6) - 5 = 34 - 5 = 29$

06 사칙연산
정답 ①

A: $\dfrac{105}{248}$

B: $\dfrac{3}{8} = \dfrac{93}{248}$

→ A > B

07 사칙연산
정답 ②

$\dfrac{1}{4} = 0.25 < \square < \dfrac{1}{3} = 0.333\cdots$

따라서 두 숫자 사이에 포함되는 숫자는 $\dfrac{7}{25} = 0.28$인 ② 이다.

① $\dfrac{6}{25} = 0.24$

③ $\dfrac{7}{20} = 0.35$

④ $\dfrac{2}{5} = 0.4$

08 사칙연산
정답 ④

$11 \triangle (110 \, ◐ \, 11) = 11 \triangle (11^2 - 110) = 11 \triangle (121 - 110) = 11 \triangle 11$
$= 3 \times 11 + 2 \times 11 = 33 + 22 = 55$

09 사칙연산
정답 ③

$240 \times 0.205 = 49.2$

10 사칙연산
정답 ①

희수는 오늘 할 일의 50% 중 5할 4푼을 진행했으므로 현재까지 오늘 할 일의 진행률은 $0.5 \times 0.54 = 0.27 = 27\%$이다.

11 자료해석
정답 ④

2021년 고위험 사용자군의 인터넷 중독률이 전년 대비 감소한 연령대는 성인이고, 성인의 인터넷 중독률은 2020년에 7.5%, 2021년에 9.0%이다.
따라서 2021년 성인 인터넷 중독률의 전년 대비 증감률은 $\{(9.0 - 7.5) / 7.5\} \times 100 = 20\%$이다.

12 자료해석
정답 ④

2021년 A 시험의 응시자 수는 1,900명이고, 합격자 수의 2배는 $665 \times 2 = 1,330$명이므로 옳지 않은 설명이다.

① 2020년 이후 A 시험의 응시자 수와 합격자 수의 전년 대비 증감 추이는 감소, 감소, 증가, 감소로 서로 동일하므로 옳은 설명이다.

② 합격률(%)＝(합격자 수／응시자 수)×100임을 적용하여 구하면, 2023년 A 시험의 합격률은 (480／1,600)×100＝30%이므로 옳은 설명이다.

③ 2019~2021년 연도별 A 시험 응시자 수의 평균은 (2,500＋2,200＋1,900)／3＝2,200명이므로 옳은 설명이다.

빠른 문제 풀이 Tip

③ 수치 간의 차를 이용하여 평균값을 구한다.
A 시험의 응시자 수는 2019년에 2,500명, 2020년에 2,200명, 2021년에 1,900명으로 중간 수치인 2,200명을 기준으로 각 수치 간의 차는 2,500－2,200＝300명, 1,900－2,200＝－300명이다. 수치 간의 차의 합이 300＋(－300)＝0이므로 평균값은 2,200명임을 알 수 있다.

13 자료해석   정답 ④

제시된 기간 중 휘발유와 경유의 가격 차이가 가장 많이 나는 달은 10월이다. 10월 휘발유의 가격은 리터당 2,150원이므로 휘발유 32L의 가격은 2,150×32＝68,800원이고, 경유의 가격은 리터당 2,020원이므로 경유 30L의 가격은 2,020×30＝60,600원이다.

따라서 10월 휘발유 32L와 경유 30L의 가격 차이는 68,800－60,600＝8,200원이다.

14 자료해석   정답 ②

만족도 조사에 참여한 사람은 500명이고, 전문성에는 조금 만족하지만 친절도에 조금 불만족한 사람의 비율은 6%로, 전문성에는 조금 만족하지만 친절도에 조금 불만족한 사람은 500×0.06＝30명이므로 옳은 설명이다.

오답 체크

① 친절도와 전문성에 모두 매우 만족한 사람의 비율은 14%로, 친절도에는 매우 만족하지만 전문성에 조금 불만족한 사람의 비율인 8%의 14／8＝1.75배이므로 옳지 않은 설명이다.

③ 만족도 조사에 참여한 사람은 500명이고, 친절도에서 매우 불만족한 사람의 비율은 2%로, 친절도에서 매우 불만족한 사람은 총 500×0.02＝10명이므로 옳지 않은 설명이다.

④ 친절도와 전문성에 같은 만족도를 준 사람의 비율은 총 14＋13＋8＋1＝36%이므로 옳지 않은 설명이다.

[15-17]

15 자료해석   정답 ③

2024년 1월 19일 제시된 항공 운송료 중 항공 운송료가 65,000원으로 가장 저렴한 항공기의 도착 시각은 08:15이고, 항공 운송료가 150,000원으로 가장 비싼 항공기의 도착 시각은 15:45이다.

따라서 2024년 1월 19일 도착 시각이 08:15인 항공기와 15:45인 항공기의 도착 시각 차이는 7시간 30분이다.

16 자료해석   정답 ③

소비자 결제 금액＝항공 운송료＋공항 시설 사용료＋유류할증료이고, 제시된 기간 동안 공항 시설 사용료는 4,000원, 유류할증료는 14,300원으로 동일함을 적용하여 구한다. 제시된 기간 동안 항공 운송료가 가장 비싼 항공기의 항공 운송료는 190,000원이다.

따라서 항공 운송료가 190,000원으로 가장 비싼 항공기의 소비자 결제 금액은 190,000＋4,000＋14,300＝208,300원이다.

17 자료해석   정답 ①

소비자 결제 금액＝항공 운송료＋공항 시설 사용료＋유류할증료이고, 제시된 기간 동안 공항 시설 사용료는 4,000원, 유류할증료는 14,300원으로 동일함을 적용하여 구하면, 2024년 1월 20일 09:15에 출발하는 항공기의 소비자 결제 금액은 120,000＋4,000＋14,300＝138,300원이므로 옳지 않은 설명이다.

오답 체크

② 2024년 1월 21일 08:15에 도착하는 항공기의 항공 운송료는 59,000원으로, 3일 전 07:00에 출발하는 항공기의 항공 운송료인 55,000원보다 비싸므로 옳은 설명이다.

③ 출발, 도착 시각은 대한민국 시각 기준이며, 제시된 항공기의 비행시간은 24시간 미만으로 모두 출발 시각부터 도착 시각까지 1시간 15분이 소요되므로 옳은 설명이다.

④ 2024년 1월 18일부터 21일까지 14:30에 출발하는 항공기의 항공 운송료는 매일 다른 출발 시각 항공기의 항공 운송료에 비해 가장 비싸므로 옳은 설명이다.

해커스 GSAT 5급 고졸채용 삼성직무적성검사 한권완성 최신기출유형＋실전모의고사

PART 4 GSAT 실전모의고사 1회   **57**

18 자료해석 정답 ①

2022년 조사에 참여한 80대 노인 1,250명 중 평생 일을 하지 않았다고 응답한 노인은 150명이다.

따라서 2022년 조사에 참여한 80대 노인 중 평생 일을 하지 않았다고 응답한 노인의 비중은 $(150/1,250) \times 100 = 12\%$이다.

19 자료해석 정답 ②

2023년 일을 한 경험은 있으나 현재는 하지 않는다고 응답한 노인의 수는 60대가 1,170명, 70대가 1,300명, 80대가 950명, 90대 이상이 400명이다.

따라서 2023년 일을 한 경험은 있으나 현재는 하지 않는다고 응답한 노인의 수는 총 $1,170 + 1,300 + 950 + 400 = 3,820$명이다.

20 자료해석 정답 ③

2023년 현재 일을 하고 있다고 응답한 노인의 수는 60대가 850명, 70대가 600명으로 70대가 60대보다 적으므로 옳지 않은 설명이다.

오답 체크

① 조사에 참여한 90대 이상 노인의 수는 2022년에 800명이고, 2023년에 640명으로 전년 대비 감소하였으므로 옳은 설명이다.
② 2022년 일을 한 경험은 있으나 현재는 하지 않는다고 응답한 노인의 수는 60대가 1,450명, 70대가 1,300명, 80대가 900명, 90대 이상이 650명으로 연령대가 높아질수록 적으므로 옳은 설명이다.
④ 2022년 조사에 참여한 60대 노인의 수는 2,500명으로 2022년 조사에 참여한 80대 노인의 수인 1,250명의 $2,500/1,250 = 2$배이므로 옳은 설명이다.

21 자료해석 정답 ②

2023년 각 트럭의 주행거리당 운송량의 비율은 A 트럭이 $1,300/25 = 52$, B 트럭이 $1,200/16 = 75$, C 트럭이 $1,000/20 = 50$, D 트럭이 $1,050/15 = 70$이다.

따라서 2023년 A~D 트럭 중 주행거리당 운송량의 비율이 가장 큰 트럭은 B 트럭이다.

22 자료해석 정답 ③

2021~2023년 연도별 D 트럭 운송량의 평균은 $(950 + 850 + 1,050)/3 = 950$톤이므로 옳은 설명이다.

오답 체크

① 2022년 C 트럭의 주행거리는 전년 대비 증가하였지만, 운송량은 전년 대비 감소하였으므로 옳지 않은 설명이다.
② 제시된 기간 동안 B 트럭의 운송량이 다른 해에 비해 가장 많은 해는 2023년이고, A 트럭의 운송량이 다른 해에 비해 가장 많은 해는 2022년이므로 옳지 않은 설명이다.
④ 2023년 B 트럭의 주행거리보다 D 트럭의 주행거리가 더 짧으므로 옳지 않은 설명이다.

23 자료해석 정답 ①

기준연도 대비 비교연도 A의 증감률(%) = {(비교연도 A − 기준연도 A)/기준연도 A} × 100임을 적용하여 구한다.

A 지역의 대기업과 중소기업 총 종사자 수는 2017년에 11,000백 명, 2019년에 11,495백 명이다.

따라서 2019년 A 지역의 대기업과 중소기업 총 종사자 수의 2년 전 대비 증감률은 $\{(11,495 - 11,000)/11,000\} \times 100 = 4.5\%$이다.

24 자료해석 정답 ②

2019년 A 지역의 대기업과 중소기업 종사자 수의 합은 11,495백 명이고, 대기업 종사자 수는 2,299백 명이다.

따라서 2019년 A 지역의 대기업과 중소기업 종사자 수의 합에서 대기업 종사자 수가 차지하는 비중은 $(2,299/11,495) \times 100 = 20\%$이다.

25 자료해석 정답 ①

2017년에 대기업 종사자 수는 중소기업 종사자 수의 $(1,900/9,100) \times 100 ≒ 21\%$, 2018년에 $(1,048/9,402) \times 100 ≒ 11\%$, 2019년에 $(2,299/9,196) \times 100 = 25\%$, 2020년에 $(1,392/12,402) \times 100 ≒ 11\%$, 2021년에 $(1,195/11,220) \times 100 ≒ 11\%$로 매년 10% 이상이므로 옳은 설명이다.

② 2019년 대기업 종사자 수는 전년 대비 증가하였으므로 옳지 않은 설명이다.

③ 제시된 기간 동안 대기업 종사자 수와 중소기업 종사자 수의 합이 전년 대비 감소한 해는 전년 대비 증감률이 마이너스인 2018년과 2021년이므로 옳지 않은 설명이다.

④ 제시된 기간 동안 중소기업 종사자 수가 가장 많은 해는 12,402백 명인 2020년이므로 옳지 않은 설명이다.

빠른 문제 풀이 Tip

① 대기업 종사자 수에 10배한 값과 중소기업 종사자 수의 값을 비교한다.

2017년: 1,900 × 10 = 19,000 > 9,100
2018년: 1,048 × 10 = 10,480 > 9,402
2019년: 2,299 × 10 = 22,990 > 9,196
2020년: 1,392 × 10 = 13,920 > 12,402
2021년: 1,195 × 10 = 11,950 > 11,220

제시된 기간 동안 매년 대기업 종사자 수에 10배한 값이 중소기업 종사자 수보다 크므로 옳은 설명이다.

[26-27]

26 자료해석   정답 ④

B 지역이 강수량 비율은 1분기에 10%, 2분기에 16%, 3분기에 17%, 4분기에 12%이다.

따라서 B 지역의 강수량 비율이 다른 분기 대비 세 번째로 높은 분기는 4분기이다.

27 자료해석   정답 ③

1분기 전국 강수량은 100mm, 2분기 전국 강수량은 250mm이므로 1분기 강수량 비율이 25%인 C 지역의 강수량은 100 × 0.25 = 25mm이고, 2분기 강수량 비율이 28%인 C 지역의 강수량은 250 × 0.28 = 70mm이다.

따라서 1분기 C 지역의 강수량과 2분기 C 지역의 강수량 차이는 70 - 25 = 45mm이다.

[28-30]

28 자료해석   정답 ④

최저 기온과 최고 기온의 차이는 부산이 18.6-11.3=7.3℃, 광주가 18.9-9.5=9.4℃, 춘천이 16.5-5.5=11.0℃, 철원이 15.6-4.0=11.6℃이다.

따라서 제시된 지역 중 최저 기온과 최고 기온의 차이가 가장 큰 지역은 철원이다.

29 자료해석   정답 ①

대전의 최고 기온은 17.6℃, 서울의 최고 기온은 16.7℃, 춘천의 최고 기온은 16.5℃, 철원의 최고 기온은 15.6℃이다.

따라서 대전, 서울, 춘천, 철원 지역 최고 기온의 평균은 (17.6+16.7+16.5+15.6)/4=16.6℃이다.

30 자료해석   정답 ②

최저 기온이 세 번째로 높은 지역은 대구이므로 옳지 않은 설명이다.

① 제주와 부산의 최고 기온은 18.6℃로 같으므로 옳은 설명이다.

③ 서울과 제주의 최저 기온의 차이는 13.1-8.5=4.6℃이므로 옳은 설명이다.

④ 대전의 최고 기온과 최저 기온의 차이는 17.6-8.1=9.5℃이므로 옳은 설명이다.

31 응용계산   정답 ③

교통비가 용돈의 40%이므로 교통비를 사용한 후 남은 금액은 용돈의 60%이다.

따라서 18,000 × 0.6=10,800원이므로 교통비를 사용한 후 남은 금액은 10,800원이다.

32 응용계산   정답 ②

x년 후에 아버지의 나이가 아들 나이의 3배가 된다고 하면
$55+x=3(15+x) \rightarrow x=5$

따라서 아버지의 나이가 아들의 나이보다 3배 많아지는 해는 5년 후이다.

33 응용계산　　정답 ②

전체 일의 양이 1이고 x일 동안 전체 일을 마쳤을 경우 하루 동안 한 일의 양은 $\frac{1}{x}$임을 적용하여 구한다.

A가 하루 동안 한 일의 양은 $\frac{1}{4}$이고, B가 하루 동안 한 일의 양은 $\frac{1}{10}$이다.

A와 B가 함께 일한 날을 x라고 하면

B 혼자서 3일 동안 일한 후 다음 날부터 A와 함께 일하므로

$$\frac{1}{10} \times 3 + \left(\frac{1}{4} + \frac{1}{10}\right) \times x = 1 \rightarrow \frac{7}{20}x = \frac{7}{10} \rightarrow x = 2$$

따라서 A와 B가 함께 일한 날은 2일이다.

34 응용계산　　정답 ④

시간 $= \frac{거리}{속력}$임을 적용하여 구한다.

자전거를 타고 간 거리를 x라고 하면 걸어간 거리는 $8 - x$이다.

집에서 회사까지 걸린 시간은 1시간 30분이므로

$$\frac{8-x}{3} + \frac{x}{10} = \frac{3}{2} \rightarrow 80 - 10x + 3x = 45 \rightarrow x = 5\text{km}$$

따라서 자전거를 탄 시간은 $\frac{5}{10}$시간 = 30분이다.

35 응용계산　　정답 ③

모임에 속한 여자는 3명이므로 여자 회장을 뽑는 경우는 3가지이고, 남자는 4명이므로 남자 부회장을 뽑는 경우는 4가지이다. 회장을 뽑은 후, 남은 여자는 2명이므로 여자 부회장을 뽑는 경우는 2가지이다.

따라서 회장과 부회장을 뽑는 경우의 수는 $3 \times 4 \times 2 = 24$가지이다.

36 응용계산　　정답 ④

총수익 = 물품 한 개의 수익 × 개수임을 적용하여 구한다.

수입한 청바지의 개수를 x라고 하면

$(2,300,000 - 1,800,000) = 2,000x \rightarrow x = 250$

따라서 수입한 청바지는 총 250벌이다.

37 응용계산　　정답 ③

두 번째와 세 번째 내기에서 모두 이길 확률과 두 번째 내기에서 지고 세 번째 내기에서 이길 확률을 더하여 구한다.

두 번째와 세 번째 내기에서 모두 이길 확률은 p, 두 번째 내기에서 지고 세 번째 내기에서 이길 확률을 q라고 하면

$p = \frac{1}{3} \times \frac{3}{4} = \frac{1}{4}$이고, $q = \frac{2}{3} \times \frac{1}{3} = \frac{2}{9}$이다.

이때 p와 q는 동시에 일어나지 않으므로

$$p + q = \frac{1}{4} + \frac{2}{9} = \frac{17}{36}$$

따라서 세 번째 내기에서 이길 확률은 $\frac{17}{36}$이다.

38 응용계산　　정답 ②

부모의 현재 총 재산을 x라고 하면

첫째에게는 총 재산의 $\frac{3}{7}$을, 둘째에게는 첫째에게 주고 남은 재산의 $\frac{1}{2}$을, 셋째에게는 첫째와 둘째에게 주고 남은 재산의 $\frac{2}{5}$를 주면, 720만 원이 남는다고 하였으므로

$$x \times \left(1 - \frac{3}{7}\right) \times \left(1 - \frac{1}{2}\right) \times \left(1 - \frac{2}{5}\right) = 720$$

$$\rightarrow x = 720 \times \frac{7}{4} \times \frac{2}{1} \times \frac{5}{3} = 4,200$$

따라서 부모의 현재 총 재산은 4,200만 원이다.

39 응용계산　　정답 ②

152cm를 기준값으로 두고 다섯 명 기록의 편차의 평균을 구하면 $\frac{-4 + 0 + 2 + 4 + 8}{5} = 2$cm이다.

따라서 다섯 명의 평균 기록은 기준값에 편차의 평균을 더한 154cm이다.

40 응용계산　　정답 ①

올해의 감자 수확량은 작년 수확량의 1.05배이다.

따라서 작년의 감자 수확량은 $\frac{630}{1.05} = 600$개이다.

01 수·문자추리   정답 ④

세 번째 항부터 제시된 각 숫자는 앞의 두 숫자의 곱이라는 규칙이 적용되므로 빈칸에 들어갈 알맞은 숫자는 '1,944'이다.

02 수·문자추리   정답 ②

12   19   26   33   40   (47)
└+7┘└+7┘└+7┘└+7┘└+7┘

제시된 각 숫자 간의 값이 +7로 반복되므로 빈칸에 들어갈 알맞은 숫자는 '47'이다.

03 수·문자추리   정답 ④

1   3   9   27   81   (243)
└×3┘└×3┘└×3┘└×3┘└×3┘

제시된 각 숫자 간의 값이 ×3으로 반복되므로 빈칸에 들어갈 알맞은 숫자는 '243'이다.

04 수·문자추리   정답 ①

16   36   54   70   84   (96)
└+20┘└+18┘└+16┘└+14┘└+12┘
    └−2┘ └−2┘ └−2┘ └−2┘

제시된 각 숫자 간의 값이 +20, +18, +16, …과 같이 −2씩 변화하므로 빈칸에 들어갈 알맞은 숫자는 '96'이다.

05 수·문자추리   정답 ②

8   56   80   92   98   (101)
└+48┘└+24┘└+12┘└+6┘└+3┘
    └÷2┘ └÷2┘ └÷2┘ └÷2┘

제시된 각 숫자 간의 값이 +48, +24, +12, …와 같이 ÷2씩 변화하므로 빈칸에 들어갈 알맞은 숫자는 '101'이다.

06 수·문자추리   정답 ②

5   8   5   15   18   15   45   (48)
└ +3 ┘└−3┘└×3┘└+3┘└−3┘└×3┘└+3┘

제시된 각 숫자 간의 값이 +3, −3, ×3으로 반복되므로 빈칸에 들어갈 알맞은 숫자는 '48'이다.

07 수·문자추리   정답 ③

$\frac{1}{9}$ $\frac{17}{72}$ $\frac{11}{18}$ $\frac{89}{72}$ $\left(\frac{19}{9}\right)$
└$+\frac{1}{8}$┘└$+\frac{3}{8}$┘└$+\frac{5}{8}$┘└$+\frac{7}{8}$┘
   └$+\frac{1}{4}$┘└$+\frac{1}{4}$┘└$+\frac{1}{4}$┘

제시된 각 숫자 간의 값이 $+\frac{1}{8}$, $+\frac{3}{8}$, $+\frac{5}{8}$, …와 같이 $+\frac{1}{4}$씩 변화하므로 빈칸에 들어갈 알맞은 숫자는 '$\frac{19}{9}$'이다.

08 수·문자추리   정답 ①

0.2   3   5.8   8.6   (11.4)   14.2
└+2.8┘└+2.8┘└+2.8┘└+2.8┘└+2.8┘

제시된 각 숫자 간의 값이 +2.8로 반복되므로 빈칸에 들어각 악맞은 수자는 '11.4'이다.

09 수·문자추리   정답 ③

7   8   10   14   22   (38)
└+1┘└+2┘└+4┘└+8┘└+16┘
  └×2┘ └×2┘ └×2┘ └×2┘

제시된 각 숫자 간의 값이 +1, +2, +4, …와 같이 ×2씩 변화하므로 빈칸에 들어갈 알맞은 숫자는 '38'이다.

10 수·문자추리   정답 ①

−4   −4   −5   −10   −12   −36   (−39)
└×1┘└−1┘└×2┘└−2┘└×3┘└−3┘

제시된 각 숫자 간의 값이 ×1, −1, ×2, −2, …로 변화하므로 빈칸에 들어갈 알맞은 숫자는 '−39'이다.

11 수·문자추리   정답 ②

제시된 각 문자를 알파벳 및 한글 자음 순서에 따라 숫자로 변경한다.

ㄷ	ㄴ	ㅂ	X	ㅌ	(V)	ㅊ
3	12	6	24	12	48	24

└×4┘└÷2┘└×4┘└÷2┘└×4┘└÷2┘

각 숫자 간의 값이 ×4, ÷2로 반복되므로 빈칸에 들어갈 알맞은 문자는 숫자 48에 해당하는 'V'이다.

12 수·문자추리   정답 ①

제시된 각 문자를 알파벳 순서에 따라 숫자로 변경한다.

A	B	G	P	(C)
1	2	7	16	29

└+1┘└+5┘└+9┘└+13┘
   └+4┘└+4┘└+4┘

각 숫자 간의 값이 +1, +5, +9, …와 같이 +4씩 변화하므로 빈칸에 들어갈 알맞은 문자는 숫자 29에 해당하는 'C'이다.

13 수·문자추리   정답 ③

제시된 각 문자를 한글 자음 순서에 따라 숫자로 변경한다.

ㄹ	ㄷ	ㅁ	ㄴ	ㅂ	ㄱ	(ㅅ)
4	3	5	2	6	1	7

└−1┘└+2┘└−3┘└+4┘└−5┘└+6┘

각 숫자 간의 값이 −1, +2, −3, +4, …로 변화하므로 빈칸에 들어갈 알맞은 문자는 숫자 7에 해당하는 'ㅅ'이다.

14 수·문자추리   정답 ①

제시된 각 문자를 한글 모음 순서에 따라 숫자로 변경한다.

ㅏ	ㅑ	ㅓ	ㅜ	(ㅏ)
1	2	4	7	11

└+1┘└+2┘└+3┘└+4┘
   └+1┘ └+1┘ └+1┘

각 숫자 간의 값이 +1, +2, +3, …과 같이 +1씩 변화하므로 빈칸에 들어갈 알맞은 문자는 숫자 11에 해당하는 'ㅏ'이다.

15 수·문자추리   정답 ①

제시된 각 문자를 한글 자음 순서에 따라 숫자로 변경한다.

ㄱ	ㄴ	ㄹ	ㅇ	(ㄴ)
1	2	4	8	16

└×2┘└×2┘└×2┘└×2┘

각 숫자 간의 값이 ×2로 반복되므로 빈칸에 들어갈 알맞은 문자는 숫자 16에 해당하는 'ㄴ'이다.

16 수·문자추리   정답 ②

제시된 각 숫자 간의 값이 ×4로 반복된다.

오답체크

①, ③, ④ 각 숫자 간의 값이 +5로 반복된다.

17 수·문자추리   정답 ②

제시된 각 문자를 알파벳 순서에 따라 숫자로 변경한다.

L	P	T	X
12	16	20	24

└+4┘└+4┘└+4┘

각 숫자 간의 값이 +4로 반복된다.

오답체크

①, ③, ④ 각 문자 간의 값이 +3으로 반복된다.

18 수·문자추리   정답 ④

제시된 각 문자를 알파벳 순서에 따라 숫자로 변경한다.

S	R	Q	P
19	18	17	16

└−1┘└−1┘└−1┘

각 숫자 간의 값이 −1로 반복된다.

오답체크

①, ②, ③ 각 문자 또는 숫자 간의 값이 +1로 반복된다.

19 수·문자추리 　정답 ①

제시된 각 문자를 한글 모음 순서에 따라 숫자로 변경한다.

```
   ㅜ    ㅛ    ㅗ    ㅕ
   7     6     5     4
   └-1┘└-1┘└-1┘
```

각 숫자 간의 값이 -1로 반복된다.

오답 체크

②, ③, ④ 각 문자 또는 숫자 간의 값이 -2로 반복된다.

20 수·문자추리 　정답 ①

제시된 각 문자를 한글 모음 순서에 따라 숫자로 변경한다.

```
   ㅑ     ㅛ     ㅠ
   └×3┘└+2┘└×3┘
```

각 숫자 간의 값이 ×3, +2, ×3으로 변화한다.

오답 체크

②, ③, ④ 각 문자 또는 숫자 간의 값이 ×2, -4, ×2로 변화한다.

21 언어추리 　정답 ②

네 번째 명제의 '대우'와 첫 번째 명제의 '대우'를 차례로 결합하면 다음과 같다.

네 번째 명제 (대우)	소설을 즐기지 않는 사람은	겨울 바다도 즐기지 않는다.	
첫 번째 명제 (대우)		겨울 바다를 즐기지 않는 사람은	영화 감상도 즐기지 않는다.
결론	소설을 즐기지 않는 사람은		영화 감상도 즐기지 않는다.

오답 체크

① 두 번째 명제에서 골프를 즐기는 사람은 겨울 바다를 즐기지 않으므로 옳지 않은 결론이다.
③ 네 번째 명제의 '이'므로 추론할 수 없다.
④ 첫 번째 명제의 '대우'에서 겨울 바다를 즐기지 않는 사람은 영화 감상도 즐기지 않으므로 옳지 않은 결론이다.

[22-23]

22 언어추리 　정답 ①

네 번째 명제와 두 번째 명제의 '대우'를 차례로 결합한 결론과 일치하므로 참인 결론이다.

네 번째 명제	안경을 착용하는 사람은	안과에 가지 않는다.	
두 번째 명제 (대우)		안과에 가지 않는 사람은	안구건조증이 없다.
결론	안경을 착용하는 사람은		안구건조증이 없다.

23 언어추리 　정답 ③

첫 번째 명제는 '시력이 안 좋은 사람은 안경을 착용한다.' 또는 '시력이 안 좋은 사람은 렌즈를 착용한다.'의 경우로 나눌 수 있다.

경우 1. 시력이 안 좋은 사람이 안경을 착용하는 경우

첫 번째 명제	시력이 안 좋은 사람은	안경을 착용한다.	
네 번째 명제		안경을 착용하는 사람은	안과에 가지 않는다.
결론	시력이 안 좋은 사람은		안과에 가지 않는다.

경우 2. 시력이 안 좋은 사람이 렌즈를 착용하는 경우

첫 번째 명제	시력이 안 좋은 사람은	렌즈를 착용한다.		
세 번째 명제		렌즈를 착용하는 사람은	안구 건조증이 있다.	
두 번째 명제			안구 건조증이 있는 사람은	안과에 간다.
결론	시력이 안 좋은 사람은			안과에 간다.

따라서 시력이 안 좋은 사람은 안과에 가지 않거나 안과에 가므로 파악할 수 없다.

24 언어추리 정답 ②

제시된 조건에 따르면 세호와 연수 중 연수만 장학금을 받거나 세호와 연수 둘 다 장학금을 받지 못하므로 세호는 장학금을 받지 못하고, 세호가 장학금을 받지 못하면 민우도 장학금을 받지 못한다. 이때, 연수가 장학금을 받으면 민우와 현우 중 한 사람도 장학금을 받게 되는데, 이는 네 명 중 장학금을 받는 사람은 한 명이라는 조건에 모순이 되므로 연수는 장학금을 받지 못한다.
따라서 장학금을 받는 사람은 현우이다.

25 언어추리 정답 ④

제시된 조건에 따르면 지도를 보고 있는 사람은 운전자석 또는 조수석에 앉아 있고, 기방이는 지도를 보고 있으므로 운전자석 또는 조수석에 앉아 있다. 이때 광수는 우빈이의 바로 옆자리에 앉아 있으므로 광수와 우빈이는 좌석 1 또는 좌석 2에 앉아 있고, 경수는 운전자석 또는 조수석에 앉아 있음을 알 수 있다. 이에 따라 경수는 오른쪽 좌석에 앉아 있지 않으므로 경수는 운전자석에 앉아 있다.
따라서 조수석에 앉아 있는 사람은 기방이다.

[26-29]

제시된 조건에 따르면 코끼리 인형은 강아지 인형 바로 아래에 놓여 있으므로 강아지 인형은 진열장의 상단, 코끼리 인형은 진열장의 하단에 놓여 있다. 이때 강아지 인형은 곰 인형 바로 옆에 놓여 있고, 곰 인형과 고양이 인형은 가운데에 놓여 있으므로 곰 인형은 진열장의 상단 가운데에, 고양이 인형은 진열장의 하단 가운데에 놓여 있음을 알 수 있다. 강아지 인형의 위치에 따라 가능한 경우는 다음과 같다.

경우 1. 강아지 인형이 곰 인형 왼쪽에 놓여 있을 경우

상단	강아지	곰	토끼 또는 기린
하단	코끼리	고양이	토끼 또는 기린

경우 2. 강아지 인형이 곰 인형 오른쪽에 놓여 있을 경우

상단	토끼 또는 기린	곰	강아지
하단	토끼 또는 기린	고양이	코끼리

26 언어추리 정답 ①

코끼리 인형은 고양이 인형의 바로 왼쪽 또는 바로 오른쪽에 놓여 있으므로 참인 설명이다.

27 언어추리 정답 ③

고양이 인형은 진열장 하단에 놓여 있고, 토끼 인형은 진열장 상단 또는 하단에 놓여 있으므로 알 수 없는 설명이다.

28 언어추리 정답 ③

강아지 인형은 곰 인형의 바로 왼쪽 또는 바로 오른쪽에 놓여 있으므로 알 수 없는 설명이다.

29 언어추리 정답 ②

고양이 인형 바로 위에는 곰 인형이 놓여 있으므로 거짓인 설명이다.

[30-33]

제시된 조건에 따르면 면접 점수가 세 번째로 높은 E는 3위이며, E와 F 사이에 두 명이 있으므로 F는 6위이다. 이때 F는 G 바로 다음으로 면접 점수가 낮으므로 G는 5위이며, A는 B, D, C보다 면접 점수가 높으므로 A는 1위이다. 이때 B는 D보다 면접 점수가 높으므로 B는 2위 또는 4위이다. B의 면접 점수 순위에 따라 가능한 경우는 다음과 같다.

경우 1. B가 2위일 경우

1위	2위	3위	4위	5위	6위	7위
A	B	E	C 또는 D	G	F	C 또는 D

경우 2. B가 4위일 경우

1위	2위	3위	4위	5위	6위	7위
A	C	E	B	G	F	D

30 언어추리 정답 ①

D의 면접 점수가 가장 낮다면 C의 면접 점수 순위는 2위 또는 4위로 G의 면접 점수 순위인 5위보다 높으므로 참인 설명이다.

31 언어추리
정답 ①

E의 면접 점수 순위는 3위이고, F의 면접 점수 순위는 6위이므로 참인 설명이다.

32 언어추리
정답 ②

A의 면접 점수 순위는 1위이므로 거짓인 설명이다.

33 언어추리
정답 ③

B의 면접 점수 순위는 2위 또는 4위이므로 알 수 없는 설명이다.

[34 - 36]

제시된 조건에 따르면 A와 F의 사무실은 양 끝에 위치하며, C의 사무실은 A의 사무실과 이웃한다. 먼저 A의 사무실이 가장 왼쪽에 위치한다면, C의 사무실은 왼쪽에서 두 번째에 위치하고, C와 F의 사무실 가운데에 위치하는 B의 사무실은 다섯 번째에 위치한다. 이때 G의 사무실은 C와 H의 사무실과 이웃하므로 G의 사무실은 세 번째, H의 사무실은 네 번째에 위치한다. 반면 F의 사무실이 가장 왼쪽에 위치하는 경우도 존재하며 가능한 경우는 다음과 같다.

경우 1. A의 사무실 위치가 왼쪽 첫 번째에 위치할 경우

첫 번째	두 번째	세 번째	네 번째	다섯 번째	여섯 번째	일곱 번째	여덟 번째
A	C	G	H	B	D 또는 E	D 또는 E	F

경우 2. F의 사무실 위치가 왼쪽 첫 번째에 위치할 경우

첫 번째	두 번째	세 번째	네 번째	다섯 번째	여섯 번째	일곱 번째	여덟 번째
F	D 또는 E	D 또는 E	B	H	G	C	A

34 언어추리
정답 ①

D의 사무실은 E의 사무실과 이웃하고 있으므로 참인 설명이다.

35 언어추리
정답 ②

8명 모두 사무실이 한 곳으로 확정되지 않으므로 거짓인 설명이다.

36 언어추리
정답 ①

C의 사무실 위치가 왼쪽 두 번째이면, B의 사무실 위치는 왼쪽 다섯 번째이므로 참인 설명이다.

[37 - 40]

제시된 조건에 따르면 지유의 총점은 6점으로 네 명 중 1등이고, 수영이는 놀이도구를 던져 서로 다른 홀수가 나왔으므로 1과 3이 나와 총점이 4점임을 알 수 있다. 수영이와 지유를 제외하고 놀이도구를 던져 두 번 모두 홀수가 나온 사람이 있으며, 두 번 모두 홀수가 나오게 되면 총점은 2점, 4점, 6점이 된다. 이때 순위가 같은 사람은 없으므로 수영이와 지유의 총점인 4점, 6점을 제외하면 나올 수 있는 총점은 2점이다. 또한, 두 번 모두 홀수인 1이 나와 총점이 2점인 사람은 4등이 된다. 수영이의 등수에 따라 가능한 경우는 다음과 같다.

경우 1. 수영이가 2등인 경우

구분	1등	2등	3등	4등
사람	지유	수영	유리 또는 나연	유리 또는 나연
총점	6점	4점	3점	2점

경우 2. 수영이가 3등인 경우

구분	1등	2등	3등	4등
사람	지유	유리 또는 나연	수영	유리 또는 나연
총점	6점	5점	4점	2점

37 언어추리
정답 ③

총점이 5점인 사람은 유리 또는 나연이거나 존재하지 않을 수도 있으므로 알 수 없는 설명이다.

38 언어추리
정답 ③

수영이는 2등 또는 3등이므로 알 수 없는 설명이다.

해커스 GSAT 5급 고졸채용 삼성직무적성검사 한권완성 최신기출유형 + 실전모의고사

39 언어추리 정답 ①

총점이 3점인 사람이 있다면, 그 사람은 3등이므로 참인 설명이다.

40 언어추리 정답 ①

유리가 놀이도구를 던져 나온 수가 모두 홀수일 때, 유리는 4등이므로 참인 설명이다.

III 지각 p.182

01 사무지각 정답 ①

제시된 좌우 문자의 배열은 서로 같다.

02 사무지각 정답 ②

12322312121 – 12322212121

03 사무지각 정답 ①

제시된 좌우 기호의 배열은 서로 같다.

04 사무지각 정답 ②

건억더넉버펀 – 건억더넉머펀

05 사무지각 정답 ②

一年之計在于春 – 一年乙計在于春

06 사무지각 정답 ④

0304028 – 0304058

07 사무지각 정답 ③

xyzxxyzz – xyzxyxzz

08 사무지각 정답 ④

ごめんなさい – ごめんなささ

09 사무지각 정답 ③

제시된 기호의 배열과 같은 것은 ③이다.

오답 체크

① ☏☏☏☏☏☏☏☏☏
② ☏☏☏☏☏☏☏☏☏
④ ☏☏☏☏☏☏☏☏☏

10 사무지각 정답 ③

제시된 숫자의 배열과 같은 것은 ③이다.

오답 체크

① 3668-71224-3968
② 3668-77224-3698
④ 3668-71234-3698

[11-12]

11 사무지각 정답 ④

우리(★) 는(◐) 아침(◆) 일찍(☺) 공항(♤) 으로(▧) 출발(※) 했다(♧)
따라서 제시된 문장을 기호로 치환하면 '★◐◆☺♤▧※♧'이다.

12 사무지각 정답 ②

나(◑) 는(◐) 동생(▥) 과(◇) 같이(♠) 제주도(☎) 에(#) 갔다(♨)
따라서 제시된 문장을 기호로 치환하면 '◑◐▥◇♠☎#♨'이다.

[13-15]

13 사무지각 정답 ③

T~YELLOW~C

14 사무지각
정답 ④

I∼JUICE∼O

15 사무지각
정답 ②

N∼SYSTEM∼U

16 공간지각
정답 ①

4(4층)+4(3층)+3(2층)+3(1층)=14개

17 공간지각
정답 ③

2(3층)+5(2층)+7(1층)=14개

18 공간지각
정답 ②

1(2층)+5(1층)=6개

19 공간지각
정답 ③

3(5층)+4(4층)+5(3층)+1(2층)+1(1층)=14개

20 공간지각
정답 ②

어느 방향에서 보아도 보이지 않는 블록의 개수는 7개이다.

[21-22]

21 공간지각
정답 ③

1(3층)+3(2층)+5(1층)=9개

22 공간지각
정답 ②

블록을 추가로 쌓아 정육면체를 만들 때, 전체 블록의 개수는 최소 3×3×3=27개가 되어야 한다.
따라서 추가로 필요한 블록의 개수는 27−9=18개이다.

[23-24]

23 공간지각
정답 ②

이느 방향에서 보이도 보이지 않는 블록의 기수는 1개이디.

24 공간지각
정답 ④

제시된 블록의 총 개수는 14(1층)+11(2층)+3(3층)+1(4층)=29개이다.
블록을 추가로 쌓아 정육면체를 만들 때, 전체 블록의 개수는 최소 4×4×4=64개가 되어야 한다.
따라서 추가로 필요한 블록의 개수는 64−29=35개이다.

25 공간지각
정답 ③

표시된 부분이 나머지와 달라 네 개의 도형 중 모양이 다른 도형은 ③이다.

26 공간지각
정답 ③

표시된 부분이 나머지와 달라 네 개의 도형 중 모양이 다른 도형은 ③이다.

27 공간지각
정답 ①

네 개의 도형 중 모양이 다른 도형은 ①이다.

오답 체크
③ ②를 180° 회전한 형태이다.
④ ②를 반시계 방향으로 90° 회전한 형태이다.

28 공간지각
정답 ②

네 개의 도형 중 모양이 다른 도형은 ②이다.

오답 체크
③ ①을 시계 방향으로 90° 회전한 형태이다.
④ ①을 반시계 방향으로 90° 회전한 형태이다.

29 공간지각
정답 ③

표시된 부분이 나머지와 달라 네 개의 도형 중 모양이 다른 도형은 ③이다.

30 공간지각
정답 ③

제시된 도형과 같은 것은 ③이다.

오답 체크
① ②

④

31 공간지각
정답 ②

제시된 도형과 같은 것은 제시된 도형을 180° 회전한 형태인 ②이다.

32 공간지각
정답 ①

제시된 도형과 같은 것은 ①이다.

오답 체크
② ③
 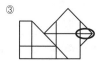
④

33 공간지각
정답 ①

제시된 도형과 같은 것은 제시된 도형을 시계 방향으로 90° 회전한 형태인 ①이다.

34 공간지각
정답 ④

제시된 도형과 같은 것은 ④이다.

오답 체크
① ②

③

35 공간지각
정답 ③

제시된 그림 조각을 '(다) – (가) – (라) – (나)' 순으로 배열하면 다음과 같다.

36 공간지각

정답 ②

제시된 그림 조각을 '(나) – (라) – (다) – (가)' 순으로 배열
하면 다음과 같다.

37 공간지각

정답 ③

제시된 그림 조각을 '(다) – (나) – (라) – (가)' 순으로 배열
하면 다음과 같다.

38 공간지각

정답 ①

제시된 그림 조각을 '(가) – (다) – (나) – (라)' 순으로 배열
하면 다음과 같다

39 공간지각

정답 ②

제시된 그림 조각을 '(다) – (나) – (가) – (라)' 순으로 배열
하면 다음과 같다.

40 공간지각

정답 ④

제시된 그림 조각을 '(라) – (다) – (나) – (가)' 순으로 배열
하면 다음과 같다.

정답

Ⅰ 수리

p.196

01	①	사칙연산	09	④	사칙연산	17	③	자료해석	25	③	자료해석	33	④	응용계산
02	②	사칙연산	10	③	사칙연산	18	③	자료해석	26	③	자료해석	34	④	응용계산
03	④	사칙연산	11	②	자료해석	19	②	자료해석	27	④	자료해석	35	④	응용계산
04	②	사칙연산	12	②	자료해석	20	③	자료해석	28	①	자료해석	36	④	응용계산
05	③	사칙연산	13	①	자료해석	21	①	자료해석	29	①	자료해석	37	④	응용계산
06	①	사칙연산	14	④	자료해석	22	④	자료해석	30	③	자료해석	38	③	응용계산
07	②	사칙연산	15	④	자료해석	23	③	자료해석	31	②	응용계산	39	③	응용계산
08	②	사칙연산	16	②	자료해석	24	①	자료해석	32	④	응용계산	40	④	응용계산

Ⅱ 추리

p.208

01	①	수·문자추리	09	④	수·문자추리	17	④	수·문자추리	25	③	언어추리	33	②	언어추리
02	②	수·문자추리	10	③	수·문자추리	18	②	수·문자추리	26	①	언어추리	34	③	언어추리
03	②	수·문자추리	11	②	수·문자추리	19	②	수·문자추리	27	②	언어추리	35	①	언어추리
04	④	수·문자추리	12	①	수·문자추리	20	③	수·문자추리	28	①	언어추리	36	③	언어추리
05	④	수·문자추리	13	④	수·문자추리	21	③	언어추리	29	③	언어추리	37	③	언어추리
06	②	수·문자추리	14	③	수·문자추리	22	②	언어추리	30	①	언어추리	38	③	언어추리
07	④	수·문자추리	15	②	수·문자추리	23	②	언어추리	31	①	언어추리	39	①	언어추리
08	④	수·문자추리	16	①	수·문자추리	24	①	언어추리	32	②	언어추리	40	①	언어추리

Ⅲ 지각

p.218

01	①	사무지각	09	②	사무지각	17	②	공간지각	25	②	공간지각	33	④	공간지각
02	①	사무지각	10	①	사무지각	18	②	공간지각	26	③	공간지각	34	③	공간지각
03	②	사무지각	11	②	사무지각	19	②	공간지각	27	④	공간지각	35	①	공간지각
04	①	사무지각	12	③	사무지각	20	③	공간지각	28	①	공간지각	36	①	공간지각
05	②	사무지각	13	④	사무지각	21	②	공간지각	29	③	공간지각	37	④	공간지각
06	③	사무지각	14	①	사무지각	22	③	공간지각	30	②	공간지각	38	④	공간지각
07	②	사무지각	15	③	사무지각	23	①	공간지각	31	①	공간지각	39	②	공간지각
08	②	사무지각	16	③	공간지각	24	④	공간지각	32	③	공간지각	40	③	공간지각

취약 유형 분석표

유형별로 맞힌 개수, 틀린 문제 번호와 풀지 못한 문제 번호를 적고 나서 쉬약안 유형이 무엇인지 파악해 보세요.
취약한 유형은 '기출유형공략'을 다시 한번 확인하고, 관련 이론을 복습하세요.

	유형	맞힌 개수	틀린 문제 번호	풀지 못한 문제 번호
수리	사칙연산	/10		
	자료해석	/20		
	응용계산	/10		
	TOTAL	/40		

	유형	맞힌 개수	틀린 문제 번호	풀지 못한 문제 번호
추리	수·문자추리	/20		
	언어추리	/20		
	TOTAL	/40		

	유형	맞힌 개수	틀린 문제 번호	풀지 못한 문제 번호
지각	사무지각	/15		
	공간지각	/25		
	TOTAL	/40		

	영역	제한 시간 내에 푼 문제 수	정답률
합계	수리	/40	%
	추리	/40	%
	지각	/40	%
	TOTAL	/120	%

해설

Ⅰ 수리

p.196

01 사칙연산   정답 ①

$12 \times 7 - 15 \times 6 = 84 - 15 \times 6 = 84 - 90 = -6$

02 사칙연산   정답 ②

$(13 + 26 + 7) \div 2 - 5 = (39 + 7) \div 2 - 5 = 46 \div 2 - 5$
$= 23 - 5 = 18$

03 사칙연산   정답 ④

$(2 \times 3)^3 \div 3^2 = 2^3 \times 3^3 \div 3^2 = 2^3 \times 3^{3-2} = 2^3 \times 3 = 8 \times 3 = 24$

04 사칙연산   정답 ②

$\dfrac{2}{7} + \dfrac{5}{6} \times \dfrac{8}{15} = \dfrac{2}{7} + \dfrac{4}{9} = \dfrac{18}{63} + \dfrac{28}{63} = \dfrac{46}{63}$

05 사칙연산   정답 ③

$2.9 \times 1.8 + 1.2 \times 1.5 = 5.22 + 1.2 \times 1.5 = 5.22 + 1.8 = 7.02$

06 사칙연산   정답 ①

$(3 + 2 \times 1.2) \times \dfrac{5}{9} = (3 + 2.4) \times \dfrac{5}{9} = 5.4 \times \dfrac{5}{9} = \dfrac{54}{10} \times \dfrac{5}{9} = 3$

07 사칙연산   정답 ②

A: 0.65

B: $\dfrac{9}{13} = 0.692\cdots$

→ A < B

08 사칙연산   정답 ②

$5 ♣ (37 ▣ 39) = 5 ♣ \{(37 + 39) \div 2\} = 5 ♣ (76 \div 2)$
$= 5 ♣ 38 = 5 \times 38 + 5 = 190 + 5 = 195$

09 사칙연산   정답 ④

$75 \times 0.38 = 28.5$

10 사칙연산   정답 ③

상혁이가 인형 뽑기를 총 80번 시도하여 58번 성공하였으므로 상혁이의 인형 뽑기 성공률은 $\dfrac{58}{80} = 0.725$이다. 따라서 상혁이의 인형 뽑기 성공률을 할푼리로 나타내면 7할 2푼 5리이다.

11 자료해석   정답 ②

연도별 가족상담 이용자 수와 전체 건강가정지원센터 이용자 수의 15%를 비교하면 다음과 같다.

구분	가족상담	전체의 15%
2019년	700	$4,400 \times 0.15 = 660$
2020년	1,000	$4,700 \times 0.15 = 705$
2021년	1,400	$8,300 \times 0.15 = 1,245$
2022년	1,700	$10,800 \times 0.15 = 1,620$
2023년	2,000	$12,700 \times 0.15 = 1,905$

따라서 가족상담 이용자 수는 매년 전체 건강가정지원센터 이용자 수의 15% 이상의 비중을 차지하고 있으므로 옳은 설명이다.

오답 체크

① 2022년 가족지원 이용자 수는 전년 대비 감소하였으므로 옳지 않은 설명이다.

③ 2022년 가족교육 이용자 수 대비 가족문화 이용자 수의 비율은 4,000 / 3,200 = 1.25이므로 옳지 않은 설명이다.

④ 2022년 가족문화 이용자 수의 전년 대비 증가율은 {(4,000 − 1,700) / 1,700} × 100 ≒ 135%이므로 옳지 않은 설명이다.

④ 2022년 가족문화 이용자 수인 4,000명은 2021년 가족문화 이용자 수의 2배인 1,700 × 2 = 3,400명보다 크므로 2022년 가족문화 이용자 수의 전년 대비 증가율은 100% 이상임을 알 수 있다.

12 자료해석   정답 ②

A 기업의 직원 수가 가장 적은 해는 2019년이고, B 기업의 직원 수가 가장 적은 해는 2018년이므로 옳지 않은 설명이다.

오답 체크

① 제시된 기간 동안 A 기업과 B 기업 직원 수 합의 전년 대비 증가율이 가장 큰 해는 증가율이 4.8%인 2021년이므로 옳은 설명이다.

③ 2021년 B 기업 직원 수의 전년 대비 증가율은 {(11,344 − 10,678) / 10,678} × 100 ≒ 6.2%이므로 옳은 설명이다.

④ 전체 직원 수에서 B 기업 직원 수가 차지하는 비중은 2018년에 (10,211 / 11,824) × 100 ≒ 86.4%, 2019년에 (10,449 / 11,902) × 100 ≒ 87.8%로 2019년에 전년 대비 증가하였으므로 옳은 설명이다.

빠른 문제 풀이 **Tip**

③ 2021년 전체 직원 수의 전년 대비 증감률은 4.8%이고, 2021년 A 기업 직원 수는 전년 대비 감소하였다. 이에 따라 2021년 B 기업 직원 수의 전년 대비 증가율은 4.8%보다 높아야 함을 알 수 있다.

④ 2019년 전체 직원 수는 전년 대비 증가하였으나 A 기업 직원 수는 전년 대비 감소하여, 2019년 전체에서 A 기업 직원 수가 차지하는 비중은 전년 대비 감소하였다. 따라서 상대적으로 전체에서 B 기업 직원 수가 차지하는 비중은 전년 대비 증가하였음을 알 수 있다.

13 자료해석   정답 ①

2023년 전과범죄자의 전체 표본 수는 100만 명 = 1,000천 명이고, 2023년 전과범죄자 중 형법범 구성비는 46%이므로 2023년 전과범죄자 중 형법범은 1,000 × 0.46 = 460천 명이다.

따라서 2023년 지능범은 460 × 0.25 = 115천 명이다.

14 자료해석   정답 ④

전체 수출액과 수입액의 차이는 X 국가가 270,300 − 151,050 = 119,250백만 달러, Y 국가가 712,700 − 418,000 = 294,700백만 달러, Z 국가가 431,300 − 205,530 = 225,770백만 달러로 X 국가가 가장 작다.

따라서 X 국가에서 수출액이 가장 큰 품목은 F 제품이다.

[15 - 17]
15 자료해석   정답 ④

2023년 전체 연구원 수에서 B 전공과 C 전공 연구원 수가 차지하는 비중의 차이는 55 − 10 = 45%p이므로 옳지 않은 설명이다.

오답 체크

① A 전공의 연구원 수가 전년 대비 감소한 2023년에 A 전공의 구성비도 전년 대비 감소하였으므로 옳은 설명이다.

② 제시된 기간 동안 2022년을 제외한 2021년과 2023년 전공별 연구원 수의 구성비가 가장 큰 전공은 C 전공으로 같으므로 옳은 설명이다.

③ 2021~2023년 연도별 C 전공 연구원 수 구성비의 평균은 (45 + 30 + 55) / 3 ≒ 43%이므로 옳은 설명이다.

16 자료해석   정답 ②

2023년 전체 연구원 수의 전년 대비 증가율은 {(42,000 − 35,000) / 35,000} × 100 = 20%이다.

17 자료해석   정답 ③

2022년 B 전공 연구원 수 대비 C 전공 연구원 수의 비율은 10,500 / 7,000 = 1.50이다.

[18 - 20]
18 자료해석   정답 ③

2022년 Z 기관에서 B 등급 평가를 받은 기관의 수는 37 − (7 + 10) = 20개이고, 2023년 Y 기관에서 B 등급 평가를 받은 기관의 수는 57 − (15 + 25) = 17개이다.

따라서 2022년 Z 기관에서 B 등급 평가를 받은 기관의 수와 2023년 Y 기관에서 B 등급 평가를 받은 기관의 수의 합은 20 + 17 = 37개이다.

19 자료해석　　　　　정답 ②

2023년 X 기관의 평가 등급별 기관 수의 전년 대비 변화량은 S 등급이 1−0=1개, A 등급이 8−5=3개, B 등급이 15−7=8개, C 등급이 2−2=0개, D 등급이 3−1=2개, E 등급이 0−0=0개이다.

따라서 2023년 X 기관의 평가 등급별 기관 수의 전년 대비 변화량이 가장 큰 등급은 B 등급이다.

20 자료해석　　　　　정답 ③

2022년과 2023년 C 등급 이하의 평가 결과를 받은 Z 기관 수의 차는 (10+8+3)−(6+7+1)=21−14=7개이므로 옳은 설명이다.

오답체크
① 2023년 X, Y, Z 기관 수의 합은 전년 대비 {(120−100)/100} ×100=20% 증가하였으므로 옳지 않은 설명이다.
② 2022년 A 등급 이상의 평가 결과를 받은 전체 기관 수는 총 8+5+1+15=29개이므로 옳지 않은 설명이다.
④ 2023년 전체 Y 기관 수에서 D 등급 평가를 받은 기관 수가 차지하는 비중은 (11/36)×100≒30.6%이므로 옳지 않은 설명이다.

[21-23]

21 자료해석　　　　　정답 ①

A 고등학교에서 골프를 가장 선호하는 학생 비중은 남학생이 1,000명 중 10%이고, 여학생이 500명 중 12%이다. 이에 따라 골프를 가장 선호하는 남학생 수는 1,000×0.10=100명, 여학생 수는 500×0.12=60명이다.

따라서 A 고등학교에서 골프를 가장 선호하는 전체 학생 수는 100+60=160명이다.

22 자료해석　　　　　정답 ④

골프를 가장 선호하는 여학생 비중이 12%로 테니스를 가장 선호하는 여학생 비중인 13%보다 낮아 골프를 가장 선호하는 여학생 수는 테니스를 가장 선호하는 여학생 수보다 적으므로 옳지 않은 설명이다.

오답체크
① 여학생이 가장 선호하는 운동은 비중이 25%로 가장 높은 야구이므로 옳은 설명이다.

② 남학생이 가장 선호하는 운동은 비중이 30%로 가장 높은 축구이므로 옳은 설명이다.
③ 야구를 가장 선호하는 남학생 수는 1,000×0.23=230명, 야구를 가장 선호하는 여학생 수는 500×0.25=125명으로 야구를 가장 선호하는 남학생 수가 여학생 수보다 많으므로 옳은 설명이다.

23 자료해석　　　　　정답 ③

A 고등학교에서 농구를 가장 선호하는 학생 비중은 남학생이 1,000명 중 18%, 여학생이 500명 중 6%이므로 농구를 가장 선호하는 남학생 수는 1,000×0.18=180명, 여학생 수는 500×0.06=30명이다. 이에 따라 농구를 가장 선호하는 전체 학생 수는 180+30=210명이고, 조사에 응답한 전체 학생 수는 1,000+500=1,500명이다.

따라서 A 고등학교에서 농구를 가장 선호하는 전체 학생 수가 조사에 응답한 전체 학생 수에서 차지하는 비중은 (210/1,500)×100=14%이다.

[24-26]

24 자료해석　　　　　정답 ①

2019년 출생아 수가 다른 도시에 비해 가장 많은 도시는 7,264명인 B 시이고, B 시의 출생아 수는 2019년에 7,264명, 2020년에 6,252명이다.

따라서 B 시의 2020년 출생아 수의 전년 대비 증감폭은 6,252−7,264=−1,012명이다.

25 자료해석　　　　　정답 ③

2021년 도시별 출생아 수와 사망자 수의 차이는 A 시가 4,836−4,500=336명, B 시가 9,213−5,675=3,538명, C 시가 3,612−2,312=1,300명, D 시가 1,936−1,845=91명, E 시가 3,525−2,764=761명이다.

따라서 2021년 출생아 수와 사망자 수의 차이가 가장 적은 도시는 D 시이다.

26 자료해석　　　　　정답 ③

2019년 A 시의 출생아 수와 사망자 수의 차이는 5,920−4,512=1,408명이므로 옳은 설명이다.

① 2020년 출생아 수가 전년 대비 증가한 도시는 A 시, C 시, D 시 3곳이므로 옳지 않은 설명이다.

② 2021년 사망자 수가 5,000명 이상인 도시는 B 시 1곳이므로 옳지 않은 설명이다.

④ 2021년 C 시의 출생아 수는 전년 대비 감소하였지만, 사망자 수는 전년 대비 증가하였으므로 옳지 않은 설명이다.

[27-28]

27 자료해석 정답 ④

1년간 지출=(대출금×연이자율)+(월세×12)임을 적용하여 구한다.

갑이 연이자율 5%의 대출을 이용하여 보증금을 구하면, 대출금×연이자율=보증금×0.05이다.

이에 따라 A~D 오피스텔의 보증금과 월세를 각각 대입하여 1년간 지출을 계산하면

A 오피스텔: (3,000×0.05)+(100×12)=150+1,200=1,350만 원

B 오피스텔: (2,000×0.05)+(110×12)=100+1,320=1,420만 원

C 오피스텔: (4,000×0.05)+(90×12)=200+1,080=1,280만 원

D 오피스텔: (6,000×0.05)+(80×12)=300+960=1,260만 원

따라서 1년간 지출이 가장 작은 오피스텔은 D이다.

28 자료해석 정답 ①

1년간 지출=(대출금×연이자율)+(월세×12)임을 적용하여 구한다.

을이 연이자율 10%의 대출을 이용하여 보증금을 구하면, 대출금×연이자율=보증금×0.1이다.

이에 따라 A와 C 오피스텔의 보증금과 월세를 각각 대입하여 1년간 지출을 계산하면

A 오피스텔: (3,000×0.1)+(100×12)=300+1,200=1,500만 원

C 오피스텔: (4,000×0.1)+(90×12)=400+1,080=1,480만 원

따라서 A 오피스텔과 C 오피스텔의 1년간 지출의 차이는 1,500−1,480=20만 원이다.

[29-30]

29 자료해석 정답 ①

2019년 B 지역 교통사고 발생 건수는 13,086건으로 C 지역 교통사고 발생 건수인 13,101건보다 적으므로 옳지 않은 설명이다.

② 제시된 기간 동안 D 지역의 교통사고 발생 건수가 매년 10,000건 미만으로 가장 적으므로 옳은 설명이다.

③ 2018년 이후 A 지역의 교통사고 발생 건수는 매년 전년 대비 증가하였으므로 옳은 설명이다.

④ 2021년 C 지역의 교통사고 발생 건수는 13,584건으로 2017년 C 지역의 교통사고 발생 건수인 14,250건보다 감소하였으므로 옳은 설명이다.

30 자료해석 정답 ③

C 지역의 교통사고 발생 건수는 2018년에 11,910건, 2019년에 13,101건이다.

따라서 2019년 C 지역의 교통사고 발생 건수의 전년 대비 증가율은 $\{(13,101-11,910)/11,910\}×100=10\%$이다.

31 응용계산 정답 ②

작업량=시간당 작업량×시간임을 적용하여 구한다.

옮기는 짐 전체를 1이라고 할 때, 시간당 작업량은 준우가 $\frac{1}{4}$, 유성이가 $\frac{1}{6}$이므로 준우와 유성이가 동시에 짐을 옮길 때 시간당 작업량은 $\frac{1}{4}+\frac{1}{6}=\frac{5}{12}$이다.

따라서 짐을 모두 옮기는 데 걸리는 시간은 $1÷\frac{5}{12}=\frac{12}{5}=$ 2시간 24분이다.

32 응용계산 정답 ④

소금의 양=소금물의 양×$\frac{소금물의\ 농도}{100}$임을 적용하여 구한다.

농도가 15%인 소금물 120g에 들어있는 소금의 양은 $120×\frac{15}{100}=18g$이다. 이때, 추가한 소금의 양을 x라고 하면 농도가 32%인 소금물에 들어있는 소금의 양은 $18+x=(120+x)×\frac{32}{100}$이므로

$18+x=(120+x) \times \frac{32}{100} \rightarrow 100 \times (18+x)=32 \times (120+x)$

$\rightarrow 1,800+100x=3,840+32x \rightarrow x=30$

따라서 추가한 소금의 양은 30g이다.

33 응용계산
정답 ④

시간$=\frac{거리}{속력}$임을 적용하여 구한다.

B 코스의 거리가 A 코스의 3배이므로

A 코스의 거리를 x라고 하면 B 코스의 거리는 $3x$이다.

이때 갈 때는 A 코스를 통해 시속 15km로 갔고, 올 때는 B 코스를 통해 시속 30km로 왔더니 총 1시간 30분이 걸렸으므로

$\frac{x}{15}+\frac{3x}{30}=\frac{3}{2} \rightarrow 2x+3x=45 \rightarrow x=9$

이에 따라 A 코스의 거리는 9km이고, B 코스의 거리는 $3 \times 9=27$km이다.

따라서 A코스와 B코스의 거리 차이는 $27-9=18$km이다.

34 응용계산
정답 ④

서로 다른 n개에서 순서를 고려하지 않고 r개를 뽑는 경우의 수 ${}_nC_r=\frac{n!}{r!(n-r)!}$임을 적용하여 구한다.

통신사별로 1종류씩 뽑아 총 3개를 일렬로 나열하므로 ${}_3C_1 \times {}_3C_1 \times {}_3C_1 \times 3!=3 \times 3 \times 3 \times (3 \times 2 \times 1)=162$가지이다.

따라서 진열할 수 있는 경우의 수는 162가지이다.

35 응용계산
정답 ④

정가$=$원가$\times(1+이익률)=$원가$+$이익임을 적용하여 구한다.

원가가 8천 원인 휴대용 선풍기 120개를 판매하여 24만 원의 이익을 얻었으므로 휴대용 선풍기 1개당 이익은 $240,000 \div 120=2,000$원이다. 이때 휴대용 선풍기의 이익률을 x라고 하면 휴대용 선풍기의 정가는 $8,000 \times (1+x)$이므로

$8,000 \times (1+x)=8,000+2,000$

$\rightarrow 8,000 \times (1+x)=10,000 \rightarrow 1+x=1.25 \rightarrow x=0.25$

따라서 휴대용 선풍기의 이익률은 25%이다.

36 응용계산
정답 ④

시간$=\frac{거리}{속력}$임을 적용하여 구한다.

열차가 터널을 진입한 순간부터 완전히 빠져 나오기까지 이동한 거리는 터널의 길이에 열차의 길이를 포함한 $1,200+150=1,350$m이다. 이때 열차는 50m/s의 속력으로 움직였으므로 열차가 터널을 완전히 빠져 나오기까지 걸린 시간은 $\frac{1,350}{50}=27$초이다.

37 응용계산
정답 ④

현재 유정이의 나이를 x, 어머니의 나이를 y라고 하면

$5x+25y=1,555 \rightarrow x+5y=311 \rightarrow 2x+10y=622 \cdots$ ⓐ

$(x+5) \times 2=y+5 \rightarrow 2x+10=y+5 \rightarrow 2x-y=-5 \cdots$ ⓑ

ⓐ$-$ⓑ에서 $y=57$, $x=26$이다.

따라서 유정이와 어머니의 나이의 차는 $57-26=31$세이다.

38 응용계산
정답 ③

앞뒤 30m간격으로 한쪽 길에 심을 수 있는 최대 나무의 수는 $\frac{660}{30}+1=23$그루이다.

이때 길의 양쪽에 나무를 지그재그로 심어야 하므로 다른 한쪽 길에는 한 그루를 덜 심어야 한다.

따라서 최대로 심을 수 있는 나무의 수는 45그루이다.

39 응용계산
정답 ③

보험 설계사가 성과 보수를 받는 경우는 3명 중 2명의 보험 계약을 성사시키는 경우와 3명 모두 보험 계약을 성사시키는 경우이므로

$3 \times \left(\frac{3}{4} \times \frac{3}{4} \times \frac{1}{4} \right) + \left(\frac{3}{4} \times \frac{3}{4} \times \frac{3}{4} \right) = \frac{27}{32}$

따라서 보험 설계사가 3명을 상담한 후 성과 보수를 받을 확률은 $\frac{27}{32}$이다.

40 응용계산
정답 ④

형의 나이는 동생의 3배이므로 동생의 현재 나이는 $\frac{y}{3}$세이다.

x년 뒤에 형의 나이가 동생의 2배가 되므로

$$y+x=2\left(\frac{y}{3}+x\right) \rightarrow x=\frac{y}{3}$$

따라서 형과 동생의 나이가 2배가 되는 해는 $\frac{y}{3}$년 뒤이다.

Ⅱ 추리

p.208

01 수·문자추리   정답 ①

3   6   4   2   6   3   (1)
└×2┘└−2┘÷÷2┘└×3┘└−3┘÷÷3┘

제시된 각 숫자 간의 값이 ×2, −2, ÷2, ×3, −3, ÷3, …
으로 변화하므로 빈칸에 들어갈 알맞은 숫자는 '1'이다.

02 수·문자추리   정답 ②

$\frac{1}{2}$ $\frac{5}{6}$ $\frac{7}{6}$ $\frac{3}{2}$ $\frac{11}{6}$ $\left(\frac{13}{6}\right)$

└+$\frac{1}{3}$┘└+$\frac{1}{3}$┘└+$\frac{1}{3}$┘└+$\frac{1}{3}$┘└+$\frac{1}{3}$┘

제시된 각 숫자 간의 값이 +$\frac{1}{3}$로 반복되므로 빈칸에 들어

갈 알맞은 숫자는 '$\frac{13}{6}$'이다.

03 수·문자추리   정답 ②

홀수항에 제시된 각 숫자 간의 값은 +7로 반복되고, 짝수
항에 제시된 각 숫자 간의 값은 ×5로 반복되므로 빈칸에
들어갈 알맞은 숫자는 '25'이다.

04 수·문자추리   정답 ④

1   8   22   43   (71)
└+7┘└+14┘└+21┘└+28┘
  └+7┘ └+7┘ └+7┘

제시된 각 숫자 간의 값이 +7, +14, +21, …과 같이 +7씩
변화하므로 빈칸에 들어갈 알맞은 숫자는 '71'이다.

05 수·문자추리   정답 ④

50   45   40   47   42   37   (44)   39
└−5┘└−5┘└+7┘└−5┘└−5┘└+7┘└−5┘

제시된 각 숫자 간의 값이 −5, −5, +7로 반복되므로 빈칸
에 들어갈 알맞은 숫자는 '44'이다.

06 수·문자추리   정답 ②

4.5   6   7.5   9   10.5   12   (13.5)
└+1.5┘└+1.5┘└+1.5┘└+1.5┘└+1.5┘└+1.5┘

제시된 각 숫자 간의 값이 +1.5로 반복되므로 빈칸에 들
어갈 알맞은 숫자는 '13.5'이다.

07 수·문자추리   정답 ④

95   85   72   55   33   (5)
└−10┘└−13┘└−17┘└−22┘└−28┘
  └−3┘ └−4┘ └−5┘ └−6┘

제시된 각 숫자 간의 값이 −10, −13, −17, …과 같이 −3,
−4, −5…씩 변화하므로 빈칸에 들어갈 알맞은 숫자는 '5'
이다.

08 수·문자추리   정답 ④

−240   60   120   −30   −60   (15)
└÷(−4)┘└×2┘└÷(−4)┘└×2┘└÷(−4)┘

제시된 각 숫자 간의 값이 ÷(−4), ×2로 반복되므로 빈
칸에 들어갈 알맞은 숫자는 '15'이다.

09 수·문자추리   정답 ④

$\frac{7}{6}$ $\frac{3}{2}$ $\frac{11}{6}$ $\frac{13}{6}$ $\left(\frac{5}{2}\right)$

└+$\frac{1}{3}$┘└+$\frac{1}{3}$┘└+$\frac{1}{3}$┘└+$\frac{1}{3}$┘

제시된 각 숫자 간의 값이 +$\frac{1}{3}$로 반복되므로 빈칸에 들어

갈 알맞은 숫자는 '$\frac{5}{2}$'이다.

10 수·문자추리

5	7	13	31	85	(247)

└+2┘└+6┘└+18┘└+54┘└+162┘
　└×3┘└×3┘└×3┘└×3┘

제시된 각 숫자 간의 값이 +2, +6, +18, …과 같이 ×3씩 변화하므로 빈칸에 들어갈 알맞은 숫자는 '247'이다.

11 수·문자추리
정답 ②

제시된 각 문자를 알파벳 순서에 따라 숫자로 변경한다.

A	C	D	G	K	(R)
1	3	4	7	11	18

세 번째 항부터 제시된 각 숫자는 앞의 두 숫자의 합이라는 규칙이 적용되므로 빈칸에 들어갈 알맞은 문자는 숫자 18에 해당하는 'R'이다.

12 수·문자추리
정답 ①

제시된 각 문자를 한글 자음 순서에 따라 숫자로 변경한다.

ㄴ	ㄷ	ㅂ	ㅅ	ㅎ	(ㄱ)
2	3	6	7	14	15

└+1┘└×2┘└+1┘└×2┘└+1┘

각 숫자 간의 값이 +1, ×2로 반복되므로 빈칸에 들어갈 알맞은 문자는 숫자 15에 해당하는 'ㄱ'이다.

13 수·문자추리
정답 ④

제시된 각 문자를 한글 모음 순서에 따라 숫자로 변경한다.

ㅑ	ㅕ	ㅛ	ㅠ	(ㅣ)
2	4	6	8	10

└+2┘└+2┘└+2┘└+2┘

각 숫자 간의 값이 +2로 반복되므로 빈칸에 들어갈 알맞은 문자는 숫자 10에 해당하는 'ㅣ'이다.

14 수·문자추리
정답 ③

제시된 각 문자를 알파벳 순서에 따라 숫자로 변경한다.

R	Q	T	O	V	(M)	X
18	17	20	15	22	13	24

└−1┘└+3┘└−5┘└+7┘└−9┘└+11┘

각 숫자 간의 값이 −1, +3, −5, +7, …로 변화하므로 빈칸에 들어갈 알맞은 문자는 숫자 13에 해당하는 'M'이다.

15 수·문자추리
정답 ②

제시된 각 문자를 한글 자음 순서에 따라 숫자로 변경한다.

ㅎ	ㅂ	ㅋ	ㅈ	ㅇ	ㅌ	(ㅁ)	ㄱ
14	6	11	9	8	12	5	15

홀수항에 제시된 각 숫자 간의 값은 −3으로 반복되고, 짝수항에 제시된 각 숫자 간의 값은 +3으로 반복되므로 빈칸에 들어갈 알맞은 문자는 숫자 5에 해당하는 'ㅁ'이다.

16 수·문자추리
정답 ①

제시된 각 문자를 알파벳 순서에 따라 숫자로 변경한다.

M	N	O	P
13	14	15	16

└+1┘└+1┘└+1┘

각 숫자 간의 값이 +1로 반복된다.

오답 체크
②, ③, ④ 각 문자 간의 값이 −1로 반복된다.

17 수·문자추리
정답 ④

제시된 각 문자를 한글 모음 순서에 따라 숫자로 변경한다.

ㅏ	ㅓ	ㅗ	ㅜ
1	3	5	7

└+2┘└+2┘└+2┘

각 숫자 간의 값이 +2로 반복된다.

오답 체크
①, ②, ③ 각 문자 또는 숫자 간의 값이 ×3으로 반복된다.

18 수·문자추리

제시된 각 문자를 알파벳 순서에 따라 숫자로 변경한다.

K	J	H	E
11	10	8	5

└─−1─┘└─−2─┘└─−3─┘

각 숫자 간의 값이 −1, −2, −3으로 −1씩 변화한다.

오답 체크

①, ③, ④ 각 문자 또는 숫자 간의 값이 +1, +2, +3으로 +1씩 변화한다.

19 수·문자추리

정답 ②

제시된 각 문자를 알파벳 순서에 따라 숫자로 변경한다.

J	T	N	B
10	20	14	28

└─×2─┘└─−6─┘└─×2─┘

각 숫자 간의 값이 ×2, −6, ×2로 변화한다.

오답 체크

①, ③, ④ 각 숫자 간의 값이 ×2, −5, ×2로 변화한다.

20 수·문자추리

정답 ③

제시된 각 문자를 알파벳 순서에 따라 숫자로 변경한다.

A	I	C	A
27	9	3	1

└─÷3─┘└─÷3─┘└─÷3─┘

각 숫자 간의 값이 ÷3으로 반복된다.

오답 체크

①, ②, ④ 각 문자 또는 숫자 간의 값이 ÷2로 반복된다.

21 언어추리

정답 ③

하나는 진화보다 키가 크고, 진화는 혜지보다 키가 크므로 하나는 혜지보다 키가 큼을 알 수 있다.

오답 체크

① 셋 중 하나의 키가 가장 크므로 옳지 않은 설명이다.
② 셋 중 혜지의 키가 가장 작으므로 옳지 않은 설명이다.
④ 혜지는 하나보다 키가 작으므로 옳지 않은 설명이다.

[22-23]

22 언어추리

정답 ②

네 번째 명제와 두 번째 명제의 '대우'를 차례로 결합한 결론과 일치하지 않으므로 거짓인 결론이다.

네 번째 명제	배우는	사자를 사랑하지 않는다.	
두 번째 명제 (대우)		사자를 사랑하지 않는 사람은	진지한 사람이 아니다.
결론	배우는		진지한 사람이 아니다.

23 언어추리

정답 ②

다섯 번째 명제와 첫 번째 명제의 '대우', 세 번째 명제의 '대우'를 차례로 결합한 결론과 일치하지 않으므로 거짓인 결론이다.

다섯 번째 명제	아나운서는	호랑이를 사랑하지 않는다.		
첫 번째 명제 (대우)		호랑이를 사랑하지 않는 사람은	활동석이시 않다.	
세 번째 명제 (대우)			활동적이지 않은 사람은	게임을 좋아하지 않는다.
결론	아나운서는			게임을 좋아하지 않는다.

해커스 GSAT 5급 고졸채용 삼성직무적성검사 한권완성 최신기출유형 + 실전모의고사

PART 4 GSAT 실전모의고사 2회 **79**

[24-27]

제시된 조건에 따르면 1~6의 번호가 새겨진 의자는 낮은 번호부터 순서대로 왼쪽에서 오른쪽으로 일렬로 배치되어 있고, 영지는 6번 의자에 앉아 있으므로 영지는 가장 오른쪽 의자에 앉아 있다. 또한, 미현이가 앉은 번호는 1번이 아니며, 미현이의 양옆에는 아무도 앉아 있지 않으므로 미현이가 앉은 의자의 번호는 2번 또는 3번 또는 4번이다. 이때 미현이가 4번 의자에 앉아 있다면, 3번, 5번 의자는 비어 있고 유진이가 앉은 의자의 번호는 은지가 앉은 의자의 번호보다 작다는 조건에 의해 유진이는 1번, 은지는 2번 의자에 앉게 되지만, 이는 은지가 2번 의자에 앉아 있지 않다는 조건에 모순되므로 미현이가 앉은 의자의 번호는 2번 또는 3번이다. 미현이가 앉은 의자 번호에 따라 가능한 경우는 다음과 같다.

구분	1번	2번	3번	4번	5번	6번
경우 1	X	미현	X	유진	은지	영지
경우 2	유진	X	미현	X	은지	영지

24 언어추리   정답 ①

은지는 5번, 영지는 6번 의자에 앉아 있어, 은지는 영지의 바로 왼쪽 의자에 앉아 있으므로 참인 설명이다.

25 언어추리   정답 ③

유진이는 1번 또는 4번 의자에 앉아 있고, 은지는 5번 의자에 앉아 있으므로 알 수 없는 설명이다.

26 언어추리   정답 ①

유진이가 앉은 의자의 번호와 미현이가 앉은 의자의 번호 차이는 경우 1에 따라 4-2=2, 경우 2에 따라 3-1=2이므로 참인 설명이다.

27 언어추리   정답 ②

미현이는 2번 또는 3번 의자에 앉아 있으므로 거짓인 설명이다.

[28-30]

제시된 조건에 따르면 C의 IQ 순위는 6위이며, C보다는 IQ가 높지만 B보다는 IQ가 낮은 사람이 두 사람 있으므로 B의 IQ 순위는 3위이다. 또한, D는 A보다, A는 F보다 IQ가 높으며, E의 IQ 순위는 5위가 아니므로 F의 IQ 순위가 5위임을 알 수 있다. D의 IQ 순위에 따라 가능한 경우는 다음과 같다.

경우 1. D의 IQ 순위가 1위인 경우

1위	2위	3위	4위	5위	6위
D	A 또는 E	B	A 또는 E	F	C

경우 2. D의 IQ 순위가 2위인 경우

1위	2위	3위	4위	5위	6위
E	D	B	A	F	C

28 언어추리   정답 ①

IQ 순위가 확실한 사람은 각각 3위, 5위, 6위인 B, F, C 세 사람밖에 없으므로 참인 설명이다.

29 언어추리   정답 ③

A의 IQ 순위는 2위 또는 4위이므로 알 수 없는 설명이다.

30 언어추리   정답 ①

B의 IQ 순위는 3위이므로 참인 설명이다.

[31-34]

제시된 조건에 따르면 B는 중학생, 고등학생, 대학생과 문자를 주고받았으므로 B는 초등학생이다. 또한, C는 초등학생이나 중학생이 아니며, 대학생과 문자를 주고받았으므로 C는 고등학생임을 알 수 있다.

A	B	C	D
중학생 또는 대학생	초등학생	고등학생	중학생 또는 대학생

이때 A는 초등학생과 문자를 주고받았고, D와는 문자를 주고받지 않았다. 문자를 주고받았다면 O, 주고받지 않았다면 X로 나타낼 때 A와 D의 신분에 따라 가능한 경우는 다음과 같다.

경우 1. A는 중학생, D는 대학생인 경우

구분		A 중학생	B 초등학생	C 고등학생	D 대학생
A	중학생	X	O	알 수 없음	X
B	초등학생	O	X	O	O
C	고등학생	알 수 없음	O	X	O
D	대학생	X	O	O	X

경우 2. A는 대학생, D는 중학생인 경우

구분		A 대학생	B 초등학생	C 고등학생	D 중학생
A	대학생	X	O	O	X
B	초등학생	O	X	O	O
C	고등학생	O	O	X	알 수 없음
D	중학생	X	O	알 수 없음	X

31 언어추리   정답 ①

A는 대학생과 문자를 주고받지 않았으므로 참인 설명이다.

32 언어추리   정답 ②

B는 초등학생이므로 거짓인 설명이다.

33 언어추리   정답 ②

D가 중학생이라면 C는 A, B와 문자를 주고받거나 A, B, D와 문자를 주고받았으므로 거짓인 설명이다.

34 언어추리   정답 ③

D는 1명 또는 2명과 문자를 주고받았으므로 알 수 없는 설명이다.

[35 - 37]

제시된 조건에 따르면 검사와 판사의 집은 서로 이웃하지 않으므로 교수의 집은 검사와 판사의 집 사이에 위치하고, 판사의 집과 바로 이웃한 집에는 30대가 살고 있으므로 교수가 30대임을 알 수 있다.

구분	왼쪽	가운데	오른쪽
직업	검사 또는 판사	교수	검사 또는 판사
나이	40대 또는 50대	30대	40대 또는 50대

35 언어추리   정답 ①

교수는 30대이므로 참인 설명이다.

36 언어추리   정답 ③

검사는 40대 또는 50대이므로 알 수 없는 설명이다.

37 언어추리   정답 ③

교수의 집 오른쪽에 판사의 집이 위치해 있다면 왼쪽 집에는 검사가 살고 있고, 검사는 40대 또는 50대이므로 알 수 없는 설명이다.

[38 - 40]

제시된 조건에 따르면 D의 직급이 가장 낮으므로 D는 사원이고, A는 과장이나 대리가 아니므로 부장이다. 또한, A는 직원의 임용, 평가와 관계된 부서에서 일을 하므로 인사부 소속이며, B는 품질관리부 소속이다. C는 최근 영업부에서 승진한 후 타 부서로 이동하였으므로 기획부 소속이며, D는 영업부 소속이다.

구분	A	B	C	D
소속	인사부	품질관리부	기획부	영업부
직급	부장	과장 또는 대리	과장 또는 대리	사원

38 언어추리　　　　　　　정답 ③

B는 과장 또는 대리이므로 알 수 없는 설명이다.

39 언어추리　　　　　　　정답 ①

C는 기획부 소속이므로 참인 설명이다.

40 언어추리　　　　　　　정답 ①

D는 영업부 소속이므로 참인 설명이다.

Ⅲ 지각　　　　　　　　　　　　p.218

01 사무지각　　　　　　　정답 ①

제시된 좌우 문자의 배열은 서로 같다.

02 사무지각　　　　　　　정답 ①

제시된 좌우 기호의 배열은 서로 같다.

03 사무지각　　　　　　　정답 ②

89988999988899<u>9</u> – 89988999988<u>8</u>99

04 사무지각　　　　　　　정답 ①

제시된 좌우 기호의 배열은 서로 같다.

05 사무지각　　　　　　　정답 ②

△▲△◁▶▶▷▼<u>▽</u>◁◀▼▽ – △▲△◁▶▶▷▼<u>△</u>◁◀
▼▽

06 사무지각　　　　　　　정답 ③

tyu<u>i</u> – tyu<u>j</u>

07 사무지각　　　　　　　정답 ②

38<u>5</u>9076 – 38<u>4</u>9076

08 사무지각　　　　　　　정답 ②

제시된 숫자의 배열과 같은 것은 ②이다.

[오답 체크]

① 2539–9<u>9</u>–4771

③ 2539–98–477<u>7</u>

④ 25<u>2</u>9–98–4771

09 사무지각　　　　　　　정답 ②

제시된 기호, 문자의 배열과 같은 것은 ②이다.

[오답 체크]

① P08❶d3反▼6因<u>AG</u>◇w

③ P08❶<u>#</u>3反▼6因GA◇w

④ P08❶d3反6<u>▼</u>因GA◇w

[10-11]

10 사무지각　　　　　　　정답 ①

철학, Arthur Schopenhauer 〈The World As Will And Idea〉 도서의 도서 분류는 철학(100), 저자명의 맨 처음 글자는 A, 저자명에 따른 분류 번호는 54, 도서 제목에 따른 분류 문자는 Ⅱ이다.

100＋A＋54＋Ⅱ＝100A54Ⅱ

따라서 도서관 분류 번호 부여법에 따라 분류될 도서 번호가 바르게 연결된 것은 ①이다.

11 사무지각　　　　　　　정답 ②

예술, 박찬욱·정서경 〈헤어질 결심 각본〉 도서의 도서 분류는 예술(600), 저자명의 맨 처음 글자는 박, 저자명에 따른 분류 번호는 52, 도서 제목에 따른 분류 문자는 CC이다.

600＋박＋52＋CC＝600박52CC

따라서 도서관 분류 번호 부여법에 따라 분류될 도서 번호가 바르게 연결된 것은 ②이다.

[12 - 13]

12 사무지각   정답 ③

F(ㅂ)a(ㅏ)D(ㄹ)l(ㅈ)a(ㅏ)A(ㄱ)g(ㅜ)A(ㄱ)

따라서 FaDlaAgA를 단어로 치환하면 '발자국'이다.

13 사무지각   정답 ④

N(ㅎ)e(ㅗ)a(ㅏ)N(ㅎ)d(ㅓ)H(ㅇ)

따라서 NeaNdH를 단어로 치환하면 '화형'이다.

[14 - 15]

14 사무지각   정답 ①

3358~<u>3789</u>~3925

15 사무지각   정답 ③

3926~<u>4257</u>~4493

16 공간지각   정답 ③

4(3층)+2(2층)+6(1층) - 12개

17 공간지각   정답 ②

4(4층)+1(3층)+2(2층)+8(1층)=15개

18 공간지각   정답 ②

1(2층)+6(1층)=7개

[19 - 21]

19 공간지각   정답 ②

어느 방향에서 보아도 보이지 않는 블록의 개수는 1개이다.

20 공간지각   정답 ③

제시된 블록을 화살표 방향에서 바라볼 때의 투상도는 다음과 같다.

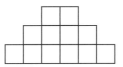

따라서 화살표 방향에서 바라볼 때, 보이는 블록의 개수는 12개이다.

21 공간지각   정답 ②

밑면을 빼고 페인트칠을 할 때, 2개의 면이 칠해지는 블록의 개수는 2개이다.

[22 - 24]

22 공간지가   정답 ③

1(3층)+5(2층)+8(1층)=14개

23 공간지각   정답 ①

블록마다 다른 블록과 접하고 있는 면의 개수는 다음과 같다.

따라서 2개의 면이 다른 블록과 접해 있는 블록의 개수는 1개이다.

24 공간지각   정답 ④

블록을 추가로 쌓아 직육면체를 만들 때, 전체 블록의 개수는 최소 3×4×3=36개가 되어야 한다.
따라서 추가로 필요한 블록의 개수는 36-14=22개이다.

25 공간지각   정답 ②

표시된 부분이 나머지와 달라 네 개의 도형 중 모양이 다른 도형은 ②이다.

26 공간지각   정답 ③

표시된 부분이 나머지와 달라 네 개의 도형 중 모양이 다른 도형은 ③이다.

27 공간지각   정답 ④

네 개의 도형 중 모양이 다른 도형은 ④이다.

오답 체크
② ①을 180° 회전한 형태이다.
③ ①을 시계 방향으로 90° 회전한 형태이다.

28 공간지각   정답 ①

네 개의 도형 중 모양이 다른 도형은 ①이다.

오답 체크
③ ②를 시계 방향으로 90° 회전한 형태이다.
④ ②를 180° 회전한 형태이다.

29 공간지각   정답 ③

네 개의 도형 중 모양이 다른 도형은 ③이다.

오답 체크
② ①을 180° 회전한 형태이다.
④ ①을 시계 방향으로 90° 회전한 형태이다.

30 공간지각   정답 ②

제시된 도형과 같은 것은 ②이다.

오답 체크
①   ③

④

31 공간지각   정답 ①

제시된 도형과 같은 것은 제시된 도형을 시계 방향으로 90° 회전한 형태인 ①이다.

32 공간지각   정답 ③

제시된 도형과 같은 것은 ③이다.

오답 체크
①   ②

④

33 공간지각
정답 ④

제시된 도형과 같은 것은 제시된 도형을 반시계 방향으로 90° 회전한 형태인 ④이다.

34 공간지각
정답 ③

제시된 도형과 같은 것은 제시된 도형을 180° 회전한 형태인 ③이다.

35 공간지각
정답 ①

제시된 그림 조각을 '(나) – (라) – (가) – (다)' 순으로 배열하면 다음과 같다.

36 공간지각
정답 ①

제시된 그림 조각을 '(가) – (다) – (나) – (라)' 순으로 배열하면 다음과 같다.

37 공간지각
정답 ④

제시된 그림 조각을 '(라) – (다) – (가) – (나)' 순으로 배열하면 다음과 같다.

38 공간지각
정답 ④

제시된 그림 조각을 '(라) – (나) – (가) – (다)' 순으로 배열하면 다음과 같다.

39 공간지각
정답 ②

제시된 그림 조각을 '(다) – (라) – (나) – (가)' 순으로 배열하면 다음과 같다.

40 공간지각
정답 ③

제시된 그림 조각을 '(나) – (라) – (다) – (가)' 순으로 배열하면 다음과 같다.

정답

Ⅰ 수리

p.232

01	①	사칙연산	09	②	사칙연산	17	②	자료해석	25	②	자료해석	33	②	응용계산
02	①	사칙연산	10	③	사칙연산	18	④	자료해석	26	③	자료해석	34	②	응용계산
03	③	사칙연산	11	③	자료해석	19	②	자료해석	27	④	자료해석	35	①	응용계산
04	①	사칙연산	12	①	자료해석	20	①	자료해석	28	②	자료해석	36	②	응용계산
05	②	사칙연산	13	②	자료해석	21	③	자료해석	29	②	자료해석	37	②	응용계산
06	①	사칙연산	14	③	자료해석	22	④	자료해석	30	②	자료해석	38	②	응용계산
07	②	사칙연산	15	②	자료해석	23	④	자료해석	31	③	응용계산	39	③	응용계산
08	①	사칙연산	16	②	자료해석	24	③	자료해석	32	②	응용계산	40	④	응용계산

Ⅱ 추리

p.244

01	②	수·문자추리	09	③	수·문자추리	17	④	수·문자추리	25	④	언어추리	33	③	언어추리
02	②	수·문자추리	10	②	수·문자추리	18	①	수·문자추리	26	②	언어추리	34	①	언어추리
03	④	수·문자추리	11	①	수·문자추리	19	③	수·문자추리	27	④	언어추리	35	④	언어추리
04	③	수·문자추리	12	②	수·문자추리	20	①	수·문자추리	28	③	언어추리	36	②	언어추리
05	④	수·문자추리	13	①	수·문자추리	21	②	언어추리	29	①	언어추리	37	②	언어추리
06	④	수·문자추리	14	①	수·문자추리	22	①	언어추리	30	②	언어추리	38	③	언어추리
07	②	수·문자추리	15	③	수·문자추리	23	②	언어추리	31	①	언어추리	39	④	언어추리
08	①	수·문자추리	16	③	수·문자추리	24	①	언어추리	32	③	언어추리	40	④	언어추리

Ⅲ 지각

p.254

01	①	사무지각	09	①	사무지각	17	②	공간지각	25	①	공간지각	33	①	공간지각
02	①	사무지각	10	④	사무지각	18	④	공간지각	26	④	공간지각	34	④	공간지각
03	①	사무지각	11	②	사무지각	19	②	공간지각	27	③	공간지각	35	②	공간지각
04	①	사무지각	12	①	사무지각	20	④	공간지각	28	②	공간지각	36	②	공간지각
05	②	사무지각	13	④	사무지각	21	①	공간지각	29	②	공간지각	37	①	공간지각
06	③	사무지각	14	②	사무지각	22	③	공간지각	30	③	공간지각	38	③	공간지각
07	①	사무지각	15	③	사무지각	23	②	공간지각	31	③	공간지각	39	①	공간지각
08	③	사무지각	16	②	공간지각	24	③	공간지각	32	④	공간지각	40	④	공간지각

취약 유형 분석표

유형별로 맞힌 개수, 틀린 문제 번호와 풀지 못한 문제 번호를 석고 나서 쉬약안 유형이 무엇인지 파악해 보세요.

취약한 유형은 '기출유형공략'을 다시 한번 확인하고, 관련 이론을 복습하세요.

	유형	맞힌 개수	틀린 문제 번호	풀지 못한 문제 번호
수리	사칙연산	/10		
	자료해석	/20		
	응용계산	/10		
	TOTAL	/40		

	유형	맞힌 개수	틀린 문제 번호	풀지 못한 문제 번호
추리	수·문자추리	/20		
	언어추리	/20		
	TOTAL	/40		

	유형	맞힌 개수	틀린 문제 번호	풀지 못한 문제 번호
지각	사무지각	/15		
	공간지각	/25		
	TOTAL	/40		

	영역	제한 시간 내에 푼 문제 수	정답률
합계	수리	/40	%
	추리	/40	%
	지각	/40	%
	TOTAL	/120	%

I 수리

p.232

01 사칙연산

정답 ①

$17 \times (14-8) - 168 \div 21 = 17 \times 6 - 168 \div 21$

$= 102 - 168 \div 21 = 102 - 8 = 94$

02 사칙연산

정답 ①

$\frac{15}{24} \div \frac{3}{4} \times \frac{9}{25} - \frac{1}{4} = \frac{15}{24} \times \frac{4}{3} \times \frac{9}{25} - \frac{1}{4} = \frac{5}{6} \times \frac{9}{25} - \frac{1}{4}$

$= \frac{3}{10} - \frac{1}{4} = \frac{6}{20} - \frac{5}{20} = \frac{1}{20}$

03 사칙연산

정답 ③

$\sqrt{6} \times \sqrt{8} \div \sqrt{27} = \sqrt{48} \div \sqrt{27} = \sqrt{\frac{48}{27}} = \sqrt{\frac{16}{9}} = \sqrt{\frac{4^2}{3^2}} = \frac{4}{3}$

04 사칙연산

정답 ③

$(2^3 \times 2^4)^2 \div (2^2 \times 2)^4 = (2^{3+4})^2 \div (2^{2+1})^4 = (2^7)^2 \div (2^3)^4$

$= 2^{7 \times 2} \div 2^{3 \times 4} = 2^{14} \div 2^{12} = 2^{14-12} = 2^2 = 4$

05 사칙연산

정답 ②

$\left(\frac{2}{5} + 1.4 \times 0.4\right) - 0.3 = \left(\frac{2}{5} + 0.56\right) - 0.3$

$= (0.4 + 0.56) - 0.3 = 0.96 - 0.3 = 0.66$

06 사칙연산

정답 ①

A: $\frac{9}{25} = \frac{1,089}{3,025}$

B: $\frac{36}{121} = \frac{900}{3,025}$

→ A > B

빠른 문제 풀이 Tip

$x > 0$, $y > 0$인 경우, $x^2 > y^2$이면 $x > y$임을 적용하여 비교한다.

제시된 분수와 같이 두 분수의 분자와 분모가 모두 제곱수(x^2, y^2)일 경우 제곱근(x, y)의 크기를 비교한다. A는 $\frac{9}{25} = \frac{3^2}{5^2} = \left(\frac{3}{5}\right)^2$이고, B는 $\frac{36}{121} = \frac{6^2}{11^2} = \left(\frac{6}{11}\right)^2$이므로 A의 제곱근 $\frac{3}{5}$과 B의 제곱근 $\frac{6}{11}$의 크기를 비교하면 $\frac{3}{5}\left(= \frac{6}{10}\right) > \frac{6}{11}$이다.

따라서 A > B임을 알 수 있다.

07 사칙연산

정답 ②

A: 0.8

B: $\frac{17}{21} = 0.809\cdots$

→ A < B

빠른 문제 풀이 Tip

'소수와 분수의 분모를 곱한 값'과 '분수의 분자'의 크기를 비교하였을 때 전자의 값이 크면 소수가 크고, 후자의 값이 크면 분수가 큼을 적용하여 비교한다.

제시된 소수 A(=0.8)와 분수 B$\left(= \frac{17}{21}\right)$의 경우, 전자의 값인 $0.8 \times 21 = 16.8$보다 후자의 값인 17이 더 크므로 A < B임을 알 수 있다.

08 사칙연산

정답 ①

$(-7 \; ☞ \; 14) \; ☎ \; 6 = \frac{-7}{14-(-7)} \; ☎ \; 6 = \frac{-7}{14+7} \; ☎ \; 6 = \frac{-7}{21} \; ☎ \; 6$

$= \frac{-1}{3} \; ☎ \; 6 = 3 \times \left(\frac{-1}{3}\right) + 6 = -1 + 6 = 5$

09 사칙연산

정답 ②

$3.2 \times 0.215 = 0.688$

10 사칙연산   정답 ③

65L = 65,000mL이므로
65,000 × 0.008 = 520mL

11 자료해석   정답 ③

2022년 F 팀 승리 경기 수의 전년 대비 증가율은 {(70 − 66) / 66} × 100 ≒ 6.1%이므로 옳지 않은 설명이다.

오답체크
① 2020년 J 팀보다 승리 경기 수가 적은 팀은 B 팀, C 팀 총 2개 팀이므로 옳은 설명이다.
② 2019~2023년 승리 경기 수의 합은 G 팀이 79 + 83 + 67 + 87 + 68 = 384경기, E 팀이 60 + 81 + 72 + 80 + 79 = 372경기로 G 팀이 E 팀보다 크므로 옳은 설명이다.
④ 2019년 두 번째로 승리 경기 수가 많은 팀은 87경기를 승리한 D 팀이고, 제시된 기간 동안 승리 경기 수의 증감 추이가 D 팀과 같은 팀은 I 팀 1개이므로 옳은 설명이다.

12 자료해석   정답 ①

戊시의 혼인신고 건수가 560건으로 가장 많았던 2019년에 乙시의 혼인신고 건수는 같은 해 戊시 혼인신고 건수의 2,240 / 500 = 4배이므로 옳은 설명이다.

오답체크
② 2021년 혼인신고 건수가 가장 많은 乙시와 가장 적은 戊시의 2022년 혼인신고 건수의 차이는 1,570 − 480 = 1,090건으로 1,000건 이상이므로 옳지 않은 설명이다.
③ 2023년 丁시 혼인신고 건수의 4년 전 대비 감소율은 {(1,550 − 1,000) / 1,550} × 100 ≒ 35%이므로 옳지 않은 설명이다.
④ 2021년 丙시의 혼인신고 건수는 전년 대비 증가하였으므로 옳지 않은 설명이다.

13 자료해석   정답 ②

A 지역에 거주하는 전체 외국인 수는 거처종류별 전체 외국인 수를 합한 것과 같으므로 830 + 260 + 190 + 120 = 1,400명이다.
따라서 A 지역에 거주하는 전체 외국인 수에서 기숙사에 거주하는 외국인 여성이 차지하는 비중은 (42 / 1,400) × 100 = 3%이다.

[14 - 16]

14 자료해석   정답 ③

A 국의 초등학교 학생 1명당 사교육비는 2021년에 105,000 / 2,670 ≒ 39천 원, 2022년에 119,000 / 2,560 ≒ 46천 원으로 2021년이 2022년보다 작으므로 옳지 않은 설명이다.

오답체크
① 2021년 A 국 전체 사교육비 총액은 105,000 + 63,400 + 65,000 = 233,400천 원으로 2022년 A 국 중학교 사교육비의 233,400 / 70,800 ≒ 3.3배이므로 옳은 설명이다.
② A 국의 전체 학생 수는 2021년에 2,670 + 1,350 + 1,300 = 5,320명, 2022년에 2,560 + 1,350 + 1,250 = 5,160명으로 2021년이 2022년보다 많으므로 옳은 설명이다.
④ 2022년 A 국 고등학교 학생 수의 전년 대비 감소율은 {(1,300 − 1,250) / 1,300} × 100 ≒ 3.8%이므로 옳은 설명이다.

15 자료해석   정답 ②

2021년 A 국 고등학교 학생 수는 1,300명이고, 고등학교 사교육비 총액은 65,000천 원이다.
따라서 2021년 A 국 고등학교 학생 1명당 평균 사교육비는 65,000 / 1,300 = 50천 원이다.

16 자료해석   정답 ②

2022년 A 국 사교육비 총액은 초등학교가 119,000천 원, 중학교가 70,800천 원, 고등학교가 69,400천 원이다.
따라서 2022년 A 국 학교급별 사교육비 총액의 평균은 (119,000 + 70,800 + 69,400) / 3 = 86,400천 원이다.

[17 - 19]

17 자료해석   정답 ②

제시된 기간 중 E 국의 하계 올림픽 메달 획득 수가 다른 국가에 비해 두 번째로 많은 2010년에 제시된 전체 국가의 하계 올림픽 메달 획득 수는 105 + 35 + 60 + 55 + 70 + 50 + 20 + 35 + 50 + 20 = 500개이다.
따라서 2010년 제시된 전체 국가의 하계 올림픽 메달 획득 수에서 E 국의 하계 올림픽 메달 획득 수가 차지하는 비중은 (70 / 500) × 100 = 14%이다.

18 자료해석

2018년 A 국 하계 올림픽 메달 획득 수의 4년 전 대비 감소율은 $\{(120-100)/120\} \times 100 \doteq 16.7\%$이므로 옳은 설명이다.

오답 체크

① 제시된 기간 동안 하계 올림픽 메달 획득 수가 4년마다 꾸준히 감소한 국가는 없으므로 옳지 않은 설명이다.
② 2022년 하계 올림픽 메달 획득 수가 다른 국가에 비해 가장 적은 G 국의 2022년 하계 올림픽 메달 획득 수의 4년 대비 감소량은 26−8=18개이므로 옳지 않은 설명이다.
③ 제시된 기간 동안 J 국이 획득한 하계 올림픽 메달 개수의 총합은 33+20+58+89+102=302개이므로 옳지 않은 설명이다.

19 자료해석
정답 ②

제시된 기간 동안 C 국과 D 국의 하계 올림픽 메달 획득 수의 총합은 (51+60+55+70+88)+(44+55+30+35+46)=534개로 A 국의 하계 올림픽 메달 획득 수의 총합인 130+105+120+100+113=568개보다 적으므로 옳지 않은 설명이다.

오답 체크

① 2006년 하계 올림픽 메달 획득 수가 가장 많은 A 국과 가장 적은 I 국의 2006년 메달 획득 수의 차이는 130−28=102개이므로 옳은 설명이다.
③ 2014년 하계 올림픽 메달 획득 수의 4년 전 대비 변화량은 E 국이 70−67=3개, F 국이 53−50=3개로 서로 동일하므로 옳은 설명이다.
④ 2014년 하계 올림픽 메달 획득 수는 I 국이 G 국의 68/22 ≒ 3.1배이므로 옳은 설명이다.

[20-22]
20 자료해석
정답 ①

지역별 30대 감염자 수와 40대 감염자 수의 차이는 B 시가 1,879−1,325=554명, C 시가 3,561−2,598=963명, D 시가 2,410−1,758=652명, E 시가 2,801−2,217=584명이다.

따라서 지역별 30대 감염자 수와 40대 감염자 수의 차이가 가장 적은 지역은 B 시이다.

21 자료해석
정답 ③

C 시의 10대 감염자 수는 228명이고, 10대 미만 감염자 수는 76명이다.

따라서 C 시의 10대 감염자 수는 10대 미만 감염자 수의 228/76=3배이다.

22 자료해석
정답 ④

C 시의 감염자 수가 가장 많은 연령대는 60대이므로 옳지 않은 설명이다.

오답 체크

① A 시와 B 시의 50대 감염자 수의 차이는 2,698−2,147=551명이므로 옳은 설명이다.
② 제시된 지역별 10대 감염자 수는 모두 20대 감염자 수보다 적으므로 옳은 설명이다.
③ 40대 감염자 수가 가장 많은 지역과 60대 감염자 수가 가장 많은 지역은 A 시로 동일하므로 옳은 설명이다.

[23-25]
23 자료해석
정답 ④

50L 종량제 쓰레기봉투 가격이 가장 비싼 지역은 1,830원인 O 시이다.

24 자료해석
정답 ③

5L와 10L 종량제 쓰레기봉투 가격의 차이는 A 시가 250−130=120원, B 시가 270−150=120원, C 시가 350−190=160원, D 시가 240−120=120원, E 시가 140−80=60원, F 시가 240−120=120원, G 시가 150−85=65원, H 시가 310−160=150원, I 시가 300−150=150원, J 시가 300−150=150원, K 시가 340−190=150원, L 시가 130−75=55원, M 시가 250−130=120원, N 시가 290−150=140원, O 시가 380−200=180원이다.

따라서 5L와 10L 종량제 쓰레기봉투 가격의 차이가 가장 작은 지역은 55원인 L 시이다.

25 자료해석　　　　　　　　　정답 ②

30L 종량제 쓰레기봉투 가격이 가장 비싼 지역은 1,150원인 K 시이고, 가장 저렴한 지역은 400원인 E 시이다.
따라서 K 시와 E 시의 30L 종량제 쓰레기봉투 가격의 차이는 1,150−400=750원이다.

[26-27]
26 자료해석　　　　　　　　　정답 ③

제시된 기간 동안 Z 국의 연도별 1인당 연간 양곡 소비량의 총합은 80+74+73+72+70+69+67+66+65+68=704kg이다.

27 자료해석　　　　　　　　　정답 ④

2022년 Z 국 1인당 연간 양곡 소비량은 68kg, 9년 전인 2013년 Z 국 1인당 연간 양곡 소비량은 80kg이다.
따라서 2022년 Z 국 1인당 연간 양곡 소비량의 9년 전 대비 감소율은 {(80−68)/80}×100=15%이다.

[28-30]
28 자료해석　　　　　　　　　정답 ②

임금근로자와 비임금근로자의 개인 기준 최소 노후생활비의 차이는 125−118=7만 원이므로 옳은 설명이다.

오답 체크
① 모든 연령대에서 개인 기준 적정 노후생활비는 부부 기준 적정 노후생활비보다 적으므로 옳지 않은 설명이다.
③ 개인 기준 적정 노후생활비는 50대가 50세 미만보다 많으므로 옳지 않은 설명이다.
④ 비취업자의 부부 기준 최소 노후생활비는 개인 기준 최소 노후생활비의 186/111 ≒ 1.7배로 2배 미만이므로 옳지 않은 설명이다.

29 자료해석　　　　　　　　　정답 ②

부부 기준 최소 노후생활비와 부부 기준 적정 노후생활비의 차이는 50세 미만이 283−210=73만 원, 50대가 296−215=81만 원, 60대가 275−199=76만 원, 70대가 236−172=64만 원, 80세 이상이 214−155=59만 원이다.

따라서 부부 기준 최소 노후생활비와 부부 기준 적정 노후생활비의 차이가 가장 큰 연령대는 50대이다.

30 자료해석　　　　　　　　　정답 ②

비임금근로자와 비취업자의 노후생활비 차이는 부부 기준 최소가 197−186=11만 원, 개인 기준 최소가 118−111=7만 원, 부부 기준 적정이 270−258=12만 원, 개인 기준 적정이 170−157=13만 원이다.
따라서 비임금근로자와 비취업자의 노후생활비 차이가 가장 작은 항목은 개인 기준 최소이다.

31 응용계산　　　　　　　　　정답 ③

아들의 나이를 x라고 하면 어머니의 나이는 $4x-8$, 어머니와 아들의 나이 차이는 $3x-80$이다.
어머니와 아들의 나이를 합한 값은 52이므로
$(4x-8)+x=52 \rightarrow 5x=60 \rightarrow x=12$
따라서 어머니와 아들의 나이 차이는 $3x-8=28$세이다.

32 응용계산　　　　　　　　　정답 ②

톱니바퀴 A, B, C가 처음 맞물렸던 위치로 되돌아오기 위해 움직이는 톱니 수는 세 개의 톱니바퀴 톱니 수의 최소공배수임을 적용하여 구한다.
8을 소인수분해하면 8=2³, 14를 소인수분해하면 14=2×7, 16을 소인수분해하면 16=2⁴이다.
최소공배수는 세 수 중 적어도 어느 한 숫자에 포함된 모든 인수들의 곱이므로 $2^4 \times 7 = 112$이고, 세 개의 톱니바퀴가 처음 맞물렸던 위치로 되돌아오려면 톱니바퀴의 톱니 112개가 움직여야 한다.
따라서 세 개의 톱니바퀴가 처음 맞물렸던 위치로 되돌아오려면 B 톱니바퀴는 112÷14=8번 회전해야 한다.

33 응용계산　　　　　　　　　정답 ②

남학생 5명과 여학생 3명 중에서 남학생 1명을 뽑을 확률과 남학생 4명, 여학생 3명 중에서 여학생 1명을 뽑을 확률을 곱하여 구한다.

남학생이 반장이 될 확률은 $\frac{5}{8}$이고, 여학생이 부반장이

될 확률은 $\frac{3}{7}$이다.

따라서 반장은 남학생, 부반장은 여학생이 될 확률은

$\frac{5}{8} \times \frac{3}{7} = \frac{15}{56} \fallingdotseq 0.27$이다.

34 응용계산 정답 ②

판매가＝원가 × (1＋이윤율)임을 적용하여 구한다.

20%의 이윤을 붙인 판매가는 20,000 × (1＋0.2)＝

24,000원이므로 이 가격을 20% 할인한 판매가는

24,000 × (1－0.2)＝19,200원이다.

따라서 할인기간의 운동화 판매가는 19,200원이다.

35 응용계산 정답 ①

영화를 관람하는 사람 수를 x라고 하면

한 장씩 예매할 때 금액은 (13,500 × x)원이고, 단체 예매

를 할 때 금액은 {13,500 × (1－0.25) × 24}원이다.

단체 예매가 유리하려면 한 장씩 예매할 때보다 단체 예

매를 할 때의 금액이 더 저렴해야 하므로

13,500 × x > 13,500 × 0.75 × 24

→ x > 0.75 × 24＝18

따라서 최소 19명이 영화를 관람할 때 단체 예매가 더 유

리하다.

36 응용계산 정답 ②

x일 동안 전체 일을 마쳤을 경우, 전체 일의 양을 1로 놓

으면 하루 동안 한 일의 양은 $\frac{1}{x}$임을 적용하여 구한다.

갑이 혼자서 일할 때에는 4일이 걸리고, 을이 혼자서 일

할 때에는 8일이 걸리므로

갑이 하루 동안 한 일의 양은 $\frac{1}{4}$, 을이 하루 동안 한 일의

양은 $\frac{1}{8}$이다.

이에 따라 을이 혼자서 2일 동안 일한 후 남은 일의 양은

$1 - \frac{2}{8} = \frac{3}{4}$이고, 갑과 을이 함께 하루 동안 한 일의 양은

$\frac{1}{4} + \frac{1}{8} = \frac{3}{8}$이다.

따라서 갑과 을이 함께 일한 날은 $\frac{3}{4} \div \frac{3}{8} = 2$일이다.

37 응용계산 정답 ②

생산 시간을 x라고 하면

A 기계는 1분에 70개, B 기계는 1분에 80개를 생산하고,

30개의 지점에서 150개씩 LCD 주문이 들어와 총 30 ×

150＝4,500개의 LCD를 생산해야 하므로

70x + 80x = 4,500 → x = 30

이에 따라 30분 동안 B 기계의 생산량은 80 × 30 =

2,400개이다.

따라서 B 기계가 생산한 LCD를 보낼 수 있는 지점은

$\frac{2,400}{150} = 16$개이다.

> **빠른 문제 풀이 Tip**
>
> 1개의 지점에서 주문하는 LCD 주문량은 A 기계와 B 기계
> 가 1분 동안 생산하는 전체 LCD 생산량과 같기 때문에 전
> 체 지점 개수에 전체 생산량에서 B 기계의 생산량이 차지
> 하는 비율을 곱하여 구한다.
>
> 따라서 B 기계는 30 × $\frac{8}{15}$ = 16개의 지점에 보낼 LCD를 생
> 산한다.

38 응용계산 정답 ②

거리＝속력 × 시간임을 적용하여 구한다.

기차의 길이를 x라고 하면 기차가 터널을 완전히 통과하

는 데 이동한 거리는 270＋x이고, 시속 108km로 달리는

기차의 초속은 108,000 ÷ (60 × 60)＝30m, 터널을 완전

히 통과하는 데 걸린 시간은 25초이므로

270＋x = 30 × 25 → 270＋x = 750 → x = 480

따라서 기차의 길이는 480m이다.

39 응용계산 정답 ③

n개의 문자로 순열을 만드는 경우의 수＝n!임을 적용하

여 구한다.

동일한 알파벳인 a가 인접하려면 둘을 묶어 하나의 알파

벳으로 보고 총 5개의 알파벳으로 순열을 만들어야 한다.

따라서 동일한 알파벳이 인접하는 경우의 수는 5!＝5 × 4

× 3 × 2 × 1＝120가지이다.

40 응용계산   정답 ④

사과의 수확량은 매년 4%씩 증가하고 $3,500 \times 1.04^1$ $=3,640$개이므로, 사과의 수확량이 3,640개가 되는 해는 1년 뒤이다.

배의 수확량의 증가율을 x라고 하면

1년 뒤 배의 수확량도 3,640개가 되어야 하므로

$3,250\left(1+\dfrac{x}{100}\right)=3,640 \rightarrow 1+\dfrac{x}{100}=\dfrac{3,640}{3,250}=1.12$

$\rightarrow x=12$

따라서 배의 수확량은 매년 12%씩 증가해야 한다.

II 추리   p.244

01 수·문자추리   정답 ②

−5   −3   −1   1   (3)
   └+2┘ └+2┘ └+2┘ └+2┘

제시된 각 숫자 간의 값이 +2로 반복되므로 빈칸에 들어갈 알맞은 숫자는 '3'이다.

02 수·문자추리   정답 ②

14   28   26   13   15   30   (28)   14
└×2┘ └−2┘ └÷2┘ └+2┘ └×2┘ └−2┘ └÷2┘

제시된 각 숫자 간의 값이 ×2, −2, ÷2, +2로 반복되므로 빈칸에 들어갈 알맞은 숫자는 '28'이다.

03 수·문자추리   정답 ④

$\dfrac{2}{3}$ 1 $\dfrac{5}{3}$ 3 $\dfrac{17}{3}$ (11)

└$+\dfrac{1}{3}$┘└$+\dfrac{2}{3}$┘└$+\dfrac{4}{3}$┘└$+\dfrac{8}{3}$┘└$+\dfrac{16}{3}$┘

    └×2┘   └×2┘   └×2┘   └×2┘

제시된 각 숫자 간의 값이 $+\dfrac{1}{3}$, $+\dfrac{2}{3}$, $+\dfrac{4}{3}$, …와 같이 ×2씩 변화하므로 빈칸에 들어갈 알맞은 숫자는 '11'이다.

04 수·문자추리   정답 ③

홀수항에 제시된 각 숫자 간의 값은 +0.5로 반복되고, 짝수항에 제시된 각 숫자 간의 값은 −1.5로 반복되므로 빈칸에 들어갈 알맞은 숫자는 '8.7'이다.

05 수·문자추리   정답 ④

1   20   43   70   101   (136)
  └+19┘ └+23┘ └+27┘ └+31┘ └+35┘

   └+4┘   └+4┘   └+4┘   └+4┘

제시된 각 숫자 간의 값이 +19, +23, +27, …과 같이 +4씩 변화하므로 빈칸에 들어갈 알맞은 숫자는 '136'이다.

06 수·문자추리   정답 ④

200   600   120   360   72   (216)
   └×3┘ └÷5┘ └×3┘ └÷5┘ └×3┘

제시된 각 숫자 간의 값이 ×3, ÷5로 반복되므로 빈칸에 들어갈 알맞은 숫자는 '216'이다.

07 수·문자추리   정답 ②

8   9   18   20   40   43   (86)
└+1┘ └×2┘ └+2┘ └×2┘ └+3┘ └×2┘

제시된 각 숫자 간의 값이 +1, ×2, +2, ×2, +3, ×2, …로 변화하므로 빈칸에 들어갈 알맞은 숫자는 '86'이다.

08 수·문자추리   정답 ①

$\dfrac{1}{2}$ $\dfrac{1}{3}$ $\dfrac{2}{9}$ $\dfrac{4}{27}$ $\left(\dfrac{8}{81}\right)$

└$\times\dfrac{2}{3}$┘└$\times\dfrac{2}{3}$┘└$\times\dfrac{2}{3}$┘└$\times\dfrac{2}{3}$┘

제시된 각 숫자 간의 값이 $\times\dfrac{2}{3}$로 반복되므로 빈칸에 들어갈 알맞은 숫자는 '$\dfrac{8}{81}$'이다.

212   100   44   16   2   (−5)
└−112┘ └−56┘ └−28┘ └−14┘ └−7┘
    └÷2┘ └÷2┘ └÷2┘ └÷2┘

제시된 각 숫자 간의 값이 −112, −56, −28, …과 같이 ÷2 씩 변화하므로 빈칸에 들어갈 알맞은 숫자는 '−5'이다.

8   8   9   13   22   38   (63)
└+0²┘ └+1²┘ └+2²┘ └+3²┘ └+4²┘ └+5²┘

제시된 각 숫자 간의 값이 +0, +1, +4, …와 같이 0, 1, 2, …의 제곱으로 변화하므로 빈칸에 들어갈 알맞은 숫자는 '63'이다.

제시된 각 문자를 알파벳 순서에 따라 숫자로 변경한다.
E   G   I   K   (M)
5   7   9   11   13
└+2┘ └+2┘ └+2┘ └+2┘

각 숫자 간의 값이 +2로 반복되므로 빈칸에 들어갈 알맞은 문자는 숫자 13에 해당하는 'M'이다.

제시된 각 문자를 알파벳 순서에 따라 숫자로 변경한다.
J   E   G   J   D   O   (A)
10   5   7   10   4   15   1

홀수항에 제시된 각 숫자 간의 값은 −3으로 반복되고, 짝수항에 제시된 각 숫자 간의 값은 +5로 반복되므로 빈칸에 들어갈 알맞은 문자는 숫자 1에 해당하는 'A'이다.

제시된 각 문자를 한글 자음 순서에 따라 숫자로 변경한다.
ㄱ   ㄴ   ㄹ   ㅇ   (ㄴ)
1   2   4   8   16
└×2┘ └×2┘ └×2┘ └×2┘

각 숫자 간의 값이 ×2로 반복되므로 빈칸에 들어갈 알맞은 문자는 숫자 16에 해당하는 'ㄴ'이다.

제시된 각 문자를 한글 자음과 알파벳 순서에 따라 숫자로 변경한다.
ㅋ   ∪   ㅌ   V   ㅍ   (W)   ㅎ
11   21   12   22   13   23   14

홀수항에 제시된 각 숫자 간의 값은 +1로 반복되고, 짝수항에 제시된 각 숫자 간의 값도 +1로 반복되므로 빈칸에 들어갈 알맞은 문자는 숫자 23에 해당하는 'W'이다.

제시된 각 문자를 한글 모음 순서에 따라 숫자로 변경한다.
ㅠ   ㅡ   ㅛ   ㅜ   ㅕ   (ㅗ)
8   9   6   7   4   5
└+1┘ └−3┘ └+1┘ └−3┘ └+1┘

각 숫자 간의 값이 +1, −3으로 반복되므로 빈칸에 들어갈 알맞은 문자는 숫자 5에 해당하는 'ㅗ'이다.

제시된 각 문자를 알파벳 순서에 따라 숫자로 변경한다.
H   I   M   T   D   (Q)
8   9   13   20   30   43
└+1┘ └+4┘ └+7┘ └+10┘ └+13┘
   └+3┘ └+3┘ └+3┘ └+3┘

각 숫자 간의 값이 +1, +4, +7, …과 같이 +3씩 변화하므로 빈칸에 들어갈 알맞은 문자는 숫자 43에 해당하는 'Q'이다.

제시된 각 문자를 한글 자음 순서에 따라 숫자로 변경한다.
ㄴ   ㅁ   ㅇ   ㅋ
2   5   8   11
└+3┘ └+3┘ └+3┘

각 숫자 간의 값이 +3으로 반복된다.

오답체크
①, ②, ③ 각 문자 또는 숫자 간의 값이 +3, +4, +5로 반복된다.

18 수·문자추리   정답 ①

제시된 각 숫자 간의 값이 ÷5로 반복된다.

오답 체크

②, ③, ④ 각 문자 간의 값이 −4로 반복된다.

19 수·문자추리   정답 ③

제시된 각 문자를 알파벳 순서에 따라 숫자로 변경한다.

B   D   C   F

2   4   3   6

└×2┘└−1┘└×2┘

각 숫자 간의 값이 ×2, −1, ×2로 변화한다.

오답 체크

①, ②, ④ 각 문자 또는 숫자 간의 값이 ×2, +1, ×2로 변화한다.

20 수·문자추리   정답 ①

제시된 각 숫자 간의 값이 ×2로 반복된다.

오답 체크

②, ③, ④ 각 문자 간의 값이 ÷2로 반복된다.

[21 - 22]

21 언어추리   정답 ②

네 번째 명제와 첫 번째 명제를 차례로 결합한 결론과 일치하지 않으므로 거짓인 결론이다.

네 번째 명제	체크카드를 사용하지 않는 사람은	교통카드를 사용한다.	
첫 번째 명제		교통카드를 사용하는 사람은	신용카드를 사용하지 않는다.
결론	체크카드를 사용하지 않는 사람은		신용카드를 사용하지 않는다.

22 언어추리   정답 ①

세 번째 명제와 다섯 번째 명제의 '대우', 첫 번째 명제의 '대우'를 차례로 결합한 결론과 일치하므로 참인 결론이다.

세 번째 명제	카드지갑을 사용하는 사람은	신분증을 소지한다.		
다섯 번째 명제 (대우)		신분증을 소지한 사람은	신용카드를 사용한다.	
첫 번째 명제 (대우)			신용카드를 사용하는 사람은	교통카드를 사용하지 않는다.
결론	카드지갑을 사용하는 사람은			교통카드를 사용하지 않는다.

23 언어추리   정답 ②

첫 번째 명제와 두 번째 명제를 차례로 결합하면 다음과 같다.

첫 번째 명제	지우는	여행을 좋아한다.	
두 번째 명제		여행을 좋아하는 사람은	여권이 있다.
결론	지우는		여권이 있다.

오답 체크

① 지우는 여권이 있으므로 옳지 않은 결론이다.

③ 세 번째 명제와 두 번째 명제의 '대우'를 차례로 결합하면 혜수는 여행을 좋아하지 않으므로 옳지 않은 결론이다.

④ 두 번째 명제의 '역'이므로 추론할 수 없다.

24 언어추리   정답 ①

제시된 조건에 따르면 갑과 병 사이에 결승선을 통과한 사람은 1명이므로 갑과 병은 각각 1등 또는 3등이거나 2등 또는 4등이다. 이때 병은 정보다 늦게 결승선을 통과했으므로 1등이 아니다. 또한, 을은 3등이 아니고, 을과 병은 연달아 결승선을 통과했으므로 병은 4등이 아니다. 병이 2등이면 정은 1등, 을은 3등이 되지만, 을은 3등이 아니므로 병은 2등이 아님을 알 수 있다. 이에 따라 결승선을 통과한 순서는 다음과 같다.

1등	2등	3등	4등
갑	정	병	을

따라서 1등은 갑이다.

[25-28]

제시된 조건에 따르면 찬성팀과 반대팀에는 각 전공자가 최소 1명씩 있어야 하고, A는 찬성팀, H는 반대팀의 팀장이고 I는 사회자이므로 공학 전공인 G는 찬성팀이다. 이때 C와 D는 서로 다른 팀이므로 C가 찬성팀이면 D는 반대팀이고, C가 반대팀이면 D가 찬성팀이므로 C의 팀에 따라 가능한 경우는 다음과 같다.

경우 1. C가 찬성팀일 경우

찬성팀	반대팀
A, C, E, G	B, D, F, H
A, C, F, G	B, D, E, H

경우 2. C가 반대팀일 경우

찬성팀	반대팀
A, B, D, G	C, E, F, H
A, D, E, G	B, C, F, H
A, D, F, G	B, C, E, H

25 언어추리   정답 ④

제시된 조건에 따르면 찬성팀과 반대팀에는 각 전공자가 최소 1명씩 있어야 한다. 이때 공학 전공자인 G, H, I 중에서 H는 반대팀이고 I는 사회자이므로 나머지 G는 반드시 찬성팀이 되어야 한다.

26 언어추리   정답 ②

제시된 조건에 따르면 공학 전공자인 G, H, I 중에서 H는 반대팀이고 I는 사회자이므로 나머지 G는 반드시 찬성팀이 된다. 이에 따라 C와 G가 같은 팀일 경우, A, C, G는 찬성팀이 된다. 이때 C와 D는 서로 다른 팀이고, 찬성팀에는 문학 전공자 1명이 포함되어야 하므로 C와 같은 팀이 될 수 없는 사람은 D와 나머지 사람 중 법학 전공자인 B이다.

27 언어추리   정답 ④

제시된 조건에 따르면 찬성팀과 반대팀을 구성하는 경우의 수는 총 5가지이다.

28 언어추리   정답 ③

제시된 조건에 따르면 C와 D는 서로 다른 팀이므로 A와 D가 같은 팀일 경우 C는 반대팀이 되고, 찬성팀과 반대팀에는 각 전공자가 최소 1명씩 있어야 하므로 공학 전공인 G는 찬성팀이 된다. 이에 따라 B, E, F가 어느 팀이 되는지에 따라 팀을 구성하는 경우의 수는 3가지이므로 항상 참인 설명이다.

오답체크
① B와 E는 같은 팀이거나 다른 팀이므로 항상 참인 설명은 아니다.
② F와 G는 같은 팀이거나 다른 팀이므로 항상 참인 설명은 아니다.
④ F와 H는 같은 팀이거나 다른 팀이므로 항상 거짓인 설명이다.

[29-32]

제시된 조건에 따르면 A의 재산이 가장 많고, B는 C보다 재산이 적다. 이때 A와 B의 재산 차이는 1억 원, B와 C의 재산 차이는 9,000만 원이므로 C의 재산이 B보다 많음을 알 수 있다. D의 재산 순위에 따라 가능한 경우는 다음과 같다.

경우 1. D의 재산이 네 번째로 많은 경우

첫 번째	두 번째	세 번째	네 번째	다섯 번째
A	C	B	D	E

• A와 C의 재산 차이: 1,000만 원
• C와 B의 재산 차이: 9,000만 원
• B와 D의 재산 차이: 2억 1,000만 원
• D와 E의 재산 차이: 1억 2,000만 원

경우 2. D의 재산이 다섯 번째로 많은 경우

첫 번째	두 번째	세 번째	네 번째	다섯 번째
A	C	B	E	D

• A와 C의 재산 차이: 1,000만 원
• C와 B의 재산 차이: 9,000만 원
• B와 E의 재산 차이: 9,000만 원
• E와 D의 재산 차이: 1억 2,000만 원

29 언어추리

정답 ①

B와 E의 재산 차이가 1억 원 미만인 9,000만 원이면, D의 재산이 가장 적으므로 참인 설명이다.

30 언어추리

정답 ②

A와 D의 재산 차이는 경우 1에 따라 1,000만 원+9,000만 원+2억 1,000만 원=3억 1,000만 원, 경우 2에 따라 1,000만 원+9,000만 원+9,000만 원+1억 2,000만 원=3억 1,000만 원이므로 거짓인 설명이다.

31 언어추리

정답 ①

E는 B보다 재산이 적으므로 참인 설명이다.

32 언어추리

정답 ③

재산이 가장 많은 사람과 가장 적은 사람의 재산 차이는 1,000만 원+9,000만 원+2억 1,000만 원+1억 2,000만 원=4억 3,000만 원이거나 1,000만 원+9,000만 원+9,000만 원+1억 2,000만 원=3억 1,000만 원이므로 알 수 없는 설명이다.

[33-36]

제시된 조건에 따르면 101동 1층은 수리 중이므로 어떤 팀도 배정할 수 없고, 소프트웨어팀은 모두 102동에 배정하며 서로 이웃한 층에 배정하며 하드웨어팀을 배정한 층과 이웃한 층에 소프트웨어팀을 배정하며, 그 팀은 소프트웨어 A 팀이므로 소프트웨어 A 팀은 1층에 배정할 수 없다. 이때 하드웨어 A, B 팀을 같은 층에 배정하고, 환경안전 A, B 팀은 서로 다른 동의 홀수 층에 배정하며, 환경안전 B 팀은 환경안전 A 팀보다 위층으로 배정하므로 소프트웨어 B 팀도 1층에 배정할 수 없다. 5층에는 한 팀만 배정하므로 하드웨어팀을 배정하는 층에 따라 가능한 경우는 다음과 같다.

경우 1. 하드웨어팀을 2층에 배정하는 경우

환경안전 B 팀	X
X	소프트웨어 B 팀
X	소프트웨어 A 팀
하드웨어 A 팀 또는 B 팀	하드웨어 A 팀 또는 B 팀
X	환경안전 A 팀

X	환경안전 B 팀
X	소프트웨어 B 팀
환경안전 A 팀	소프트웨어 A 팀
하드웨어 A 팀 또는 B 팀	하드웨어 A 팀 또는 B 팀
X	X

경우 2. 하드웨어팀을 4층에 배정하는 경우

환경안전 B 팀	X
하드웨어 A 팀 또는 B 팀	하드웨어 A 팀 또는 B 팀
X	소프트웨어 A 팀
X	소프트웨어 B 팀
X	환경안전 A 팀

X	환경안전 B 팀
하드웨어 A 팀 또는 B 팀	하드웨어 A 팀 또는 B 팀
환경안전 A 팀	소프트웨어 A 팀
X	소프트웨어 B 팀
X	X

33 언어추리

정답 ③

제시된 조건에 따르면 하드웨어 A 팀이 2층에 배정받았을 때, 소프트웨어 B 팀은 102동 4층에 배정받는다.

34 언어추리

정답 ①

1층에 어떤 팀도 배정받지 않았을 때, 환경안전 A 팀은 101동 3층에 배정받는다.

35 언어추리

정답 ④

102동 4층에 배정받는 팀은 하드웨어 A 팀 또는 하드웨어 B 팀 또는 소프트웨어 B 팀이므로 항상 거짓인 설명이다.

① 101동에 배정받는 팀은 2개 팀이므로 항상 참인 설명이다.
② 가장 낮은 층에 배정받는 팀은 환경안전 A 팀 또는 소프트웨어 B 팀 또는 하드웨어 A 팀 또는 하드웨어 B 팀이므로 항상 거짓인 설명은 아니다.
③ 가장 높은 층에 배정받는 팀은 환경안전 B 팀이므로 항상 참인 설명이다.

36 언어추리 정답 ②

환경안전 A 팀이 하드웨어 A 팀보다 위층에 배정받았을 때, 가능한 경우의 수는 2가지이다.

[37 - 40]

제시된 조건에 따르면 2등은 A를 경품으로 받고, B>보라색> D 순으로 등수가 결정되므로 4등과 5등은 B를 경품으로 받을 수 없다. 1등에게 증정되는 경품이 B인 경우와 3등에게 증정되는 경품이 B인 경우에 따라 가능한 경우는 다음과 같다.

경우 1. 1등에게 증정되는 경품이 B인 경우

등수	1등	2등	3등	4등	5등
공의 색	빨강 또는 파랑	빨강 또는 파랑 또는 보라	초록	빨강 또는 파랑 또는 보라	노랑
경품	B	A	E	C	D

경우 2. 3등에게 증정되는 경품이 B인 경우

등수	1등	2등	3등	4등	5등
공의 색	빨강 또는 파랑	빨강 또는 파랑	초록	보라	노랑
경품	E	A	B	C	D

37 언어추리 정답 ②

경우 1, 2에 따르면 선택지 중 보라색 공을 뽑았을 때 받을 수 있는 경품은 C이다.

38 언어추리 정답 ③

경우 2에 따르면 1등이 E를 경품으로 받는다고 할 때, B를 경품으로 받을 때 함께 받는 상품권의 금액은 15만 원이고, 보라색 공을 뽑았을 때 받는 상품권의 금액은 10만 원이다.
따라서 상품권 금액의 합은 25만 원이다.

39 언어추리 정답 ④

경우 1에 따르면 보라색 공이 4등에 해당할 때 초록색 공을 뽑아야 E를 경품으로 받을 수 있으며, 경우 2에 따르면 빨간색 또는 파란색 공을 뽑아야 E를 경품으로 받을 수 있다.

40 언어추리 정답 ④

경우 1에 따르면 초록색 공을 뽑았을 때 E를 경품으로 받고, 경우 2에 따르면 B를 경품으로 받으므로 항상 거짓인 설명이다.

① 제시된 조건에 따르면 A를 경품으로 받을 때는 2등에 해당하여 함께 받는 상품권의 금액은 20만 원이므로 항상 참인 설명이다.
② 경우 1, 2에 따르면 4등은 C를 경품으로 받게 되므로 항상 참인 설명이다.
③ 경우 1, 2에 따르면 노란색 공은 5등에 해당하므로 항상 참인 설명이다.

Ⅲ 지각 p.254

01 사무지각 정답 ①

제시된 좌우 문자의 배열은 서로 같다.

02 사무지각 정답 ①

제시된 좌우 문자의 배열은 서로 같다.

03 사무지각 정답 ①

제시된 좌우 기호의 배열은 서로 같다.

04 사무지각 정답 ①

제시된 좌우 문자의 배열은 서로 같다.

05 사무지각 정답 ②

86854163**5**41685 − 86854163**4**51685

06 사무지각 정답 ③

♪♪♪♪♪♫♬♬ − ♪♪♪♪♪♫♬♬

07 사무지각 정답 ③

2043**3**52068 − 2043**5**32068

08 사무지각 정답 ③

ㅂㅇㄴㅈㅁㅈㄴ − ㅂㅇㄴㅈㅁㅈㄷ

09 사무지각 정답 ①

제시된 기호의 배열과 같은 것은 ①이다.

오답 체크
② &^@#%$‼†우#‼$%†
③ &^@#%$!†우$‼#%†
④ &^@#%$‼†$‼#%†

10 사무지각 정답 ④

제시된 문자의 배열과 같은 것은 ④이다.

오답 체크
① 가시리가시리가시리고잇
② 가시리가리시가시리잇고
③ 가시라기시리가시리잇고

[11 - 12]

11 사무지각 정답 ②

90702~91352~91491

12 사무지각 정답 ①

89912~90123~90701

[13 - 14]

13 사무지각 정답 ④

오~참외~파

14 사무지각 정답 ②

At~Good~Ha

15 사무지각 정답 ③

B+F=7+5=12

오답 체크
① A+C=2+9=11
② C+D=9+4=13
④ E+H=6+8=14

16 공간지각 정답 ②

1(3층)+5(2층)+4(1층)=10개

17 공간지각 정답 ②

두 종류의 블록의 개수는 다음과 같다.

: 6개   : 4개

6+4=10개

18 공간지각   정답 ④

두 종류의 블록의 개수는 다음과 같다.

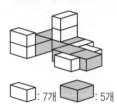

 : 7개   : 5개

7+5=12개

19 공간지각   정답 ②

어느 방향에서 보아도 보이지 않는 블록의 개수는 2개이다.

20 공간지각   정답 ④

밑면을 빼고 페인트칠을 할 때, 3개의 면이 칠해지는 블록의 개수는 5개이다.

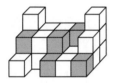

[21-24]

21 공간지각   정답 ①

4(3층)+5(2층)+8(1층)=17개

22 공간지각   정답 ③

색칠된 블록과 접해 있는 면의 개수는 3개이다.

23 공간지각   정답 ②

제시된 블록을 화살표 방향에서 바라볼 때의 투상도는 다음과 같다.

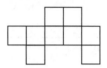

따라서 화살표 방향에서 바라볼 때, 보이는 블록의 개수는 9개이다.

24 공간지각   정답 ③

블록을 추가로 쌓아 직육면체를 만들 때, 전체 블록의 개수는 최소 5×3×3=45개가 되어야 한다.
따라서 추가로 필요한 블록의 개수는 45-17=28개이다.

25 공간지각   정답 ①

표시된 부분이 나머지와 달라 네 개의 도형 중 모양이 다른 도형은 ①이다.

26 공간지각   정답 ④

네 개의 도형 중 모양이 다른 도형은 ④이다.

오답 체크
② ①을 반시계 방향으로 90° 회전한 형태이다.
③ ①을 180° 회전한 형태이다.

27 공간지각   정답 ③

표시된 부분이 나머지와 달라 네 개의 도형 중 모양이 다른 도형은 ③이다.

28 공간지각 정답 ②

표시된 부분이 나머지와 달라 네 개의 도형 중 모양이 다른 도형은 ②이다.

29 공간지각 정답 ②

네 개의 도형 중 모양이 다른 도형은 ②이다.

오답 체크
③ ①을 반시계 방향으로 90° 회전한 형태이다.
④ ①을 시계 방향으로 90° 회전한 형태이다.

30 공간지각 정답 ②

제시된 도형과 같은 것은 ②이다.

오답 체크

31 공간지각 정답 ③

제시된 도형과 같은 것은 ③이다.

오답 체크

32 공간지각 정답 ④

제시된 도형과 같은 것은 제시된 도형을 180° 회전한 형태인 ④이다.

33 공간지각 정답 ①

제시된 도형과 같은 것은 제시된 도형을 반시계 방향으로 90° 회전한 형태인 ①이다.

34 공간지각 정답 ④

제시된 도형과 같은 것은 ④이다.

오답 체크

35 공간지각 정답 ②

제시된 그림 조각을 '(가) – (라) – (나) – (다)' 순으로 배열하면 다음과 같다.

36 공간지각 정답 ②

제시된 그림 조각을 '(다) – (나) – (가) – (라)' 순으로 배열하면 다음과 같다.

37 공간지각

정답 ①

제시된 그림 조각을 '(나) – (가) – (라) – (다)' 순으로 배열하면 다음과 같다.

38 공간지각

정답 ③

제시된 그림 조각을 '(다) – (라) – (나) – (가)' 순으로 배열하면 다음과 같다.

39 공간지각

정답 ①

제시된 그림 조각을 '(다) – (가) – (라) – (나)' 순으로 배열하면 다음과 같다.

40 공간지각

정답 ④

제시된 그림 조각을 '(라) – (가) – (다) – (나)' 순으로 배열하면 다음과 같다.

취업강의 1위 해커스잡 합격생이 말하는
삼성 최종합격의 비법!

실제 GSAT는 해커스 문제 유형에 가장 가까웠던 것 같습니다.

인적성 강의에서 특히 도움을 많이 받았습니다. 유형별로 공략방법을 들을 수 있어서
시간을 줄이는데 매우 도움이 되었고 타사와 비교했을 때 교재의 문제 유형이 실제 GSAT와
가장 유사해 실전감각을 키우는데 좋았습니다.

배*영 (2d****gi)

문제 푸는 방법을 알고 나니 시간이 많이 단축되었습니다.

해커스잡 강의에서 인적성을 빠르게 풀 수 있는 방법을 배웠습니다. 처음에 시간 단축하는 것이
많이 힘들었는데, 문제 푸는 방법을 알고 나니 시간이 많이 단축되었습니다. 실제 GSAT를 볼 때도
이 방법을 활용하여 문제를 풀었고, 합격할 수 있었습니다.

조*혁 (sa****k)

해커스 파랑이/하양이를 통해서 절대 틀리지 않도록
유형을 공부하였습니다.

해커스잡 강의를 들으면서 인적성 관련해서 도움을 되게 많이 받았습니다. 수리/추리 영역에서
어떤 식으로 준비를 해야 할지 막막했었는데 선생님들의 푸는 방식 및 노하우를 통해서
시간 단축을 많이 할 수 있었고, 시험에서도 좋은 결과를 받을 수 있는 원동력이 된 것 같습니다.

박*규 (SK*****21)

김소원 선생님, 복지훈 선생님 덕에
최종합격까지 갈 수 있었던 것 같습니다.

수리 영역에서는 김소원 선생님의 수리영역 3초 풀이법을 통해 계산 영역에서의 시간 단축과
계산 실수를 줄이고자 하였습니다. 특히, 전 곱셈 부분의 팁을 가장 많이 활용했던 것 같습니다.
추리 영역에서는 복지훈 선생님의 인강을 들었는데 그 중에서도 명제 부분은 복지훈 선생님이
알려주신 팁을 사용한 후로 거의 틀린 적이 없었습니다.

유*영 (w***l)